변산바다
쭈꾸미 통신

쭈꾸미 통신

변산바다

꼴까닥 침 넘어가는 고향 이야기

소나무

| 뽑아 올리는 글 |

가난이 힘이다

윤 구 병

오팔 개띠 박형진이는 자식 넷을 두었다. 깡마르고 다부진 첫째놈은 푸짐이(딸년), 몸피 큰 선머슴아 둘째는 꽃님이(딸년), 얼굴 본 지 한참 되어 지금 워찌큼(어떻게) 컸는지 모를 셋째 놈은 아루(딸년), 엄마가 선생이고 아빠가 운전기사인 놀이방 차에 실려 이틀에 하루거리로 눈에 띄는 막내녀석은 보리(아들내미)다. 이 가운데 보리가 가장 계집꼴이 박혔다. 아이들 모습을 저저금(제각기) 머리 속에 그리면서 이름과 짝을 지어보기 바란다. 날씬한 푸짐이, 덩치 큰 꽃님이, 아리까리한 아루, 계집애 쩜쩌먹게 예쁜 보리. 이 이름들을 나름으로 고심하여 지어 준 사람이 아비 박형진이다.

보통사람 귀에는 형진이라는 이름이 심상하게 들리겠지. 그러나 내력을 아는 나로서는 심상치 않다. 그렇다. 발맞추어 걷는 군대식 걸음걸이가 연상이 되어서였을까. 본디 '행진'으로 호적에 올라 있는 이름 버리고 '형진'으로 슬쩍 바꿔친 게 나한테 들통난 건 고집스레 다섯 해에 걸쳐 혼자서 흙벽돌을 찍어 집을 지은 뒤에 상량문을 써달라고 부탁한 날이

렸다.

　박형진이 윤구병과 악연인지 선연인지 이년(인연)인지 저년인지 모를 연을 아직까지 끈덕지게 맺고 지낸 게 벌써 10년이다. 10년이면 강산도 바뀐다지만 그말맞다나 '우리문화유산 답사기'인지 '팔도 유람기'인지를 쓴 유홍준이 입에 침이 마르게 박형진의 고향 마을이 이 땅에서 젤 이쁜 곳이라고 떠벌이는 바람에 도시 돈 많은 년놈들이 휴양시설입네, 별장입네, 레저타운입네 너도 나도 제 멋대로 땅 파헤치고 시멘트 성냥곽집들을 쌓아올려 흉물 가운데 흉물로 바뀌어버렸지만 인간 박형진이는 의연하게 바뀌지 않았다.

　다만 사는 집이 발 한번 성큼 내디디면 밀물 밀려드는 갯벌에 닿는 바닷가에서 새로 난 관광용 해안도로 너머 산 밑으로 옮아 앉았고, 이 글을 쓴 뒤로 세월이 10년이나 흘러 라면에서 양파 건져내 버리다가 아비한테 귀싸대기를 맞은 초등학교 3학년짜리 꽃님이가 말만한 처녀로 자라버렸지만 내가 지한테 정중하게 서명까지 해서 푸짐이 손에 들려보낸, 지금은 소중한(?) 귀농지침서로 널리(?) 알려진 『잡초는 없다』라는 책을 받자마자 제목만 보고 냅다 마당 귀에 패대기쳤다는 그 성깔은 아직도 펄펄하다.

　지도, 나도 막내다. 엄니들이 애지중지한 '우리 막둥이'다. 박형진이는 어머니 젖꼭지를 여덟 살까지 물었다지만 나는 열 살이 넘도록 그 쭈그렁 젖을 애무하면서 자랐다. 나도 성깔이라면 한 성깔한다. 푸짐이, 꽃님이 낳은 건 저지만 가르친 건 나다. 봉건윤리 냄새가 나지만 이럴 때 써먹으려고 잊지 않고 있는 낱말이 '군사부일체'다. 선생이 아비보다 더 앞에 있으니(사부) 내가 더 윗길이다. 푸짐이와 꽃님이가 국민된 의무를 다 하려고 나라에서 허가받은 학교에 다닌 게 아니라 아비에게 강제로 등떠밀려 무허가 학교인 변산공동체학교에 왔고, 그 아이들을 따뜻하게(?) 맞아 중고등학교 과정을 얼렁뚱땅 마치게 한 사람 가운데 하나가 나니, 이 인연을 소중하게 여긴다면 지가 어찌 내 앞에서 기가 죽지 않고 견딜손가.

그러나 이렇게 가슴을 두드리면서 큰소리치는 내가 박형진이 앞에서 기를 펴지 못하고 석죽는 대목이 있으니, 그게 바로 이 자의 글솜씨다. 글솜씨가 익혀서 얻을 수 있는 장시간 제도교육의 산물이라면 내 가방끈이 지 가방끈보다 몇 곱절은 더 기니 이것도 내가 윗길이어야겠지. 하지만 내 솔직히 고백하건대(그리고 이 고백은 예전에도 몇 차례 한 바가 있다), 나는 박형진의 그 능청스러운 말맛을 도무지 흉내낼 수가 없다. 오죽하면 내가 '글솜씨는 제도교육에 반비례한다.'는 '윤구병 잔머리 법칙'을 발견해 냈겠는가.

전에도 한창 농번기에 책 한 권 디밀어서 내 하루 일품을 꼬박 날려보내게 한 전과가 있는 박형진이 이번에도 '발문'을 써달라고 왔다. 내가 물었다.

"너 먹 갈아 왔냐?"

"먹은 웬 먹이요, 붓글씨로 쓸라요?"

"아니, 발바닥에 먹 듬뿍 묻혀서 한지에 꾹 누르면 그게 바로 발문(발무늬) 아니겠냐? 농사일도 바빠 죽겠는데, 나 못 쓰겄다."

"아따, 놓고 갈틴게 알아서 허쑈."

그래서 받아놓기는 했는데 참 일이 고약하게 되었다. 한번 붙들면 놓을 수 없으니, 또 하루 품을 버리게 생겼는디, 비라도 오면 그 핑계 대고 엉너리를 칠 수 있겠지만 햇살 좋은 대낮에 책상머리에 앉기는 공동체 식구들 눈치가 보여서 당최 궁둥이 끝이 걸상에 달라붙지 않는다.

출판사에서도 바쁘겠지. 그래도 헐 수 없겠지. 그런디 책이라도 빨리 나와야 그 인세 받아 올 농사 망친 것 보전하겠지. 이 생각 저 생각에 끄달리다 전에 읽은 기억이 있는 글을 다시 훑기 시작하는데, 아니나 다를까, 글이 눈에 찰싹 달라붙기 무섭게 떨어지지 않는다. 그래, 그래, 박형진이 글이 무섭기는 무섭구나. 지지리도 가난한 갯마을 뱃놈들 뚝심이 줄줄이 구불텅구불텅 신새벽 좆 서듯이 울근불근 솟는구나.

박형진이는 바람벽 흙을 뜯어먹고 자랄만큼 지지리도 가난하게 살아 왔고, 지금도 자식을 넷이나 낳아 기르면서 가난에 허덕이고 있고, 앞으로도 이 가난에서 벗어날 싹수가 노랗고, 또 오기로도 가난하게 살겠다, 저만 가난하게 사는 데서 그치지 않고 지금 도시에 나가 세상 험한 물정 뼛속까지 익히고 있는 딸년들 다시 모항으로 불러 모아 가난한 갯살림, 들살림, 산살림 함께 하면서 가난을 신주삼아 '오래된 미래'의 가족 공동체, 마을 공동체를 이루겠다고 다짐에 다짐을 거듭하고 있으니, 가난을 대물림할 게 뻔하다.

아하, 온 세상이 눈에 돈독이 올라 부자로, 더 부자로, 떼부자로 살겠다고 선생 주머니에 뒷돈까지 찔러주면서 자식들 더 좋은 학교에 집어넣으려고 혈안이 되어 있는 시대에 두 자식새끼 무허가 학교에 집어넣고, 눈에 넣어도 아깝지 않을 셋째 딸년 아루를 불러 앉히고,

"너 이제 더는 공부 못 시키겄다. 올해 중학교 마치면 애비허고 농사를 짓거나 내년에도 변산공동체학교 문 닫지 않으면 거기 가서 땀흘려 일하면서 어깨 너머로 공부하거나, 둘 가운데 하나 골라라."

비장하게, 또 비정하게 말 허리 부러뜨리는 가난한 농사꾼 시인의 비감한 심사여!

여기서 그만 할란다. 이것도 발문이라면 발문이다.

| 마중글 |

오매불망 내가 꿈꾸는 것

글을 써 놓은 지가 십 년이 되었다.
돌아보니 결코 짧은 세월이 아니다.
그 동안의 이러저러한 변화야 여기서 다 말할 수는 없지만
처음 연필을 잡고 책상에 앉아 밤을 새우던 기억들은
세월이 흐를수록 더욱 더 생생하게 다가온다.
무엇이 나로 하여금 이런 이야기를 쓰게 했을까?
고리타분한 유년의 기억을 지금도 버릇처럼 되작거려 보는 것은
그것이 결코 변할 수 없는 한 세대 전의 가치로써
아직도 나의 삶에 유효한 까닭이며,
엄청나게 변해버린 참담한 현실 때문이다.
그게 아니라면 변화와 소통을 두려워하는 자폐증의 그것일 터이다.
거두절미하고,
세상은 과연 좋아졌는가?
그렇다. 좋아졌다.
굳이 한 세대 전과 비교하지 않더라도
농사꾼이, 자기가 애써 가꾼 농산물을 팔지 못하고
쌓아 놓거나 나눠 먹을 수밖에 없는 이 현실은

역설적이게도
가장 살기 좋은 세상이 오고 있음을
말해 주는 것이 아니고 무엇인가?
경쟁이 없는 사회, 돈이 필요 없는 사회는
내가 오매불망하는 유토피아이다.
몸서리가 쳐지도록 무서운 노예같은 삶을
한시라도 빨리 벗어나고픈 사람이라면
이런 풍요로운 세상이 펼쳐지는데
춤추고 노래하지 않을 수는 없을 것이다.
그것은 전복의 춤이며
이제까지 만들지 않은
전혀 새로운 빵을 만들기 위한 맷돌질의 노래이다.

2005년 10월 13일

박 형 진

| 차례 |

|뽑아 올리는 글| 가난이 힘이다 윤구병 4
|마중글| 오매불망 내가 꿈꾸는 것 8

도깨비불 날던 곳 고향

바람벽 흙 뜯어먹고 이렇게 컸어 15
생초각시는 왜 안 오요? 24
갈비이모 사랑방에선 못 나수는 병이 없제 32

고구마 두둑 쩍쩍 금이 가던 가을

영물스런 고구마가 사람을 홀렸고만 43
추석이 낼 모레 50
음식 잘못이 아니고 사람 잘못 56
똥만 싸면 그것인디 67
이 양반 없으면 맘 놓고 죽지도 못해 77
내 키만 한 농어를 질질 끌며 89
대장부 살림살이 이만하면 닥상이다! 97
위도 크내기 갈치 배떼기 맛 못 잊는데 104

가마솥 콩물 줄줄이 흘러 넘치던 겨울

핏풍커녕 좆풍도 아니다 117
이따 저녁에 청국장이나 낄여서… 129
쭈꾸미 철 지나기 전에 한번 모태세 137

한 사흘 김장 끝나면 놀아도 걱정이 없어 144
따순 날 메주 쑤어서 이 집은 좋겠네, 잉? 157
나무 없으면 장작 때고 양식 없으면 쌀밥 먹는다 165
용왕님 못 자신 토끼 간 여기 있다 174
소나기 오듯 술 괴는 밤 181
풍물 소리 들리지 않는 곳이 어찌 고향이랴 192
액맥이 연이 끈을 풀고 바다 건너 200

쑥개떡 향 아른아른한 봄

하얀 쌀밥에 목이 메이는 사람들 215
사카린 물 한 대접이면 뱃속이 꼴랑꼴랑 226
햇보리밥에 햇감자 뽀개 넣은 된장국 233
비 오는 날의 간식 243

너벅너벅한 상추쌈 볼태기 터지는 여름

호박국에 밥 말아 먹고 251
아이스 케키 장수 엿장수 동동구리무 장수 260
공교롭달까 운명이랄까? 266
쌈판 볼 만하던 태봉이네 마당 274

도깨비불 날던 곳 고향

바람벽 흙 뜯어먹고
이렇게 컸어

　일요일 점심때였다. 평소 라면을 별로 좋아하지는 않지만 반찬 없어 밥 먹기가 걱정스러울 때 어쩌다 한 번씩은 라면도 별식(?)이라 이 날은 라면을 먹기로 하였다. 라면이라면 턱없이 좋아하는 것이 애들이라 라면 사 오란 말에는 점방에 외상 심부름도 마다하지 않는다. 그래도 나는 천 원짜리 한 장을 쥐어서 둘째 놈을 점방에 심부름 보내고 가스레인지에 물을 올려놨다.
　여름철이라 좀 얼큰하게 먹으면서 기왕에 땀을 흘리면 그도 또한 괜찮은 일, 양념통에서 고춧가루 한 수저를 떠서 물에 풀고 양파는 중간 크기의 것을 골라 껍질을 벗기고 도마에다 칼소리도 요란하게 썰어서 미리감치 집어넣고 끓였다.

둘째 놈이 헐레벌떡 라면을 사 들고 뛰어왔다. 지 애비의 라면 끓이는 비법을 잘 알고 있는 이놈은 익숙하게 라면 봉지를 트고 스프를 꺼내 놓는다. 그러면 나는 라면 봉지에 쓰인 조리법과는 반대로 아직 끓지 않는 물에 스프부터 넣는 거다. 그러고는 양조식초를 반 수저 정도 넣고 라면을 집어넣는다. 반쯤 붉은 고추를 썰어 넣으면 좀더 얼큰하겠지만 애들의 입맛도 맞추어야 하니 고춧가루 넣은 걸로 끝내기로 하고 라면이 퍼진다 싶을 때 마늘 다진 것 약간을 넣고 불을 끄고, 그렇다, 불을 끄고 잘 익은 김치 자시레기와 국물을 좀 넣어야 한다. 불에서 내려놓고 참기름도 몇 방울 떨어뜨렸으니 이 별식은 이제 먹는 일만 남은 거다. 물론 그 동안에 큰놈은 작은 밥상에 냄비받침을 놓고 숫자에 맞춰 그릇과 수저를 놓고 상에 턱을 괴고 기다리니까 말이다.

이렇게 끓인 라면은 우선 양파가 기름기를 흡수해서 기름 특유의 물린 맛이 나지 않고 양조 식초를 넣었기 때문에 약간 새콤해서 맛이 있을 뿐더러 소화를 돕게 될 것이다. 김치는 불을 끄고 넣었기 때문에 반쯤 익어서 김치 곁들이는 맛을 더해 주고 여기에 마늘다짐과 참기름이 들어갔으니 굳이 눈에 띄지 않는 달걀, 파 따위를 찾아 넣지 않아도 맛이 있을 것은 당연하다.

기름기를 싫어하는 내 식성을 애들도 따라가는지 지 애비의 입맛에 맞춰 끓인 라면이 저들도 제일 맛이 있다니 이 얼마나 재밌고 신나는 일요일 점심 잔치냐.

그런데 문제가 생겼다. 둘째 놈 꽃님이란 년이 욕심을 부리기 시작한 거였다. 유치원 다니는 셋째 놈까지 들러붙는다 해도 부재료와 물을 충분히 잡았기 때문에 라면 멀국에 밥을 좀 말아 먹는다 생각하면 두 개 끓인 라면으로도 양이 충분할 텐데 배가 고팠던지 라면이 유달리 맛있어 보였던지 지 언니보다도 더 달라는 거였다.

이건 평소와는 다른 명백한 규칙 위반이다. 그렇지만 나는 이 놈에게 한 입 정도의 라면가닥을 더 생색낸다. 큰놈은 의젓함으로 칭찬받고, 셋째 놈은 막내인지라 귀염을 독차지하는데 저만 이것도 저것도 아닌 위치인지라 관심을 끌기 위해 간혹 이런 갑작스런 짓을 하기 때문이다.

그러자 이번에는 골라내고 푼다고 폈어도 몇 가닥 들어간 양파를 안 먹겠다고 건져서 상 위에 함부로 던지는 싸가지 없는 짓을 하기 시작했다. 양파는 애들이 싫어하므로 주로 내가 먹지만 사람 먹을 음식을 집어던지다니, 이건 절대로 용서해서는 안 될 일이야! 순간적으로 열이 뻗친 나는 아뿔싸 나를 제어할 힘을 잃어버린 채 아이에게 손을 대고 말았던 것이다.

이렇게 해서 이 날 점심 잔치를 아수라장으로 만들고 처참한 심정으로 나는 내 방에, 저는 제 방에 앉아 있었다. 아니, 흑흑 느껴우는 소리가 제 방에서 나다가 부엌까지 이어진다. 그러고는 소리가 들리지 않다가 다시금 띄엄띄엄 들리는 것이었다. 그 시간이 아마도 십여 분이 되었을 거다.

부모가 자식을 때리고 나서 자식의 상처 받은 마음을 닦아 줄 때 그것이 어디 자식의 상처를 닦는 것일까? 제 가슴의 상처를 닦기 위해서 자식의 상처를 핥는 것이 어리석은 부모의 마음일 것이다. 하여 나는 딴엔 뭔가 정리를 해야겠다고 생각하며 다소 진정된 마음으로 내 방을 나와서 부엌을 들여다봤을 때, 이 놈은 부엌 싱크대에 머리를 묻고 자는 것처럼 보였는데, 아마도 부녀간에 대충 이런 문답이 오고간 것 같다.

　　"꽃님아, 꽃님아, 너 거기서 뭐 하냐?"

　　"아빠……."

　　"너 거기서 지금 뭐 하냐니깐?"

　　"아빠, 물……."

　　"물? 물이 왜?"

　　"물이 나와서 …… 물 받았어."

　　세상에 물이 나온다니! 지 애비한테 죽도록(그것도 밥상머리에서) 얻어맞아서 죽고만 싶었을 텐데 물 받을 생각을 하다니! 나는 일거에 감정의 경계를 무너뜨려버리고 맨발로 부엌바닥을 내려서서 딸을 안아 버렸다. 애들은 항상 닳아빠진 어른들을 구원한다고 생각하면서…….

　　그리고는 싱크대에 엎드려 잠깐 졸았는지 눈물과 흘러내린 침이 뒤범벅이 된 딸애의 얼굴을 씻어 주면서 하찮은 라면 못 멕인 것이 가슴에 얹혔던지 이따 저녁때 엄마 오면 아루(셋째 놈 이름)랑 함께 곰소에 가서 자장면을 사 주마고(사실 아까 뭔가 정리를 해야겠다고 생각했을 때 그 내용이 이런 것은 아니었다. 먼저 이 녀석이 잘못했던 점을 낱낱이 지적하고 그 대가는 당연히 맞을 수밖에 없었다는 것, 때리는 아빠도 마음이 아프다는 것, 머리를 쓰다듬으며 목소리를 한층 더 부드럽게 해서 이담부터는 그래서는 안 된다는 것과 그 날 학교에서 일어난 일 몇 가지를 예사롭게 묻는 것이었는데) 그만 실언을 하고 만 것이다.

"와! 언니, 언니, 아빠가 저녁에 곰소 자장면 먹으러 간댔어. 언니이." 어쩌고 하며 덩달아 점심을 못 먹고 한쪽 구석에 붙어 있었던지 언니를 부르며 언제 맞았냐 싶게 금방 희희낙락하는 꼴을 상상해 보라. 다소간 비틀린 심보이겠지만 너무 쉽게 풀어져 버린 딸애들의 모습에 자장면은 너무 비싼 대가이지 않겠는가 말이다.

건 장마 지나가 버리고 여름내 비 한 방울 오지 않아서 논밭 작물이 타는 것은 하여간에, 수돗물조차 끊겨서 며칠 전부터 우리 동네는 물 구경을 못 했다. 빨래는 이 구석 저 구석 쌓여 가는데 빨지를 못하고 맘대로 씻지도 못하니 흐르는 땀도 땟국물일 터이다. 싱크대에는 아침 해 먹고 난 설거지거리가, 그러니까 여자들 표현대로 한다면 속깡만 빼 먹고 껍닥은 파리를 뒤집어쓴 채 그대로 있는데 공짜처럼 그것도 대낮에 물이 나온다니! 불문곡직, 나는 팔을 걷어붙이고 설거지부터 했다.

물이 나오다 말았다는 것, 그래서 그러면 그렇지 하고 실망했다는 것, 생각해 보니 그래도 결국은 물이, 전쟁처럼 참혹했던 딸

과의 싸움을 평정시켰다는 것 따위는 이제 내가 글머리서부터 시시콜콜하게 쓰려고 했던 것은 아니다.

　다만 오후 내내 두 딸년들이 너무너무 신이 나서 잘 놀았다는 것, 물 없는 저녁을 걱정했던 아내가 자장면 먹으러 간다고 했다는 소리에 들었다 보았다 하며 딸년들보다 뎁다 더 좋아했다는 것, 곰소의 그 집 자장면이 맛이 있었다지만 세상에 유치원 다니는 콩만한 셋째 놈이 어른과 똑같이 자장면 한 그릇을 다 먹어 버려서 내심 걱정했다는 것과 자장면 한 그릇에 만족하여 돌아오는 차 속에서 오학년 삼학년짜리인 위의 두 놈들이 지 동생과 함께 지 동생의 유치원 노래로만 여나므 곡 합창하다가 갑자기 조용해져서 돌아보니 정말 놀라움게도 세 녀석 모두 정신없이 자 버려서 우리 내외가 그만 파안대소했다는 것을 간단하게 적고, 쌀 한 줌에 관한 이야기와 한 친구에 대한 이야기를 하고 싶다.

　평소에도 시속 오십 킬로미터 이상을 잘 밟지 않지만 저녁이고 또 애들의 꿀 같은 잠을 좀더 연장시키려고 나는 약 사십 킬로미터 정도로 속도를 떨어뜨리고 왔는데 아내조차도 행복에 겨운 듯한 표정으로 눈이 가늘어지는 것 같아 차의 속도를 더욱 떨어뜨렸다. 한적한 도로에 밤이어서 그런지 오고가는 차 한 대가 없었다. 가을 하늘에서나 볼 수 있는 새털구름이 달을 품었다 내놓는 모습이 아름다웠다. 길 옆 논의 개구리 울음소리와 어우러져 여름밤의 정취가 인상 깊은데 차의 속도는 점점 더 떨어져서 미동조차 느껴지지 않고 떨어지는 속도에 따라 내 마음도 마치 최면에 걸린 듯 이십 년, 삼십 년,

삼십오 년, 저 깊디깊은 어린 시절로 돌아가고 있었다.

아 마 도   다 섯   살   무 렵 이었을 것이다. 그러니까 지금 셋째 놈보다 더 어려서이겠다. 당시 우리 동네에서 내 동갑은 가시내 머시매 합해서 모두 열여덟 명이나 되었지만 아직 어려서 어울려 놀 줄을 몰랐으니 동무가 많아도 소용이 없었다. 그러니 어머니가 밭에 가시면 밭에까지 따라가지는 못하고(따라간대도 어머니 등에 붙거나 밭둑에서 집에 가자고 졸라대니 데리고 가지 않으셨겠지만) 어머니 오실 때까지 혼자 놀아야 했다.

어느 날부터인지 몰라도 나는 문 뒤의 바람벽 흙을 뜯어먹기 시작했다. 꺼끌꺼끌한 느낌을 주면서 목구멍을 서서히 타고 내려가는 맛과 흙 특유의 구수한 냄새는 대번 내 구미를 끌어당겼다. 왜 이런 걸 진즉 먹지 못했나 싶은 생각이 들 정도였다. 그 때부터 바람벽의 흙은 내게 좋은 군입정거리였으며 심심찮은 동무가 되었다. 그래서 몇 날 며칠을 흙을 파먹느라 정신이 없었는데 미리 알고 혼내려고 그러셨던지 하루는 어디서 갑자기 아버지가 나오셔서 천둥 같은 목소리로 "너 멋허냐 지금?" 하시며 호되게 나무라셨다.

야단맞을, 좋은 짓은 아니라는 생각이 그래서 들기 시작했는데, 그러나 그것이 내 흙 뜯어먹는 일을 중단시키지는 못했다. 흙 뜯어먹는 버릇 때문이었는지는 몰라도 그 때부터 나는 횟배를 앓기 시작했다. 소학교 졸업 무렵까지 앓았던 것 같은데 남보다 유난스레 횟수가 잦고 심해서 며칠씩 학교에 못가고 별의별 약을 다 먹어 보았다. 회

곱삶은 | 두 번 삶아서 지은
웁쌀 | 보리쌀 위에 한 주먹 올린 흰쌀
앞장불 | 앞바다

란 놈은 휘발유 냄새를 좋아한다고 해서 아픈 배를 진정시키기 위해 아버지는 나를 업고 보리 찧는 발동기 곁에 가서 계시기도 했고, 약도 된대서 휘발유를 한 컵 얻어먹어 보기도 했다. 지금도 친구들끼리 모이면 "바람벽 흙 뜯어먹고 이렇게 컸어, 임마!" 하며 흙 먹었던 이야기들을 하게 되는데, 당시 흙 먹었던 게 나만은 아니었던 것 같다.

나는 또 한 녀석과 함께 앞장불에서 새총알을 줍다가 동글동글한 것이 먹기 좋게 다듬어 놓은 흙과 같아 호기심이 생겨서 주운 새총알도 먹어 보았다. 그 맛은 결코 우리를 실망시키지 않았는데 흙만은 못해도 짭조롬한 게 여간 맛있는 것이 아니었다. 그렇지만 흙에 비해서 많이 먹지는 않았다. 우린 서로 프로급이어서 누가 큰 것을 먹을 수 있나 내기를 하곤 했는데 내기를 하다 한 번은 목에 걸려서 죽을 뻔한 일이 있어서였고, 꼭 새총알 주워 담은 주머니 늘어지듯 밥통이 늘어질까 봐 걱정돼서였다.

그렇게 한 삼 년 흙과 돌을 먹었더니 자연스럽게 별명 하나를 얻을 수 있었다. 나는 '흙수' 였다.

기 실 이 런 건 다 생쌀 때문에 생긴 일이다.

어촌 동네라도, 있는 집들은 한두 마지기씩 쌀논이 있으므로 웁쌀이야 하겠지만 우리집만큼은 논이 없어서 맨보리밥이었다. 암지나 돈 주고 팔아야 곱삶은 보리밥 위에 겨우 쌀 한 줌씩을 놓아먹을 수 있었는데 어쩌다 먹어 본 생쌀이 그렇게 맛있었기에 날이면 날마다 어머니 치마꼬리를 붙들고 쌀 한 줌만 달라고 졸랐으리라. 어머니는 닷새 정도를 조르면 마지못해 쌀 한 줌을 주시는데 어머니 줌으로 그 한 줌은 꼭 한 끼 입쌀 분량이니 쉬이 주시지 않을 것은 뻔한 일이었다.

그렇게 먹고 싶은 쌀 한 줌을 얻으면, 그러니까 어머니가 한 톨도 흘리지 않고 한 줌이 좀 못 되게 항아리에서 집어내어 내 주머니에 넣어 주시면 온통 뛰고 싶지만 쌀을 흘릴까 싶어 뛰지도 못하고 주머니 뚜껑을 여며잡고 바장이며, 그 때부터 조금씩 조금씩 꺼내서 먹으며 한나절을 혼자 노는 것이다.

쌀 한 줌 이상의 것을 나는 더 알지도 못했고 알 필요도 없었다. 그러기에 그 쌀 한 줌이 최고의 것이었고 그것을 못 얻는 절실함은 먹을 수 없는 바람벽의 흙을 파먹게 만든 것이었다.

지금 내 딸년들이 최상의 것으로 여기며 포만에 젖어 깊은 잠이 들게 한 천오백 원짜리 자장면 한 그릇은 내 쌀 한줌과 비교가 될 수 있을 것인가?

작은 것에 만족하는 것은 예나 지금이나 애들만의 순정한 전유물일까? 차는 거의 기어가다시피 하고 어린 시절의 기억을 되살리기 위한 내 최면은 아직 풀리지 않는다.

생초각시는 왜 안 오요?

    어머니 젖을 나는 여덟 살까지 먹었다. 내 동무 현철이의 작은 아버지는 일곱 살까지 먹었다 한다. 적어도 이 방면에서는 내가 챔피언인 셈이다. 막둥이라 더 귀애하시다가 학교를 보내려고 그러셨던지 보호해 줄 위의 형님과 누님이 학교에 다니건만 나는 여덟 살에 소학교를 들어가고, 그러니까 학교 들어가기 직전까지 어머니 치마폭에 싸여 앞지랑을 더듬은 셈이다.

    그 때도 물론 창피한 생각이 들긴 했다. 그러나 그것은 잠시뿐이고 어머니 품에 안겨서 어머니의 그 고소한 냄새를 맡으며 젖을 물고 한 손으로는 나머지 젖꼭지를 만지는 맛은 무엇과도 바꿀 수 없는 것이었다.

그런데 하루는 어머니 젖꼭지에 이상한 나무껍질 같은 게 감겨 있었다. 내가 젖 좀 먹게 해 달라고 뻔뻔스럽게 말씀을 드리자 평소와는 달리 그 때만큼은 서슴지 않고 오, 그러길 기다렸다는 듯이 젖을 터억 내놓으시지 않겠는가?

"옛다, 여그 젖 있다. 얼른 와서 빨어 먹어라."

그 날은 비가 오는 날이어서 낭와를 해 먹기 위해 맷방석에 맷돌을 놓고 어머니와 누님들은 밀가루를 장만하던 중이셨는데, 누님들은 일제히 손을 놓고 나를 보며 의미심장한 웃음을 웃으시는 것 같았다. 그러나 그게 무슨 상관이야. 비는 오고 나도 한참 굴풋한 차라 그런 것 저런 것 가릴 생각 없이 어머니 앞지랑에 달려들어 젖꼭지에 감긴 것을 떼 내 버리고 젖을 빨기 시작했다.

"…?…?…"

소태나무 껍질의 쓴 맛을 아는 분은 아마도 내가 그 상황에서 어쨌으리란 것을 짐작하고도 남을 것이다. 빌어먹을! 세상에 젖이고 뭣이고 다 차 버리고 한나절을 뒹굴며 울었으니까 말이다. 나중에는 가엾은 나를 달래느라 누님들이 업어 주고, 그래도 안 되자 젖꼭지를 씻어 버린 어머니가 다시 나에게 젖을 물렸다.

아무렴! 이에는 이, 눈에는 눈이라고 젖으로 서운한 것을 젖 아닌 다른 것으로 풀 수가 있을까?

어머니는 나를 업고 밤이면 꼭 마실을 가셨다. 내가 젖을 뗀 것은 소태나무 껍질도 아니요, 아까징끼도 아니요, 소학교에 입학해서 새로운 친구를 사귀는, 변화된 사회적 위치(!) 때문이었을 뿐이다. 그리고 젖을 떼기는 뗐어도 그게 어디 바로 어른스러워지는 것이던가? 게다가 나는 어른들이 얘기하는 소위 늙바리 새끼이며 막둥이라고 너무 온상에서만 키워서였던지 병치레가 잦아서 항상 어머니 등에 붙어 있었다.

텔레비가 있을까 비디오가 있을까, 그러나 나는 텔레비, 비디오보다도 더 재미있는 것들을 어머니 등에 붙어 함께 마실을 다니면서 보고 들을 수 있었다. 고학년이 될 무렵까지.

갈비이모는 나의 외오촌, 어머니에게는 친사촌 동생이다. 어머니와 함께 마실을 다니시는 분으로는 영전댁이라는 댁호를 가진 분이 계셨는데, 두 분은 항상 갈비이모댁으로 마실을 가는 것이었다. 어쩌다 영전댁이 늦으면

"언니, 생초각시는 왜 안 오요?"

"집에서 먼 일 났는가 기척이 없대? 오겠지 맹."

두 분은 서로 기다리셨다.

당시 영전에서 시집 온 분이 동네에 세 분이나 되어서 서로 분간하기 좋게 댁호보다는 서방들 이름을 붙여 부르시곤 했는데 영전댁의 서방 생초 씨는 성씨가 김씨였다.

앞장불에 사는 갈비이모네는 꽁댕잇배라는 고기잡이 어선을 한 척 부렸는데, 그 때는 거의 대부분이 수산물을 젓으로만 가공하던 때여서 젓간에는 말할 것도 없고 헛간에도 젓독이요, 장독 부엌에도 젓독이요, 처마 밑 같은 의지깐은 모두 다 젓독으로 채워졌다. 집터도

　다른 집보다 낮아서 여름 장마철에는 집 전체가 흡사 젓독 같은 느낌이 들 정도로 냄새가 나고 구지레하였다. 그런데다가 이모가 게으르셔서 부엌 아궁이에는 언제 닦았는지 모를 검게 그을은 찌게 냄비가 불 위에 올려져 있고, 구정물통에는 호박씨 떠다니는 쉰내 나는 구정물이 한 통이고, 설거지통엔 설거지가 한 통이고 빨래통엔 항상 빨래가 한 통씩 담겨 있던 거였다.
　하지만 이모는 키가 후리후리하고 곱슬거리는 낭자머리가 윤나고 숱이 많고 눈 밑은 포르족하여 얼굴은 말상이었지만 끼가 있어 뵈고 또한 술을 잘하셨다. 옛날에 술장사를 몇 년 하셨기 때문이다. 이모는 어머니 등에 업혀 가는 나를 몹시도 귀애하셨다. 그런 이모 생각을 할 때마다 지금도 잊지 못하는 것이 하나 있으니 바로 삼치젓이다.

고너리와 딩팽이, 여기에 중하가 적당히 섞인 잡젓은 젓간에서 한 일 년 삼삼하게 익히면 헤쳤을 때 연붉은 빛깔과 함께 코를 진동하는 향이 푸욱 솟는데 이 젓 속에 그 자체만으로는 젓을 담을 수 없는, 팔뚝 같은 삼치 두세 마리 장아찌 박듯 박아서 익힌 것이 삼치젓이다.

그 날도 좀 늦었지만 생초각시도 오고, 안팎으로 술 잘하시던 이모부와 이모는 내력 있는 부부싸움을 했던 차라 이모부는 밖에 나가시고 이모는 아직 저녁 전이었다.

내력이라는 게 별것일까? 이모가 어떤 젊은 남자와 정을 통한다고 매칼없이 이모부에게 의심받고 있었던 모양이더라. 그러나 이것은 내가 먼 훗날, 지각이 나서 어림짐작했던 것일 뿐 당시로는 알 턱이 없었다.

생초각시와 어머니는 어두운 방에 불을 켜고 풀어진 머리를 걷게 할뿐더러 서로 권하여 이모에게 저녁을 먹게 하셨는데 그 때 먹은 것이 바로 잡젓 속에서 꺼내 놓은 삼치젓이다.

삼삼한 잡젓 속에다가 그렇잖아도 맛있는 삼치를 두서너 달 박아 익혔으니 그 맛이 어떻겠는가? 잘 삭은 붉은 빛깔의 삼치 속살을 쪽쪽 찢어서 밥 위에 걸쳐 먹는 그 맛은 이모네 살림살이와는 너무도 대조적인 것이어서 내 필설로 다 설명할 수 없음이 유감일 뿐이다.

이모는 그 날 어머니와 생초각시에게 옆집 남자와의 관계를 변명하며 애놓게 남편에게 머리끄뎅이를 잡혔다고 내내 구시렁댔다.

천구백구십삼 년도이던가, 나는 우연하게 한국식품개발원에서 실시하는 젓갈 담는 교육에 참석하게 되었다. 2박3일의 교육 기간 동안 서해안, 남해안, 우리 나라 각 도의 젓갈은 물론이거니와 동남아쪽의 젓갈까지를 공부할 수 있었다. 그러나 그 어디에도 장아찌 박은 삼치젓은 찾아볼 수 없었고, 강사 선생도 고개를 갸우뚱거렸다. 그 맛있던 삼치 장아찌젓의 족보는 나 사는 이 동네가 본관이며 갈비이모네가 시조였던 모양이다.

―옛놈이 장개를 갔던 개비대. 각시허고 자다가 낮에 먹던 것이 생각나서 각시에게

"그 다디 단 것이 뭣이여?"

"식혜."

"어디 있어?"

"살강 밑에."

갔다 돌라고 헐지는 몰리고 살강 밑에 왱병 속에 있다는 것을 알어 가지고는 옷을 주워 입고 더듬거려서 정지 살강 밑을 갔디야. 왱병을 찾어서는 손을 쑥 넣어 식혜를 한 주먹 쥐게 손이 빠지간디, 그렇게 "물지 말고 놓아라, 물지 말고 놓아라." 자꾸만 물지 말고 노라고 힛디야. 장모가 나와서 보고는

"이 사람, 왜 그러는가? 왜 그리여?"

"왱병이 물고 안 놓아 주요."

"아, 주먹을 피소, 주먹을 피여."

주먹을 핑게 손이 쑥 나오거던. 그렇게 이 미련한 놈이 좋아서 뜀서 "왱병에 물린 디는 장모가 약이네에!" 허고 외쳤다네.—

이 이야기는 이모네로 마실 간 어머니에게서 들은 이야기이다.

마실들을 가시면 겨울에는 바느질거리를 가지고 가기가 예사고 가을에는 이튿날 아침 밥에다 두어 먹을 돈부콩 깔 것을 가져간다든지 고구마 순 벗길 것들을 가지고 가든지 하시는데, 세 분이 앉아서 꼭 무엇인가를 하면서 노시던 거였다. 그러다가 심심하면은 서로들 이야기나 한 자리 해 보라고 미루는데 그 중에 연장자인 어머니가 항상 먼저 한 자리를 하셨다. 그 다음에는 이와 비슷한 이야기들을 시리즈로 엮되 혼자만 하는 것이 아니고 이야기 속의 역을 서로 나누어서 대사 외듯 하셨다.

다음은 '꼬사리 주낙'이라는 이야기이다.

—옛놈이 장개를 갔던 개비대. 각시허고 자다가 낮에 먹던 것이 생각나서 각시에게

"그 새름새름한 것이 뭣이여?"

"꼬사리 너물."

"어디 있어?"

"살강 밑에."

갔다 돌라고 헐지는 몰리고 살강 밑에 있다는 것을 알어 가지고는 옷을 주워 입고 더듬거려서 정지 살강 밑을 갔다야. 미련헌 놈이 주낙바구리에 새름새름허니 담어진 노끄내끼를 꼬사리너물인 줄 처

먹고 아침에 똥을 싸는디 똥이 나오간디. 그렇게 식전 똥 싸러 나온 장인에게

"어찌 똥이 안 나오요."

"저녁에 뭣 먹었는가?"

"살강 밑이 꼬사리 너물."

장인이 살강 밑에를 가서 본게 꼬사리 너물은 있는디 주낙은 한 바구리 없어졌거던. 사위를 데려다가 똥구멍을 쳐들게 허고 한 끝을 빼서는 노적어다가 잡어 묶고 뺑뺑 돌게 맨등게 아흔아홉 바쿠허고도 반을 더 돌더라네.―

이렇게 한 막이 끝나면 서로 쳐다보며 재미있게 웃으셨다.

조갑지 — 조개
사금파리 — 사기그릇의 깨어진 조각
앵속 — 양귀비, 아편

갈비이모 사랑방에선 못 나수는 병이 없게

웬만한 집에서는 대개 뒤 울안의 상추밭 속에 양금봉아리라 하여 앵속을 서너 폭씩 몰래 심어 가꾼다. 아침마다 밤새 받아 놓은 요강의 오줌을 먹고 여름내 상추밭의 상추가 너벅버벅한 잎을 키워 내다가 나중에야 쫑이 서고 꽃이 피는데, 그 무렵이면 상추와 비슷한 양금봉아리도 키가 쑤욱 자라 흰 꽃이 피고(붉은 꽃 피는 것은 약이 안 된다) 그 자리에 밤톨 같은 씨방이 자란다.

사금파리 깬 걸로 씨방을 살짝 그으면 그 곳에서 희디 흰 진액이 나오는데 그것을 조갑지 같은 데 긁어 담아서 장독에 말린 것이 아편인 것이다. 서너 폭에서 많이 채취해야 꼬막 조갑지로 반절 정도, 그러니까 콩알 서너 개 분량일 이것은 지금은 돈 주어도 구하기 어려운 최고의 가정 상비약으로서 사람이건 짐승이건 아픈 데라면 어디에도 다 듣는다.

어느 날 예의 세 분, 어머니와 갈비이모, 생초각시는 무서운 모사라도 꾸미는 듯 걱정스럽고 비밀스러운 표정으로 귀엣말들을 주고받았다.

"진짜 꿀을 좀 구히다가 몽땅 멕이고 한나잘 문을 걸어 잠궈 놓아 보지?"

"진짜 꿀이 어디 있가니? 저번이도 장에서 약 장시 회약을 사다가 어른 먹을 만치 두 번을 멕였는디도 횟보가 안 빠져."

"아이 다지금, 그것을 쬐께 멕여 보면 어쩌까이?"

"…?……!"

횟배 앓고 난 지가 얼마 안 돼서 음식을 잘 먹지 못하므로 기운 없이 누워 있는 나를 보고 세 분이 입을 맞추는데 막 잠이 오려고 하는 가물거리는 의식 속에서라지만 그 뒷말은 거의 들을 수가 없었다. 양금봉아리를 재배하다 들키면 살림 못 한다는 말이 여기 저기 심심찮게 떠돌던 때였다.

그리곤 내 기억에, 까아맣게 말랑거리는 생아편을 꼭 콩알만큼 먹었던 일(나는 약을 참 잘 먹었다. 앞장불에서 주운 새총알 삼키듯 널름널름 뭣이고 삼키기를 잘 한 것이다), 노오란 의식 속에서 하루 정도를 자다가 깨어 보니 식구들이 모두 둘러앉아서 마치 죽었다 살아난 듯 이것 저것 여러 가지를 자꾸 물어 보았던 일, 그 후 똥이 마렵다니까 두엄자리에다 싸 보라 해서 엉덩이를 하늘로 쳐들고 똥을 쌌더니 국수가닥 같은 회충치가 똥도 섞이지 않고 한 보따리 쑤욱 빠져 버렸던 것이 생각난다. 그리고 나서부터 나는 병치레 없이 허여멀쑥 크기 시작한 것이다.

족보 있는 내 횟배앓이에 생아편을 멕여서 어린 나이에 요단강을 어디만큼 건너갔다가 되돌아오게 한 것도, 옻이 올라 고생하는 나에게 여우피를 바르게 한 것도 마실간 이모네 사랑방에서 어머니들이 쑥덕거린 결과다.

한번은 얼굴에 옻이 올라서 사람들이 못 알아볼 정도로 몹시 심하였는데 마침 이모집에 놀러 오셨던 순창댁이라고 하는 사람 좋은 아주머니가 나를 보시더니 쯧쯧쯧 혀를 차고 돌아앉아 어머니와 무슨 이야기를 나누셨다. 그러고는 나에게

"내가 순창 우리 친정에 가서 오돌에 바르면 금방 낫는 약인 여우피를 좀 가져왔다. 가서 발라 볼꺼나?"

자꾸만 웃으시며 모두들 가자고 일어들 나서서 여우피를 바르러 갔다. 조그마한 둠벙을 막은 뚝 밑을 건너면 건네라는 곳에 그 분의 집이 있는데, 그 집에 가자 순창댁은 우선 대야에 물을 떠서 마루에 놓고 방에 들어가서 호롱을 끌어당겨 농 속에서 무슨 헝겊 같은 것을 꺼내셨다.

"이것이 바로 여우피란다. 내가 헝겊에 묻혀서 싸 두었으니 물에 좀 불렀다가 얼굴에 바르자. 두 번 바를 것도 없이 낫는단다."

하시며 대야에 담그셨다.

한동안 지난 뒤다. 대야를 들여 놓고 거기에 나를 눈 감고 고개 숙이게 하더니 그 헝겊으로 내 얼굴에 여우피를 처벅처벅 처바르는데 역한 비린내가 코에 거슬렸다. 생초각시와 갈비이모는 코를 쥐고 웃으시는 것 같았다. 아무래도 낌새가 이상하여 나는 더 이상 안 바르겠다고 도리질을 치며 버둥거렸는데 정말 두 번 다시 바르지 않아도 신기하게 옻을 나순 그 약은 나중 알고 보니 여우피가 아니고 순창댁의 서답 말려 놓은 것이었다. 하고 많은 짐승 중에 왜 하필 여우피라 하였을까? 여자와 여우가 동의어는 아닐 테지만 슬그머니 웃음이 나오는 것은 어쩔 수가 없다.

순창댁의 이름은 최춘이 씨이다. 내가 동네 아주머니들의 이름

을 지금도 잘 기억하는 것은 신용협동조합을 하면서 출자를 받는 일 때문에 가가호호를 삼 년간이나 방문하고 다녔기 때문이다. 팔십 년대 초 '서울의 봄'이 가고 시절이 경색되어 민주화운동이 탄압받을 때 농촌에서는 농민회 조직을 통한 강경 투쟁보다는 신협이나 탁아 사업, 소위 문화운동이라고 하는 풍물굿 보급운동이 주류를 이루었다. 그 때 우리 동네에서도 신협을 만들었던 것이다.

그러나 가난한 어촌에 무슨 고정 수입이 있어서 신협이 될 것인가? 추운 겨울 출자를 받으러 집집마다 돌아보면 두 집 건너 한 집씩 방문 앞에 십 원짜리 몇 개씩만 안타까이 놓여 있을 뿐이었다. 어쨌거나 순창댁의 남편은 우리에게 쌀을 훔쳐다 줬던 정님이 누님의 친 작은아버지였다.

본처에서 손이 없자 딸 하나 아들 하나 딸린 순창댁을 후취했는데, 물론 여기서도 손을 보지 못하자 자기 형님의 아들을 양자하여 손을 이수고 우리 어릴 때 돌아가신 양반이다.

순창댁이 데려온 딸은 이름이 봉순인데 보통 망순이라고 불렀다. 어떻게 해서 생겨난 별명인지는 잘 모르겠지만 나보다 한 살 위로서 엄마를 닮아서인지 아주 뚱뚱하고 약간 신천이 없는 듯 했다. 순창댁이 홀로 되니 먹고 살기가 어려워서였던가 마을에 주둔하던 해안전투경찰대의 식사를 맡아서 했는데 망순이도 도울 나이가 되었다.

어느 날 나와 누님이 망순이네 집 앞을 지나가다가 망순이 혼자 있는 것을 보고 들렀더니 망순이는 입술이 붉어 있고 손은 뒤로 뭔가를 감추었다. 짓궂은 누님이 뺏다시피 하여 본 그것은 붉은 크레용이었다. 소학교 갓 졸업할 나이였는데 남자들 틈에 있다 보니 아마도 빨리 이뻐지고 싶었던 모양이었다.

그런 일이 있고 난 얼마 후에 망순이는 운동화를 신고 흰 와이셔츠를 입고 그 소매를 반쯤 걷어 올린 남자들이 멋있어 보인다며 그런 남자들과 결혼하고 싶다 하여 다시 한 번 누님과 나를 웃게 하였다. 그러다가 이제는 진짜 화장품으로만 진하게도 화장을 해 쌨더니 어느 날 집을 뛰쳐나갔고 얼마 후에 죽었다는 허망한 소문이 들렸다.

아직 젊은 아주머네가 군인들 밥을 해 주어서 그랬을까? 군인 대장과 정분이 났다는 소문이 날 무렵, 친정 동네에 보내 공부시키던 아들 뒷바라지를 한다며 순창댁은 이 동네를 떴다. 그 후 동네의 일가붙이(라고 해 봤자 실제로는 아무 관계도 아닌)들을 통해서 간간이 들려오는 순창댁의 소식은 아들이 서울의 일류대학에 입학했다는 것, 졸업하고 결혼했다는 것 같은 지극히 단조로운 것들이었다.

천구백팔십일 년도, 내가 면사무소에서 병무 보조란 직책으로 방위 근무를 할 때였다. 일기생으로 입대하여 훈련소에서 추운 겨울을 보낸 덕분에 부대 배치를 받고 면사무소에 오자마자 고참이 되었는데 병사 업무가 많이 밀리지 않으면 내 밑의 졸병에게 쓸어맡기고 나는 바쁜 민원실 창구를 도왔다.

하루는 호적계장이 나를 부르더니 간단한 인적 사항이 적힌 종이 한 장을 보여 주며 너희 동네에 살았던 사람이 맞느냐고 확인해 달라 했다.

이름, 최춘이

생년월일, ○년 ○월 ○일

본적, 전북 부안군 변산면 도청리 ○번지

주소, 서울특별시 ○구 ○동 ○번지

사망 추정 일시, ○년 ○월 ○일 ○시

부검 결과, 자살

대충 이런 내용이었다. 이름은 순창댁이 분명한데 아들 며느리를 어디다 두고 보호자도 연고자도 없었을까? 먹고살기가 무엇이 그리 고단하여 스스로 목숨을 끊었을까? 우리 동네 사람이었음을 확인해 주는 것도 잊어버리고 나는 한동안 그의 인적 사항이 적힌 종이 위에서 눈을 뗄 줄을 몰랐다.

나에게 자기의 서답 말린 것을 발라 주며 사람 좋게 잘 웃던 순창댁은 지금은 이렇게 해서 이 세상 분이 아니다. 어머니나 갈비이모나 생초각시가 다 살아 계시건만, 살아 계시다면 그 때 발라 줬던 여우피가 지금도 있느냐고 좀 물어나 볼 것이련만.

옻은 더럽게 해야 낫는다고 해서 옛날에는 사람 똥도 바르고 닭 피도 발랐다. 하지만 여우피 이상을 덮어 먹을 것이 없을 줄 안다. 지금은 누가 산에를 가서 옻 오르는 일이 거의 없지만 혹 그럴 일에 대비해서 돈 안 드는 상비약을 준비해 놓는 게 어떨까 싶다. 생리대 하나쯤 말려 놓아 보는 것 말이다.

마실은 보통 술집에 술 먹으러 나간 남정네가 돌아오거나 그 직전에 끝나기 마련인데 그 날은 마실이 좀 늦어 자정이 가차웠다.

가자고 조르다가 나는 아예 잠이 들었는데 자는 놈 업고 가면 춥다고 이모가 내 등 뒤에 오바떼기 같은 것을 포대기마냥 들러주시는 것 같았다. 성기네 집 앞에를 왔을 때다.

그 곳은 장불이 끝나고 안고샅으로 꺾어지는 대목인데 도깨비가 자주 나는 무서운 곳이었다. 집집마다 가물거리던 불도 다 꺼져서 고샅이 어두울뿐더러 그날따라 별 하나 보이지 않도록 하늘이 칙칙했다. 도깨비는 초저녁과 밤중에 잘 난다던가? 조용조용 이야기를 하면서 앞에 가던 생초각시가 갑자기 놀란 목소리를 낮추었다.

"다지금, 저그 좀 보요. 저 똘빡겉이."

"저게 뭐시여? 저것이 뭣이당가?"

"김서방인 게비요, 김서방!"

"쉬— 이리로 오는 것 같으네, 어서 가세."

어머니는 나를 한 번 추스르고 생초각시와 서로 앞서거니 뒤서거니 갑자기 걸음을 빨리하셨는데, 잠이 깨 버린 나는 등에 납작 업디여서 얼굴을 박고 오싹거려야 했다.

나도 보았다. 그 날 그 똘빡겉이서 도깨비 김서방 나던 모습을. 내 어린 생각에도 이놈들은 시커먼 것이 우뚝우뚝하니 키가 장대같았는데 우리 있는 데로 걸어오면서 그 수가 꼭 곱절씩 불어났다. 우리 집 문 앞에 와서야 방문의 불빛을 보고 안도의 숨을 내쉬었는데,

"여그 온게 노랑내가 좀 들 나는 것 같으요."

생초각시의 입이 떨어졌다.

"아까막시 삐삐 허는 소리도 안 나던가 그."

"비 올란 게비요."

"여그 서 있을 텐게 얼른 가소."

영옥이라는 내 동갑내기 계집애가 생초각시의 둘째 딸이었는데 영옥이네 집 문 앞은 우리 집에서 불과 열댓 걸음 떨어진 곳으로서 뻔히 보이는 데 있었다. 어머니와 내가 바래며 섰다가 영옥이네 어머니가 문 안으로 들어가면서 "영옥아―" 부르는 소리를 듣고 우리도 집 안으로 들어왔는데 바로 얼마 안 있어서 밖에서 빗방울 후두둑거리는 소리를 들을 수 있었다.

등잔에 불을 끄고 자리에 누운 어머니가 잠을 깬 아버지에게 도깨비 났던 이야기를 하는 것을 들으며 나는 다시 편안한 잠 속으로 빠져들었다.

그 도깨비를 우리 아이들에게도 보여 주고 싶다.

고구마 두둑 쩍쩍 금이 가던 가을

영물스런 고구마가
사람을 홀렸고만

굴는 재미 — 일을 해치우는 재미
시뿌장스러운 — 마음에 차지 않아 시들한

 봄 기장을 서너 마지기 갈았더니 어느덧 벨 때가 됐다고 낫 들고 오란다. 가을 짧은 해 놉을 얻어 베기도 여러 모로 마음 쓰이는지라 에라 혼자 벤다고 베는데 가을비가 여러 날을 두고 지짐거린 덕분에 며칠 놀았다가 일하기가 걱정스러웠다. 그러나 그 순간이 지나가 버리자 걱정스러운 것도 시뿌장스러운 것도 다 사라져 버리고 즐거운 마음으로 일 속에 빠져 있는 내가 보이던 것이다. 힘써 노동한다는 것은 항상 사람 마음을 정화시키는 힘이 있기 때문인 것이다.
 일은 혼자 한다 하더라도 먹는 것은 함께 먹자가 평소의 내 지론이다. 일을 여럿이 하면 후딱후딱 굴는 재미와 잠깐잠깐 서로 돌아보고 도란거리며 웃는 재미로 하루 해가 간다. 혼자 해도 맘대로 쉴 수

있어 좋고 여러 가지 생각을 할 수 있어 좋다. 하지만 먹는 일은 세상에 혼자 먹을 게 아닌 것 같다. 일하다 돌아와 끼니를 차려서 혼자 밥상에 앉아 보면 이건 내가 얼마나 먹고 살겠다고 궁상인가 싶어 굶기가 예사이고 쉽게 술 한 잔으로 배고픔을 바꾸게 된다. 내가 아닌 남이 그러는 것을 봐도 밥이 하늘이라니 아무렴 먹어야지! 하는 동정보다는 맛난 것 혼자 처먹는 것 같아 도척이 같은 생각이 우선 든다. 그러니 내남없이 그렇게 보이지 않으려면 놉이라도 얻어서, 먹을 땐 꼭 혼자 먹지 말아야 할 것이다.

말은 이렇게 하지만 그러나 나는 내리 삼 년이나 점심을 혼자 먹고 있다. 아내는 유치원 선생 하러 가고 애들은 학교 가기 때문이다. 아마 나 자신을 포함해서 혼자 사는 동네 늙은이들 혼자 먹는 점심 모습이 안타까워서 이런 말을 쓰고 있는가 보다. 하여튼 점심을 혼자 후딱 해치우고 벌렁 누워서 신문을 좀 들여다보다가(지방 일간지에 연재 소설 두 개가 실리는데 하나는 재미있는 무협소설이고, 하나는 적나라한 표현이 동원되는 연애소설이다) 삼십 분 정도 낮잠을 자고 오후에 다시 기장을 베러 갔다.

해가 짧으나 기나 원래 저녁때 한나절 일을 더 많이 하는 것이지만 나는 그렇게 하지를 못한다. 일 안 굴는 것은 어쩔 수 없다지만 혼자 묻고 혼자 대답하는 것도 저녁 네다섯 시 무렵이면 싱거워지는데다 제일로 허리가 아파서 할 수가 없는 것이다. 그래서 또 자연스레 생각해 낸 것이 같은 일을 하루 종일 하지 말자이다. 허리를 많이 쓰는 일을 한나절 하고 나면 나머지 한나절은 어깨를 주로 쓰는 일을 한다든지 하는, 뭐 그런 식 말이다. 하다 보면 농촌의 농사일이라는 것이 말과 같이 이렇게 되는 것만은 아니지만 얻을 놉도 없고 놉 얻을 돈도 없는 나 같은 사람이 하루 일을 추려 나가자니 자연 꾀가 생길 수밖에.

다섯 시쯤에는 기장 베는 일을 놔 두고 소를 몰고 쟁기질을 나갔다. 양파 묘상을 준비한다고 김대장이 밭을 좀 갈아 달라고 했기 때문이다. 소의 힘을 애껴 쓰게 하지 않아도 될 한 마지기 정도의 밭갈이라 쟁기를 깊이 박고 갈지만 이놈의 소가 이제는 해 볼 테면 해 보자는 식으로 눈도 꿈쩍 않고 씩씩거리며 잘도 간다. 내가 오히려 힘이 부칠 지경이다. 소는 새끼를 세 마리 정도 낳아야 제 힘을 자랑한다고 어른들이 말씀하시던데 그 말이 틀림이 없는가 보다.

나락논을 먹던 새떼가 지나가는 사람의 고함소리에 쫓겨 솔밭 속으로 숨어들고 새털구름 아름다운 가을 하늘에 노을이 물든다. 이렇게 또 하루가 저물었다. 그러고 보니 어연간 낼 모렛새가 추석인가 보다.

나의 추석과 가을은 어릴 적의 고구마 찌던 냄새로부터 시작된다. 긴 간짓대 하나를 마루에 걸쳐 놓고 앉아 보리멍석에 닭 쫓는 일과 보리 퍼다 주고 참외막에서 개구리 참외 먹는 때가 지나면 여름내 가서 놀던 당산나무의 팽이 누우렇게 익어가고 고구마 두둑엔 고구마가 크느라 금이 쩍쩍 간다. 가을이 온 것이다. 그런 곳을 파보면 영락없이 주먹만씩한 고구마가 들어 있게 마련인데 먹을 만하게 고구마 밑이 잡혔다 싶으면 처음엔 순은 놔 둔 채 큰 걸로 한두 개 정도씩만 파내고 두둑은 다시 잘 아무려 놓는다. 여기저기 금간 곳을 더듬어서 한 다라이 정도를 캐면 밭고랑의 강냉이도 좀 따다가 고구마와 함께 찐다.

  이 무렵은 보통 산의 풋나무를 해다가 불을 땐다. 잘 영근 풋나무 이파리가 타닥거리며 타는 냄새도 좋은데 집집마다 풍겨나와서 고샅을 진동하는 점심 무렵의 고구마 찌는 냄새가 어울리면 무엇이라 표현할 도리가 없다. 이 냄새를 빼고는 가을을 말할 수가 없다. 땀 흘리고 농사지은 첫 수확의 기쁨이 고구마 강냉이 파다 쪄 먹는 것인데 여름내 보리밥 물 말아서 고추 된장 점심을 먹다가 새 맛으로 먹으니 얼마나 더 맛이 있던지. 세상에 고구마만 많이 있어도 부자로 생각이 들던 때의 일이다.

한 동 네　사 시 는　나의 팔촌 형수님은 고창에서 시집을 오셨는데 선보러 와서 윗목에 큼지막하게 놓여 있는 고구마 퉁가리를 보고 고구마 먹을 욕심으로 그만 오케이 하셨다 한다. 형님이나 형수님이나 다 재벌 결혼들이었고 나이가 삼십들을 넘겼으므로 고구마 퉁가리의 양을 보고 시골 농가의 농사 규모를 미루어 짐작한 의사라 할 수도 있겠으나 나중에 당신 입으로 말하기를 단순히 고구가가 좋아서 오케이 했다고 한다. 그 양반들이 애 낳고 살림 사는 것은 다 영물스러운 고구마 때문이라고 해야 할 일이다.

  이야기가 옆길로 가지만 그 형수님에 대한 이야기 하나를 더 해야겠다.

어느 해 여름인지 몹시 더웠다. 우리 동네에 가게마다 처음으로 하드 냉장고가 들어오고 그 당시 '꺽다리' 라는 오십 원짜리 팥 섞인 하드가 맛이 있었다. 담배와 잡화를 취급하는 조그마한 구멍가게를 나의 큰형님이 하시는데 두 분 형수님들은 서로 나이도 비슷하고 이웃집에 살기 때문에 노상 가게에 마주 앉아 입을 맞대고 있었다.

그 날은 비가 왔을 것이다. 심심하던 차에 나도 가게에 놀러갔는데 마침 그 형수님이 와 계셔서 꺽다리 하나씩을 사서 먹었다. 참 맛있기도 했지만 먹다가 그 형수님이

"누가 사 주기만 하면 이런 것은 열 개도 먹겠네."하셨다.

"열 개를 어떻게 먹는다요. 한두 개 정도는 모르지만."

내가 퉁명을 주자

"열 개를 왜 못 먹어? 사 주기만 히바."

"정말로?"

"정말!"

"애순어매 꺽다리 구신일 줄 모르는구만. 열 개 아니라 스무 개

도 문제 없이 먹을 것이여."

　나와 다투는 사이에 또 한 분의 형수님도 옆에서 편을 들고 웃으며 한 마디 끼어드셨다. 해서 결국에는 내기를 하기로 하고 내가 꺽다리 열 개를 샀다. 삼십 분 안에 다 먹으면 내가 사 드린 거고, 못다 먹으면 그 형수님이 돈을 내기로 한 거니까 나로서는 이겨야 본전이고 그 형수님으로서는 밑가도 본전, 조건은 좋은 거였다.

　그러나 그 형수님은 다섯 개까지를 의심 없이 잘 먹고 여섯 개부터는 시간이 걸리더니 일곱 개째 먹고 못 먹겠다고 물러나셨다. 지신 것이다.

　이렇게 하여 꺽다리 내기한 이야기는 고구마 퉁가리 선본 것과 함께, 두고두고 내가 그 형수님을 놀려먹을 때 써먹는 무기가 돼 버렸다.

　이왕 시작한 김에 선본 이야기 하나 마저 하고 넘어가자. 우리 동네에 진 외가 쪽의 조카가 하나 있어서 나는 평소에 그냥 형님이라고 부르는데 이 형님의 이야기이다. 이 양반의 부인은 어느 소학교 교장의 식모 겸 수양딸 비슷하게 지내다가 시집을 온 양반인데 이번에는 남자쪽에서 먼저 선을 보러 갔다. 어머니와 아들 둘이서 여자 집으로 선을 보러 가니 방 안에 둘만 들어 앉혀 놓고는 정지에서 무엇들을 하는지 딸그락거리는 소리만 나지 도통 사람 기척이 없더란다. 그러니

　"참다 못한 아들이 방 윗목에 고구마 퉁가리가 있는 것을 보고 불떡 일어나더니 고구마 하나를 집어내서는 양복 아랫도리에 싹싹

문대서 아 이빨로 껍닥을 벳기고 있단 말이네. 그리서 내가 야야, 야야, 아 누구라도 금방 들어오면 어쩔라고 그러냐? 허고는 연방 말리는 참이여. 아니랄까, 말 끝나자 말자 정지서 상을 보아서 문을 열고 막 딜여 놓네 그려. 그렇게 야 좀 보소. 고구마 벳기던 것을 얼른 퉁가리에다가 뗸져 버리고 에헴 허고 앉었는디 아 사돈 양반들 봤으면 어쩔 뻔 힛겄는가?"

　나에게는 숙모뻘 되는 그 형님의 어머니가 그 때 얻어온 며느리와 놉을 데리고 밭을 매면서 온갖 흉내와 함께 재현해 낸 코미디 같은 선본 모습이다. 그 숙모는 자기는 웃지도 않고 남은 잘 웃기는 양반이어서 재담이 좋고 그 며느리는 도통 말이 없이 얌전한 양반이어서 고부의 사이가 더없이 좋았다. 오십이 넘은 아들만 숙모의 말마따나 지금도 그렇게 털털할 수가 없다.

추석이 낼 모레

흥보의 마음이 이랬을까
추석이 낼 모레
박 다섯 덩이는 따서 내 지게에 지고
서너 발 됨직하게 캐 담은 고구마는
어머니 흰 머리에 이고 집에 왔는데
박을 타던 내 옆에서 지켜보던 큰놈이
우리는 왜 장에 안 가냐 하고
둘째 놈도 덩달아 졸라댄다
검소하고 조용하게 보내는 것이 명절이란다
남들과 똑같은 게 좋을 것 없지

일손을 놓고 달래 보는데

오늘따라 하늘이 더욱 푸르고

추석이 낼 모레

아내가 쓸어 놓은 정한 마당에

감나무 이파리만 떨어진다

이 박을 타거들랑 우리 꽃님이 운동화 한 켤레와

간조기 몇 마리

또 이 박을 타거들랑 어머니 양말 한 켤레와

우리 아루 때때옷 한 벌만 나와 줄랑가

나는 어느덧 노래를 불렀는데

아니다, 아니다,

매운 연기 속에서 고구마를 찌시는 정정한 내 어머니와

조르다 조르다 저들끼리 놀고 있는 내 딸들,

이런 순간만이라도 오래 오래 있게 하여 달라고

다시 노래를 불렀는데……

─「추석이 낼 모레」

여름이 가고 추석이 돌아오면 장을 보아다가 제수를 장만하고 어른들 양말 켤레와 애들 옷가지를 사 입히는 것은 예나 지금이나 다름이 없다. 그러나 한 삼십 년 전의 추석과 지금의 추석은 사실은 달라진 게 참 많다. 차례상에 고구마나 강냉이 찐 것들을 올리지 않는 것도 그 중의 한 예일 것이다. 햇곡식과 햇과일로 차례상을 차리는 추석의 의미를 생각하면 고구마나 강냉이 들도 놓음직 하건만 지금은 누가 그러질 않는 것 같다. 하기사 때를 가리지 않고 생산되는 농작물과 수도 없이 쏟아져 들어오는 각종 수입 농산물들을 생각하면, 차례상에 고구마, 강냉이 올리지 않는 것은 조상을 대접하는 예의로서 어쩌면 당연한 일인지도 모르겠다. 국제화·세계화를 부르짖는 시대에 살면서 고구마·강냉이를 이야기하는 것 자체가 부질없다 하겠다.

그러나 나는 아직도 추석이 돌아와 제수 장만을 하려고 하면 걱정이 앞선다. 내 형편을 생각하면 고구마나 강냉이가 합당한 것이지만 차례상이 어디 고구마, 강냉이로만 되는 것이던가? 하다못해 간조기 몇 마리와 비싼 옷은 못 사 입히더라도 어머니와 애들의 양말 켤레나마 아니 살 수 없기 때문이다. 소담하게 고구마나 강냉이, 나물 몇 가지로 차례상을 차렸던 우리 어머니 아버지도 삼실과와 간조기와 우리들의 양말 켤레를 걱정하셨던 것처럼.

어른들의 걱정과는 달리 명절은 아이들의 것이어서 추석이 다가오면 우리 같은 꼬마들은 옷 안 사 준 불만도 잠시뿐, 차례상에 절하는 것도 아랑곳하지 않고 조그마한 손수건에 송편 몇 개와 곶감 한 알, 하얗게 밤이 찬 고구마나 강냉이를 싸들고 다니며 하루 종일 먹어 댔다. 송편도 많이 할 수 없고, 과일도 귀하던 때라 가장 만만하게 먹을 수 있는 게 고구마였고 송편도 못 한 집 동무들은 그냥 고구마만 싸들고 다니며 먹고 추석을 보냈다. 그래도 명절이 좋았다. 고구마만 있어도 좋았던 것이다.

고구마는 솥단지 밑에 닿아서 노릇노릇하게 탄 것이 더 맛이 있다. 적당히, 정말 적당히 물을 붓고 불을 때면 고구마의 단물이 조금씩 우러나오고 그 물이 쫄아들어서 솥이 거의 탈 정도일 때, 그 때 고구마가 푸욱 익을 수 있어야 고구마를 잘 찐 것이다. 그 중에서도 고구마 엿물이 쫀독하게 늘어붙은 것은 특히 더 맛이 있어서 껍질까지 버리지 않고 먹을 수 있다.

껍질은 훌렁훌렁 벗겨서 먹지 않고 내놓거나 함부로 땅바닥에 집어던지면 어른들은 으레껏 저런 빌어먹을 놈의 자식 같으니 하며 혀를 차시는데 잘 찐 고구마 엿물 눌어붙은 맛있는 껍질은 버리라고 해도 버리지 않는 것이다. 그래서 한 해 한두 집씩은 고구마 맛있게 찌려다가 두꺼운 무쇠솥을 깨먹기도 한다.

초가을 고구마는 밤이 차야 맛있으므로 불을 세게 때서 조금 놔뒀다가 솥뚜껑을 확 열어 버려야 하고 날이 추워질 때부터는 물렁고구마가 맛있으므로 물을 나수 붓고 불을 진득하게 때서 오래오래 놔두어야 한다.

고구마 찌는 솥에는 간혹 한두 모가지씩 약간 덜 영근 수수 모가지를 끊어다 넣고 함께 찌기도 하는데 일없이 까먹기는 그것같이 좋은 게 없었다. 고구마로 후딱 배를 채우면 토방 마루나 부뚜막에 걸터앉아 작은 가지 하나씩을 찢어서는 이빨로 까먹는데 나락 논에 새 보러 가는 동무를 따라가서도 까먹고, 대밭 큰 샘에 물 길러 가면서도 까먹었다. 땅바닥에 금을 그어 놓고 대깡놀이를 하다가 동무를 골려 줄 차례에도 흙 묻은 손에 주머니를 열고서 까먹었다. 그러다가 싫증이 나면 이빨로 물고 한꺼번에 우두둑 훑어서 껍질과 함께 씹어 먹어 버리기도 하는데 그렇게 많이 먹으면 똥구멍이 막힌다고 했다. 곶감처럼 많이 먹으면 똥구멍이 막힌대서 설사가 나면, 없는 곶감 대신 수수 모가지를 훑어 먹기도 했다.

다닥다닥 붙은 풋콩 가지를 끊어다가 넣고 함께 찌면 콩 익는 냄새가 향긋하고, 파랗게 익은 콩을 까서 주먹에 쥐고 고구마와 섞어 먹으면 고구마가 더없이 고소했다. 밤에 잘 때도 먹고 새벽에도 눈 벌어지자마자 고구마 바구니를 먼저 찾았다.

지금도 문득 옛날 생각이 나서 시장 골목을 지나가다가 고구마 좌판을 보면 걸음을 멈추곤 하는데 고구마가 징그럽지도 않아서 또 먹으려고 그러냐는 사람이 있다. 고구마만 먹고 살아서 징그럽고 그렇지 않아서 덜 징그럽고를 떠나서 나같이 적은 땅을 가지고 농사짓는 사람의 처지로는 앞으로 고구마도 못 먹게 될 것 같은 예감 때문이라고 말하면 사람들은 믿지 않는다.

지금처럼 외국 농산물의 수입을 무한정 늘려 나가면 식량의 자급도는 점점 떨어지고 아름다운 농토가 회복 불능의 상태로 치닫는다는 것을 믿지 않는다.

기상이변이 생기고 강대국들이 식량을 무기화하면 굶어 죽거나 나라가 망할 수밖에 없다는 것은 더욱 믿지 않는다.

우리 동네에 영립, 영래라는 형제가 있었다. 고구마로 배부르지 못해서였던지, 하는 지성머리가 그래서였던지 뜨거운 고구마 바구니를 제 앞으로 당겨 놓고 서로 큰 놈을 집으려다가 둘이 싸움이 일어났다.

형제끼리 타시락거리니 자연히 먼저 야단맞는 놈이 형인 영래였는데 이놈이 지 아버지한테 야단을 맞고 성질이 나니까 "옛다, 너나 다 처먹어라."하고는 집었던 고구마를 영립이 얼굴에 내때려 버렸다. 철푸덕! 뜨겁고 물컹한 고구마가 얼굴에 가서 달라붙으니 어린 살이 얼마나 뜨겁겠는가? 이미 익어 버린 낯바닥을 손으로 부욱 긁으니 얼굴 가죽이 온통 벗겨져서 어른이 된 지금도 흉터가 남았다.

해서 우리 동네 사람들은 지금도 가끔 고구마를 먹다가 서로 의견이 다르거나 우스갯소리를 하려면 "이놈의 자식, 고구마로 영립이 짝을 내 버릴거나 어쩔꺼나?" 하는 것을 빼지 않는다.

영립이야 아무 잘못도 없이 얻어맞았지만, 이런저런 세상 돌아가는 것을 살펴볼 때 정말이지 고구마로 영립이 짝을 내 버려야 할 놈들이 어디 한둘이던가?

음식 잘못이 아니고
사람 잘못

보름 지난 달이 밤중에 가까워져 중천에 비끼자 오락가락하던 구름도 어디론지 흘러가서 보이지 않고 누렁이도 하릴없이 짖다가 멈추었다.

백로 지나 찬 이슬이 내리는지 풀벌레 소리마저도 잦아들고 동네가 그렇게 조용할 수가 없다. 밤이 길어졌다지만 가을 일들이 바쁘니 텔레비도 끄고 이제는 모두 다 주무시는 게다.

자려고 불을 끄고 누우니 기다렸다는 듯 창문으로 달빛이 쏟아진다. 달빛이 날보고 밖으로 나오라 하는 듯하여 다시 옷을 주워 입고 문 밖을 나섰다. 이런 시간에는 누구 지나다니는 사람도 없겠지만 그래도 동네 고샅에서 아무도 만나지 않아야 좋다. 아무도 만나지 않고 동네를 한 바퀴 돌아서 앞장불 방파제 끝과 솔밭 백사장과 팥죽바위까지 갔다 올 수 있으면 좋다.

가로등도 켜 있지 않으면 더 좋을 것이다. 그러나 고샅의 가로등은 오늘도 어김없이 켜져 있다. 정말 농촌만이라도 한 달에 한 일주일 정도씩, 달이 밝은 날을 잡아서 가로등을 켜지 않으면 어떨까 생각해 본다.

지금은 옛날과 달라서 마을 안 길이 거의 다 포장이 됐으므로 물웅덩이에 발 빠질 염려가 없다. 특별한 지역을 제외하고는 농촌은 방범등의 필요성도 없다. 오히려 울안 텃밭의 양념 채소들은 밤이 되어도 대낮처럼 밝은 가로등 불빛 때문에 잠을 자지 못한다. 실하게 자라질 못하는 것이다. 그것은 하여간에 제일로 자원이 낭비된다는 것이 가로등을 끄자는 가장 큰 이유가 되겠다.

좋은 달빛 빼앗기는 것을 생각해 보면 오늘 같은 날 가로등은 뜻도 없이 켜 있는 것 같다.

옛날 같으면 지금도 낮에 못다 한 일들을 하느라고 자는 집이 드물 것이다. 밤 놉을 얻어서까지 수수와 콩을 두드리고 조북섬을 땄다. 달이 밝으면 달빛 아래서 달이 없으면 등불을 켜 달고, 그 일이 끝난다고 살림하는 우리 어머니들이 주무셨을까? 일이 한참 바쁠 때는 방에 들어가 보지도 못하고 등불 끄지 않은 채 다시 새벽밥을 지어 자시고 밭으로 일 가셨다고 들었다. 그러니 가로등은 일 많았던 옛날이 더 필요했겠다.

지금 밤에 일하는 사람은 농촌에서는 눈 씻고 볼래도 없다. 기계가 많이 보급된 덕분에 사람 손으로 할 일이 별로 없을뿐더러 설사 있다손 치더라도 밤에는 궁상떤다고 이웃 사람들에게 눈치나 먹을 일이다. 재미있는 텔레비 프로를 일과 바꿀 수도 없을 것이다.

　사람이 먹고사는 모든 것을 자급자족해야 했던 시절에는 논밭에서 다 생산해 낼 수밖에 없었다. 주곡인 쌀과 보리, 잡곡과 양념거리, 옷 해 입을 모시 삼 목화, 이런 일은 손이 제아무리 많이 들어간다 해도 할 수밖에 없는 건데 그게 언제부터인지 돈으로 쉽게 바꿀 수 있게 되니까 그런 농사일을 할 필요가 없어졌다.

　농약을 얼마를 들이붓든, 사람과 땅과 땅 위의 목숨 있는 것들이 죽든 말든 이제는 돈이 되는 환금 작물만 심어서 담박에 한몫 잡으면 될 뿐이다. 그리고 모자라는 것은 딴 나라 것을 수입해다가 쓰면 되는 것이다.

　이렇듯 불과 한 삼십 년 사이에 농사가 투기의 대상으로 되고 말았으니 굳이 밤에까지 일할 필요가 무엇이 있겠는가? 오히려 텔레비를 보거나 컴퓨터를 두드려서 필요한 정보를 얻어야 한몫 잡기가 수월한 세상이 되었다. 나는 지금 밤에 일하지 않는 게 나쁘다는 게 아니고 가로등이 필요 없는 때는 가로등을 끄자는 이야기를 하고 있다.

　그러나 그 이야기를 언젠가 한번 동네 사람들 여럿이 있는 자리에서 했다가 핀잔만 맞고 말았다. 미친 놈 소리 들을 것 같아서 달빛을 감상해 보자는 식의 이야기는 뺐는데 대뜸 나오는 소리가 '동네 돈으로 전기세 내는 것도 아닌데 누가 밥 처먹고 할 일 없이 그 지랄을 하느냐'는 것과 '자원이 낭비되면 도대체 얼마나 낭비되겠느냐는 거였다.

　딴은 맞는 말인지도 모르겠다. 자원이 낭비되는 것을 따지면 한 동네의 가로등 몇 등 비용은 그야말로 바다의 물 한 방울 정도일 테니까 말이다. 그리고 그것은 구조적 문제의 핵심을 비끼게 하는 이유가 될 수도 있을 것이다.

　하지만 전력 수요를 충당한다고 자꾸만 세워지는 원자력 발전소와 거기에 필연적으로 따를 수밖에 없는 사고는 어찌할 것인가? 엄청난 재앙을 불러일으킬 수 있는 영광 원전과 우리 동네와의 거리는 불과 백 리 안팎인데 만일 체르노빌과 같은 사고가 일어난다면 어찌할 것인가?

　가로등 몇 등은 별것이 아니겠지만 그것을 대수롭지 않게 여긴다면, 결국 체르노빌과 같은 사고가 일어난다고 해도 대수롭지 않겠나 싶어 답답하다.

9월도 중순을 넘어서 이렇게 선선한 바람이 불어오면 여름내 가뭄에 부대꼈던 호박넝쿨이나 가짓대들도 새로운 기운을 차린다. 이것들은 칠석, 백중 지나며 한두 차례 내리는 비를 머금었다가 새순과 꽃을 다시금 피워 올리는데, 이 때 맺히는 열매들은 서리 호박, 서리 가지라 하여 씨알이 좀 작다. 그러나 달기가 여름의 그것과 비할 바가 아니어서 가을 밥상을 더욱 푸지게 하여 주는 것이다.

　일이 좀 한가할 때, 달빛이 비치는 마루에 앉아서 어머니와 누님들은 밭에서 돌아오실 때 뜯어 왔던 고구마순 바구니를 가져다놓고 이파리를 따신다. 고구마순 바구니 속에는 함께 따온 서리 호박이나 서리 가지가 몇 개씩 들어 있게 마련이다.

달빛이 좋아선지 이런 날은 으레 이웃에서 아주머니 한두 분씩 마실을 오셔서 이 이야기 저 이야기 하시며 함께 고구마순을 다듬으셨다.

토방에 고구마 이파리가 쌓이면 나는 그것을 담아다가 소막에 부어 주거나 두엄자리에 갖다 버렸다. 어느새 마루 한 켠에는 수북하게 다듬어진 고구마순이 쌓이고, 일을 마치면 낮에 쪄 놨던 고구마를 내놓고 먹는다.

보름(추석) 지나고 김장 전이라 아직 김칫거리가 마땅찮아서 이런 때는 고구마순을 벗겨서 담은 김치를 함께 먹거나, 김장 채전을 일찍하면 빨리 자란 것을 솎아서 담은 애기지를 걸쳐서 먹었다. 고구마는 꼭 김치와 함께 먹어야 목이 오르지 않는다.

고구마순으로 나물을 할 땐 껍질을 벗기지 말고 그냥 쪄서 무쳐야 제 맛이 난다. 그것도 두벌 불 때는 보리밥솥에 쪄서 밥물에 익은 것을, 맛있는 젓국과 약간의 된장기와 파 마늘 고추장을 풀어서 주물러야 맛이 나지 요즈음같이 맹물에 쪄서는 부드럽고 달착지근한 맛이 나지 않는다. 서리 호박, 서리 가지도 그렇게 해야 맛이 났다.

호박은 반을 갈라 넙적넙적하게 썰고 가지는 통째로 밥솥에다 찐다. 반드시 보리밥 두벌 불 땔 때 쪄서 자칠 때 꺼내어 무치는데 호박은 갖은 양념 후에 수저로 뚝뚝 버무리면 굳이 칼로 썰지 않아도 적당한 크기로 갈라진다. 가지는 꺼내어 손으로 찢어서 무쳤다.

밥알이 하나씩 섞인 그 서리 호박나물은 어떤 때는 약간 덜 익어 새파라니 썰컹거리기도 하는데 그게 얼마나 더 달고 맛이 있었던가?

기왕에 밥솥에 찌는 반찬 이야기가 나왔으니 몇 가지 더 해 봐야겠다. 아마 이 세상에 무젓 담가 놓은 걸 보고 밥 먹고 싶지 않은 사람은 없을 것이다. 싱싱한 게를 손질해서 벌겋게 무쳐 내 놓은 무젓은 보기만 해도 침이 절로 나오는데, 그렇게 담근 무젓을 보면 내 집이 됐든 남의 집이 됐든 염치불구하고 그놈하고 밥 한 그릇을 때려 눕혀야만 직성이 풀리는 것이다.

간장을 졸여 부은 짜게 담근 게장은 먹고 나면 소화가 잘 돼서 예로부터 등짐 장수들은 게장과 새우젓을 안 먹었다고 했다.

그러나 이 무젓은 게장과는 달리 삼삼하게 담가서 바로 먹는 것이라 오래 둘 수가 없는데 벌써 두 끼 이상 지나면 신선한 맛이 떨어지고 영 신통찮다. 이럴 때 버리지 않고 마지막까지 맛있게 먹을 수 있는 방법이 있으니 바로 밥솥에 쪄 먹는 것이다.

밥솥에 찔 때는 냄비에 한 끼 먹을 적당량의 무젓을 덜어 붓고 달걀을 두 개 정도 풀어야 한다. 여기에 약간의 물과, 따라서 간이 맞을 정도의 소금을 더 넣고 잘 뒤적인 다음 찌는 건데 그렇게 해서 찐 무젓은 날것을 싫어하는 사람도 입맛 달아서 먹을 만치 맛이 있다. 게의 껍질도 부드럽게 씹히고 국물과 함께 익어 적당히 부풀어 오른 달걀도 참 별미이다. 쪄 먹는 게의 무젓은 오래 된 것일수록 특유의 맛이 나므로 곯았다고 해서 버릴 것이 없는 것이다.

지금은 김장을 해도 조금씩 하고 떨어져도 손쉽게 사다 먹을 수가 있어서 그럴 일이 거의 없는데 옛날 김장 많이 할 때는 김치도 쪄 먹었다.

김장김치는 먹다가 철 지나면 군내가 나는데 이럴 때 물에 반쯤 빨아 버리고 밥솥에 찌면 참 먹을 만했다. 배추김치 찐 것도 맛이 있지만 쪄 먹는 김치는 무김치가 더 맛이 있다. 솥에서 누룽지 긁어 바가지에 담아 부뚜막에 놓고 쪼그리고 앉아서 무김치 척척 걸쳐 먹는 맛은 지금도 잊을 수가 없다.

나는 막둥이라고 아버지 상에서, 아버지 옆에 앉아, 윕쌀 놓은 밥에 놓아 주는 생선토막 반찬으로 밥을 먹고도 부엌에 나가서 꼭 누님들 자시는 누룽지를 얻어먹었다.

누님들은 그릇 설거지를 우선 하시고 밥솥은 맨 나중 하시는데 그 때 반쯤 닳은 달챙이 수저로 누룽지를 긁어서는 바가지에 담아 놓고 자셨다. 내가 나가서 누님 옆에 턱살을 고이고 앉아 있으면 누님은 곱게 눈을 한 번 흘기고는 이내 찐 김치 걸친 누룽지 숟갈을 내게 퍼서 주셨다. 나의 둘째 누님이셨다.

반찬이 정 없으면 된장은 마지막 교두보이다. 된장 풀고 끓일 것도 마땅찮을 때는 된장 그 자체를 찌는 것이다. 된장을 물에 개어서 파·마늘 양념하여 밥솥에 쪄서 상에 올리면 밥 비벼 먹기가 그것같이 허물없을까? 밥물이 약간 넘어 들어가 삼삼해진 그 된장맛을 나는 친구 집에 가서 점심을 얻어먹을 때 다시 맛볼 수 있었는데 바로 얼마 전의 일이다. 그 집에는 할머니가 아직 살아 계셔서 삼대가 한 집에서들 다복하신데 그래서 옛날 반찬을 잊지 않은가 보다.

얼마 전에 밭에 심은 박을 따 와서 속을 무쳤다고 큰형님 댁에서 나를 부르러 조카를 보냈다. 여름 난다고 술을 끊었지만 친구들 몰래 비공식적으로 가끔 한 잔씩 하는 것을 아시는 형님이 박속에다가 쐬주 한 잔 하자는 거였다. 술은 하여간에 그 귀한 박속을 안 먹으러 갈 리가 있나? 하던 일을 놓고 벌떡 일어나 조카를 앞세우고 형님 댁에 갔다.

입맛 까다로운 형님 비위를 맞추느라 형수님 음식 솜씨도 여간 만만한 게 아닌데 그 솜씨에 무친 부드러운 박속 맛이라니! 파란 고추 붉은 고추 솜씨나게 썰어 넣고 깨소금 양념에 초가 알맞은 박속 안주에는 한 병 따서 딱 나눈, 큰 잔으로 쐬주 한 잔이 단숨에 들어갈 수밖에 없었다.

그런데 그렇게 맛있는 박속을 조카 녀석은 구경만 하고 한 점 집어 보지를 않았다. 해서 내가,

"옛날에는 옴박지에다가 무침하게 무쳐서 한 밥그릇씩 먹었다. 좀 먹어 보그라, 이놈아."

했더니 한 점 집어 입에 넣고 맛을 보았다.

"좋지? 맛이 어떠냐, 응?"

"작은아빠, 이게 무슨 맛이대요?"

"무슨 맛인지 몰라? 바로 박속 맛이야."

"전혀 아무 맛도 없는데요. 뭐."

"허허, 그놈 참! 아, 이 녀석아 흥보가 박속 먹을 생각을 안 했더라면 어떻게 부자가 됐겠냐? 다른 음식하고는 달라서 이것은 일 년에 한 번밖에, 그것도 아무나 먹을 수 없는 음식이다."

"그럼 작은아빠가 내 몫까지 다 잡수요."

"그리여, 이리 내라. 형님하고 나 먹기도 모자란다."

웃고 말았다.

조카 녀석의 나이가 스물다섯 살이니 소위 피자를 즐겨 먹는 세대일 수도 있겠지만 같은 음식을 두고 전혀 다른 맛을 느껴야 하는 데는 새삼 여러 가지가 생각되었다. 하기사 음식, 아니 식성이란 게 사람마다 다 달라서 날마다 같은 상을 대하는 부부간에도 좋아하고 싫어하는 음식이 있는 것만은 사실이다. 하지만 좋아하고 싫어하고 그 이전에 음식이 가진 가용성을 생각해 보면 지금의 것보다는 옛날의 음식이 훨씬 더 실속있었음을 알 수 있다. 음식을 대하는 사람들의 자세도 말이다.

이제는 한쪽에서는 굶어 죽고 한쪽에서는 부어 죽는 극단적인 영양의 불균형 상태가 사라지고 음식이 남아돌아서인지 사람 먹을 수 있는 음식이 공공연하게 혹은 생각 없이 버려지고 있기도 하다. 옛날에는 꿈도 못 꿀, 죄로 갈 일들이 벌어지고 있는 것이다.

왜 그런지 모르겠다. 음식 잘못이 아니고 사람 잘못이건만 마치 그 음식 잘못인 양 버려지는 지금의 음식보다는 옛날의 단순 소박한 음식을 나는 더 좋아한다. 특히 버리지 않고 밥솥에 쪄 먹던 어머니

적 음식을 말이다.

　그러나 이제는 그러기도 쉽지 않다. 생활 환경이 많이 달라졌기 때문이다. 해서 나는 또 가만히 우리의 부엌, 특히 농촌의 부엌이 언제 어떤 것으로부터 바뀌기 시작했는 지를 생각해 봤다.

　그것은 아마 난방을 연탄으로 하면서 부엌을 개량하고 조리는 가스레인지에, 밥은 압력밥솥을 사용하면서부터이지 않나 싶다. 지금은 거의 대부분의 집들이 다시 석유 보일러 난방으로 바꾸었기 때문에 농촌의 부엌도 도시 못잖게 달라졌다. 그러니까 불 때서 밥하고 방 덥히고 밥솥에 찌고 아궁이 불에 굽고 끓이던 모습은 이제 거의 사라졌다고 해도 과언이 아니다.

　밥솥에 음식을 찔 수 없게 된 것이다. 굳이 밥솥에 찌지 않아도 호박나물 고구마순나물을 할 수 있겠지만 그게 어디 구수한 밥물에서 익은 것만 하던가? 먹어 보면 물 냄새만 뻑뻑 나서 젓가락이 가지 않고, 기름에 볶기 예사여서 입에 쉽게 물릴 뿐이다.

　앞으로 겨울이 가차워지면 아침 저녁 밖에서 일하는 남정네들은 점점 손이 시려울 것이다. (내가 너무 감상적인지 모르지만) 그 시린 손을 녹일 수 있는 것은 수건 단정히 쓰고 불 때서 밥 짓는 이쁜 아내들의 몫일 텐데 그것은 또 어디 가야 찾을까?

　한 번씩 부엌에 들어가서 불을 쬐며 맡는 음식 냄새는 절로 식욕을 돋구어서 고마운 마음으로 상을 대하게 하고, 먹지 않고 버리는 일은 생각도 할 수 없게 한다.

　언젠가 우리 나라 이름난 기업체의 총수가 마누라만 놔 두고 다 바꾸어야 된다는 이야기를 해서 쓰게 웃었던 적이 있다. 바꾸어야 좋을 것이 있고 바꾸지 않아도 좋은 것이 있다. 그리고 어떤 것은 오히려 옛날로 돌아가야 할 것들도 있다.

　모든 것을 다 바꾸어야 된다는 청산주의 사고 방식은 어쩌면 국제화·세계화를 부르짖는 것과 아주까리 진동개 사이처럼 닮아있는데 사람 사는 것이 무슨 반짝 하는 유행이 아닌 바에야 모두 다 그렇게 똑같이 될 수만 있을는지 모르겠다. 아니 지금은 그렇게 되고 있는지도 모르겠다.

똥만 싸면 그것인디

여름 지나서 가을이 오는가 싶으면 금방 싸늘해지고, 가을 짧은 해 일에 쫓기다 보면 어느 새 아침 저녁으론 서리가 눈 같다. 여기에 비라도 한 번 오면 단풍으로 고왔던 산의 나뭇잎들은 하나둘씩 잎을 떨구고 밭 귀퉁이 산 모퉁이에 무리 지어 핀 샛노란 들국화만이 깊어가는 가을을 더욱 소쇄케 한다.

세월이 화살과도 같다는 이야기는 바로 이 무렵을 두고 한 이야기 같은 생각도 드는데, 그만치 늦가을에서 초겨울로 건너가는 산과 들의 모습은 빠르고 쓸쓸하고 정처가 없어 뵌다.

사십이 다 되도록 변변찮은 살림을 사는 나 같은 농사꾼은 해마다 어김없이 찾아오는 가을 앞에 그저 되는대로 거두며 살지마는 가을이 시시각각 깊어가니 어디론가 멀리 떠나서 낯선 곳을 거닐어 보고 싶은 욕심만은 아직도 불혹을 넘어선다.

그러나 그렇게 좋다는 내장의 단풍을 옆에 두고도 한 번을 가보지 못하였고 국립공원 변산반도 안에 살면서도 가을 변산을 오른 적이 없다. 그저 지나가다가 잠깐 서서 먼 빛으로나 감탄하고 올해도 또 틀렸구나, 바쁠 것도 없는 일에 매여 안달하는 자신의 조루한 모습을 탄할 뿐이다.

작년 이맘 때에는 옆 동네에 좋은 술 친구가 하나 있어서 뭉쳐 다니며 술 먹을 욕심 겸 단풍이 쪼오끔 지고 나면 변산을 오르자 오르자 했는데, 단풍이 쪼오끔 졌어도 이일 저일 핑계로 미루다가 눈이 오게 하고 말았다. 먼 빛으로도, 보고 보고 또 봐도 변산은 좋은 산인데 그 곳에 무슨 전인미답의 비경이라도 마음 속에 숨겨 놓고 닳아질까 봐서인지 결국 못 가고 만 것이다.

지금처럼 마음만 먹으면 무슨 일이든 손쉽게 되는 세상에 지척에 있는 산 하나를 이렇게 마음 속으로만 그리다 마니 어느 하 세월에 설악지리를 보고 영산백두를 오를 것인가? 에라 다 그만두고 요 앞 갯벌에 나가 고기 잡아서 술안주를 장만하여 놓고 풍물패들을 불러 재미있게 놀았던 이야기나 먼저 해 봐야겠다.

이 곳 의 풍 물 패 중 에 장래가 촉망되는 사람이 하나 있으니 이름하여 최현석이다.

국립서울대핵교(나이 먹은 분들은 학교라는 단어를 '핵교'라 발

음하는 경향이 있는데 들을 때마다 이상해서 흉내가 내진다) 고고인류학을 전공하고도 농사를 짓겠다고 이 곳에다가 둥지를 틀었으니 농업 인구가 나날이 감소하는 지금과 같은 때에 그것만으로도 고마울 일이다.

더군다나 이곳 부안군 농민회에서도 맹활약을 하고 있으니 소위 학출투신자(학생 출신 농촌투신자)인 셈인데 여기에다가 또 내가 가르쳐 준 그 어려운 풍물까지를 잘 친다. 그러니 오죽이나 기특하고 사랑스럽겠는가?

한참 손아랫사람이지만 아직 풍물을 빼놓고는 나로서는 견줄 수도 없는, 여러 방면의 일꾼으로도 상일꾼이요, 생각과 실천으로도 외려 내 선생인 것이다. 그러나 이토록 훌륭한 사람도 자기 아내에게만은 거의 바보 같달 정도로 꼼짝을 못 하고 쥐여 지내니 참으로 묘한 일이다. 그 아내 경순이에게는 더없는 복이지마는 이놈에게는 어쩔 수 없는 팔자인가 보다.

첫딸을 낳아서 돌 지났으니 아직은 신혼인 셈인데 같은 서울대학교를 나와서인지(?) 경순이는 철저한 평등주의자이다. 해서 간혹 가다가 가부장의 권위를 세워 보려는 간 큰 남편의 같잖은 어리광을 못 이긴 척 받아 주지 않고 꼭 버릇 가르치려는 사람과도 같이 싸움질을 한다. 우리 사회는 아직도 여자가 지지 않으려고 하면 시끄러워지는 사회인 줄을 잘 알면서.

현석이는 성질이 비교적 유순한데 경순이는 기름 부은 불 일어나듯 걷잡지 못하는 성질이 있다. 싸움을 하다가 화가 나면 물건을 막 집어던진다. 부부싸움이라는 것이, 특히 신혼의 부부싸움이라는 것이 애들 장난처럼 시작되는, 지나고 나면 우스개 같은 사랑싸움이지만 그래도 한 번 싸움이 벌어지면 마음씨 착한 현석이란 놈이 지 각시를 어쩌겠는가?

쥐면 한 주먹밖에 안 될, 그러나 입술만큼은 본인 말로도 썰어 담으면 한 접시는 될 것이 앙칼부리는 것을 차마 어째 버리지는 못하고 수도 없이 제 이마로 벽이나 짓찧는다는데 이번에는 너무 세게 받아서 그만 벽이 물러났단다. 아니 그게 아니고 지놈이 되려 떨어져서 한동안 정신을 잃었다고 했다.

무엇 때문에 싸웠는지는 몰라도 그 지경이 되었으니 싸움이야 자연스레 끝났겠지만 그 말을 옮기는 현석이란 놈의 강원도 사투리와(고향이 강원도 춘천이다) 그 정경이 하도 우스워, 우리는 배꼽을 쥘 수밖에 없었다.

오랜만에 만난 반가운 사람들끼리 저녁 어스름 평상에 나앉아서, 생선 안주에 술잔을 앞에 놓고 하는 이야기이니 이놈의 술판이 오죽 옹골지겠는가? 웃고 떠들고 그런 굿이 없었다는, 그 이야기 이후의 소란들은 이튿날 아침 술 안 먹는 아내의 녹화 중계로 다시 들었음에도 나는 토옹 기억해 낼 수가 없었다.

풍물패 이야기는 이제 그만 하고 한 동네에서 또래끼리 뭉쳐 다니며 재미있게 서리 해다 먹던 이야기를 하면서, 가을이 돼도 변산 한 번을 오르지 못하는 위안을 삼아야겠다.

들에 곡식이 영글고 추분 지나 밤이 길어지기 시작하면 그 때부터 본격적인 훔쳐다 먹기가 시작된다.

열 일고여덟 살 때부터 군대 가기 전까지가 다들 그랬으니 나로서는 한 이십 년 전쯤이다. 그 무렵은 동네가 참 사람 사는 것 같았다. 오십여 호 되는 동네에 밑으로는 치지 말고 내 동갑 열여덟 명의 처녀 총각과 '은하수'라는 이름의 무슨 클럽 같은 것을 만들어서 맨날 뭉쳐 다니던 누님 또래 열댓 명, 그 위에 '팔인조'라고 자칭하던 스물 네다섯 살의 청년들과 서른 안팎의 장년들이 한데 어울려 있으니 무슨 일이 있으면 동네가 다 우끈하고 들썩들썩하던 때이다.

밭에서 나는 것은 곡식과 양념 채소를 빼고는 다 훔쳐다 먹는다. 초여름의 감자에서부터 여름의 수박·참외, 밭 구석에 심는 단수수대, 가을의 고구마·강냉이·단감, 정 없으면 반찬 하려고 심어 놓은 가지나 오이도 표적이 된다. 겨울에는 주로 닭이지만 장난이 일어나면 제사 지내려고 해다 놓은 떡, 동지 때 쑤어 놓은 죽도 동이째 들어다 먹고 집 뒤안 김치 항아리 속에 든 동치미까지 퍼다 먹는다.

가을내 겨우내 서리를 해다 먹으며 우리 또래가 주로 놀던 집은 한 살 위의 홍구라는 애네 윗방이거나 아버지가 안 계신 순임이네 큰방이었다.

거의 하루돌이로 밤마다 만나서는 먼저 '나이롱뽕'을 치는데 어른들 몰래 담배를 배우던 때라 담배내기 '쪼이'나 '도리짓고땡'도 간혹 심심찮았다. 가시내 머시매 섞고 화투도 두어 목 섞어서 뽕을 하게 되면, 처음엔 보통 화투 방석 위에 손을 포개고 걸린 사람이나 끗발 순으로 차례차례 맞기를 한다. 이 때는 서로 때리고 피하느라 소란스럽기 그지없다.

　손 맞기가 여나문 판 돌아가서 시들해지고 굴풋해지면 먹기 내기를 친다. 달력 뒷장을 떼어 내려서 이름을 적고 한판 한판 점수를 매겨 가는데 점수가 제일 적은 사람이 일등인 것이다. 보통 열두 판 정도를 쳐서 일이삼등 공먹고 나머지에게 돈을 물린다. 그것도 차등을 두어서 맨 꼴찌가 제일 많이 물어야 한다.

　졌으면서도 돈이 없으면 딴 사람이 낸 돈을 걷어서 심부름까지 해야 한다. 점방에 가서 자기 몫은 외상을 달고 와야 하기 때문이다. 땔나무를 해서 팔거나 올무로 산토끼 한두 마리씩 잡아서 팔아 용돈을 쓰던 때라 담배값이 없어서 전전긍긍해도 비상금들은 어떻게든 나왔다. 그래서 여간해서는 먹기 내기를 무위로 끝나게 하지는 않는다. 순임이 어머니 계시는 윗방에도 과자 봉지를 들여 주면 동생들은 자다가도 일어나서 맛있게 먹었다.

　가시내 머시매 함께 친다지만 항상 돈을 내는 것은 머시매들이다. 점방에 외상이 쌓이고 돈들이 정 궁하면 입마저 더 궁해져서 인제 훔쳐다라도 먹고 놀아야 한다. 물론 돈이 있어도 장난으로 그러는 때가 더 많지만.

고 구 마 는　많 이 들　놓 기　때 문 에　가을 고구마보다는 일되고 밤이 많이 차는, 봄에 일찍 놓는 봄고구마를 주로 훔쳐다 먹는다. 수확이 적기 때문에 누가 많이들 놓지 않아서 입맛 돋궈 먹으려는 한두 집이 고작일 뿐인 이 봄고구마는 순을 뽑지 않고 두둑을 옆에서 살살 파 제껴 고구마만 파내고 흙으로 다시 잘 덮어 놓으면 감쪽같다. 여간 눈여겨보지 않으면 주인도 모른다.

여기에 으레껏 강냉이도 들어가는데 한 집 밭에서 많이 훔치면 욕을 먹으니 어느 집 밭에 강냉이가 영글었는지 두루두루 낮에 잘 봐놔야 한다.

수박 밭에 수박 서리 하러 가면 일부는 수박을 사 먹으며 크게 떠들고 일부는 주의력이 산만해진 주인 눈을 피해 서리를 한다. 이런 것은 고전인 셈이다.

성칠 씨는 '엄벙덤벙 정칠이'로 잘 통한다. 성칠이란 이름을 좀 엄벙덤벙하게 부르면 정칠이라고 불려지는데 매사에 깨나 엄벙덤벙했기에 그런 별명을 얻었다. 팔인조 멤버의 한 사람인 준만이 형이 큰아들인데 준만이 형도 참 엄벙덤벙할 때가 많아 우리는 보통 '벙선생' 하고 불러 준다. 항상 만날 때 마다 술 한 잔 하자시는, 사람 마음 편하게 할 줄 아는 형님이다.

엄벙덤벙네 닭을 서리했을 때의 일이다. 정식이란 친구는 우리보다 두 살이나 더 먹은 누님 친구이지만 워낙 키가 작아서 또래에 끼지 않고 우리와 함께 놀며 벗을 했다. '새앙쥐'라는 별명으로 통했는데 나잇값 한답시고 겁도 없이 엄벙덤벙네 장닭을 보듬었다가 들켜서 솔밭으로 내빼는 논길을 뛰었다.

그러나 뒤에서 쫓아오는 엄벙덤벙도 여간이 아니어서 밤중에 온 동네가 다 들리도록 닭만 놓고 가라고 고래고래 고함을 지르며 따라

오니 쥐만한 것이 개만한 닭을 들고 어쩌겠는가? 함께 뛰던 우리가 저만치 앞서 가서 솔밭에 몸을 숨기고 기다리자 한참 뒤에 숨을 헐떡이며 빈손으로 돌아왔다.

벙어리이자 귀먹쟁이인 삽살이네 어머니는 혼자 사셨는데 눈치 빠르고 음식 야물기로 소문이 났다. 천둥벼락이 떨어져도 모를 정도로 귀가 절벽인데도 사람의 입만 보고 무슨 말인지를 알아듣고 못 하는 음식이 없이 맛이 있었다.

밤중에 가만히 동네 고샅을 돌면서 살펴보니 삽살이네 부엌에서 색다른 냄새가 나고 들락거리느라 열어 놓은 방 윗목에는 음식상이 놓여 있었다.

옳다, 오늘이 삽살이네 아버지 제사인가 보다! 두말 할 것 없이 뒤안으로 넘어가서 장독에 내놓은 떡시루와 나물가지 전부침 등 아직 손도 안 댄 제물들을 통째 들고 와 버렸다. 우리가 산 귀신이 된 것이다.

발자국 소리가 나도 괜찮고 울타리 부서지는 소리가 나도 상관없고, 닭서리 하러 나가서 벙어리집 떡서리를 해 온 덕분에 입이 있은들 귀신이 말을 할까마는 그 이튿날 소문은 온 동네에 퍼졌다.

눈 을 잘 흘 기 는 핼기쟁이네는 삽짝 옆에 바로 닭장이 있어 우리에게 닭을 잘 기증(?)하였다. 핼기쟁이는 그렇게 닭을 잘 잃고도 잃었다는 말 한마디 없어 더욱 표적이 되었다. 그러나 핼기쟁이네 닭은 훔쳐다 먹으면 뒤처리를 아주 철저히 해야 한다. 털 하나 뼈다구 한 점 눈에 띄지 않게 멀리 바닷물에 버리든지 소망에 처넣고 잘 저어 놓든지 하지 않으면 닭을 잃고 난 한 삼 일 동안을 아무 말 없이 물증을 잡으려고 심증이 가는 집마다 기웃거리는 핼기쟁이에게 들키기 때문이다.

그러니 한 번 들키는 날에는 워낙 많이 잃었기 때문에 닭값 물어 주는 것은 양반이요, 지서맛을 보고 말지도 모를 일이다. 실제로 우리보다 큰 청년들은 남의 동네에까지 가서 닭서리를 하다가 들켜서 몇 곱빼기로 닭값 물어 주고 며칠씩 지서 신세를 지기도 했다. 그러나 핼기쟁이네는 증거만 없으면 뒤는 아주 깨끗했다.

반대로 우리 친구 종필네 아버지 김대장님은 (어째서 이런 별명이 붙었는지 모르겠다) 지금까지도 유명한 말을 남겼다.

첫 닭울음에 새벽똥을 싸는 버릇이 있던 양반인데 꼭 한 마리가 있어서 청 좋은 새벽 울음으로 소망 벗을 하다가 아뿔싸! 그놈을 그만 우리 형님 또래들에게 도둑을 맞고 만 것이다.

그 날은 있는 개도 짖지 않고 초저녁에 눈이 오다 그쳐서 닭장 앞에 도둑놈들의 발자국이 어지러웠던 모양이라. 똥을 싸고 일어나면 울던 닭이 울지 않으니 자연 닭장 앞의 발자국과 닭장 속의 횃대를 들여다볼 밖에.

평소 말을 좀 빨리 하는데다가 더듬기까지 하는 양반이 그 때부터 옴팍댁네 골방 점방에 가서 독쇠주에 취해서는 꼭두새벽 동네방네 돌아다니며 손짓 발짓으로 "아… 아 똥만 싸면… 똥만 싸면… 그 그그그것인디… 그것인디… 발자국이 바바바발자국이 여그 있고…

또또또 여그도 있고…" 수도 없이 말 아닌 말을 반복하셨다.

　김대장님의 딸 정숙이 누님과 함께 놀며 닭 잡아다먹은 내 팔촌 광진이 형님은 그 흉내를 기가 막히게 잘 냈는데 김대장님보다도 그 흉내가 더욱 사람을 웃겨서 그 해 겨울내내 그 이야기로 웃고 놀았다. 그래서 지금도 우리 동네 사람들은 앞뒤가 맞아떨어지지 않는 일이 생기면 '똥만 싸면 그것이어야 하는디'를 들먹인다.

　소리개가 병아리를 채 가면서도 업고 간다고 하니까 시끄러운 요즈음 세상을 보면서 똥만 싸면 그것처럼 좀 명확하게 예측할 수 있는 세상이 되었으면 좋겠다는 생각을 해 본다.

이 양반 없으면
맘 놓고 죽지도 못해

소매박적 │ 오줌 바가지, 오줌 바가지 가지고 오시오

 동네를 한 바퀴 돌아서 고지(인공 직후 군 방첩대가 주둔했던 동네의 높은 언덕) 쯤에 서보면 항상 "소매박적 가조소―. 덕석 가조소―. 아, 넘으 것을 갖다 썼으면 나 쓸 때 갖다 놓아야지. 소매박적 가조니야―. 덕석 가조니야―." 하고 온 동네가 떠나갈 것같이 외치는 아버지의 목소리가 들리는 듯하다.
 주인 없을 때 가져다 쓰고 깜빡 잊은 사람이, 혀 짧은 소리로 외치는 주인 몰래 소매바가지나 멍석을 부랴부랴 가져다 놓고 미안한 듯 샆짝을 에돌아 나가는 모습도 보이는 듯하다. 외치는 소리는 기껏 세 번을 넘지 않지만 워낙이 목청이 크시니 다닥다닥 붙은 오십여 호의 동네 누구 하나 못 들은 사람이 없는 것이다.

헛청 | 헛간
중의 적삼 | 남자의 여름 홑바지와 홑저고리

    그런 다음 중의 적삼에 허우대가 장골인 아버지는 얼굴 마주치며 미안해 할 사람을 생각해서인지 옴팍댁네 골방 점방으로 가셔서 독쇠주 한 잔을 잡숫고 뒷짐을 지고 '어흠, 흠' 헛기침을 하시며 천천히 걸어 집으로 오신다.
    이렇게 뒷짐을 지고 오시는 손은 빈손인 법이 없다. 항상 밖에서 돌아오실 때에는 술을 잡수셔서 쓸이걸음을 하지 않으시는 한 허다 못해 돌멩이나 나뭇가지라도 주워 오셔서 헛청에 던지신다. 그 손에 사탕을 들고 오실 때는 나를 보면 길에서건 어디서건 땅에 앉아서 양팔을 벌리고 어서 이리 오라고 "막둥―" 하고 부르신다.
    가위로 깎은 수염이 항상 껄끄러워서 이리저리 고개를 돌리면 사탕을 쥐어서 등에 업고 정정정정 집으로 오신다. 조끼 주머니에 남긴 사탕은 놓아 낚으러 갈 때 이끼 낀 바위에 미끄러지지 말라고 신고 갈, 큰방 문설주 위에 항상 두어 켤레씩 매달아 놓은 짚세기 속에 감추었다가 내가 심심해 뵐 때 꺼내서 누님들 몰래 주실 것이다.
    그 손에 막 깐 돼지 불알을 호박잎에 싸서 들고 오시면 작은방 여물솥 아궁이에 노릇노릇하게 구워서 숯검댕이를 떼어 버리고 나 반 쪽, 누님 반 쪽, 어머니 한 쪽을 주신다.
    당시는 열 집 건너 소요, 세 집 건너 돼지요, 한 집 건너 닭, 마루 밑에 개라, 돼지가 그것도 주둥이 짧은 재래종 검정돼지가 흔했다. 후딱 키워서 팔아먹을 욕심으로 장에서 수놈을 사다가 키우는 집이 대부분인데 새끼 때 불알을 까 줘야 돼지막을 안 부수고 빨리 컸다.
    돼지 불알을 깔 줄 아는 사람은 동네서 아버지뿐이라 돼지 불알을 깔 사람들은 사이다 병으로 소주 한 병을 받아다 놓고 아버지를 청해 간다.

나도 흔히 아버지를 따라가서 구경하는데 아버지는 가시면서 둘레둘레 담장 위나 울타리 밑 한켠에 모아 놓은 사기그릇 깨진 것을 한 쪼가리 찾아서는 날이 잘 서게끔 다시 깨뜨려서 두 개 정도 사기칼을 만드신다.

돼지 임자가 우리에서 돼지새끼를 보듬어 내면 돼지 등이 땅에 닿게 해서 서너 사람이 지지눌러 꼼짝을 못 하게 하는데 불알 한 쪽을 꿰어지게 잡고 여기에 썸벅썸벅한 사기칼을 찍 긋는 것이다.

방울져 내리는 피와 돼지 죽는다고 악쓰는 소리와 조금만 참어라 어쩌고 하는 소란 속에서 한 쪽 마저 까 내고 나면 뒷다리를 거꾸로 쳐들고 굵은 소금과 부엌재를 비벼 섞어서 불알 까 낸 곳에 우겨 넣고 툭툭 치는데, 재는 피를 빨리 멎게 하고 소금은 쉬를 슬지 못하게 하는 처방인 것이다.

돼지로서는 이런 죽은 바나 다름없는 난리를 겪고 나면 사타구니가 퉁퉁 부어 밥도 안 먹고 한 사나흘 보대낀다.

그렇게 까 낸 새끼 불알은 크기가 꼭 누에고치만하여 호박잎에 싸서 구워 먹으면 바삭하고 노릇한 맛이 한 입에 기맥힐 뿐 아니라 여자들의 유종앓이까지 방지한다 하였다. 어머니와 누님은 하여간에, 나까지 덤으로 많이도 먹었다.

불알 잘 까는 아버지는 또한 침장이로서 동네의 의

원 노릇을 하셨다.

　아버지가 침을 배운 건 둘째 누님을 낳고 젖꼭지가 돌아빠질 정도로 유종을 앓아서 다 죽게 된 어머니 때문이셨다는데, 우연찮게 하룻밤 자고 간 의원 손님의 처방으로 어머니의 유종도 낫우고 아버지는 침까지 배우셨다 한다.

　당시는 복잡한 병이 많은 것도 아니어서 토사곽란에 걸리거나 체했을 때 놓는 사관침, 애기들한테 놓는 자래침, 삐고 멍든 데 쫓고 피 빼는 침과 종기 부스럼을 째고 약 넣기 정도의 익숙함만으로도 아버지는 훌륭한 보건소장일 수 있었다. 하지만 우리 같은 꼬맹이들에게는 호랑이보담도 더 무서운 침장이 양반이셨다.

　쇠톱을 잘라 만든 대패침이라는 넓은 침을 성근 머리에 싹싹 문대서 안 보이게 뒤로 감춘 다음 아이에게 다가가 "어디 보자아—" 하시며 고름 잡힌 종기를 만져만 볼 듯 안심시키다가 사정없이 침을 찌르는데, 툭 하고 피고름이 터지면 놀래지 않을 아이가 어디 있겠는가? 그러나 정작은 종기 째는 침이 아픈 게 아니고 고름 눌러 짜고 심 박는 것이 더 아픈 것이다.

　아버지의 제삿날은 음력 유월 열이레이다. 아버지 돌아가시고 이십오 년 동안을 한 번도 거르지 않고 제삿날이면 맵쌀을 들고 불편한 다리를 절뚝이며 찾아오는 분이 있으니 죽산댁이다. 허벅지에 난 종기를 째서 더러운 피고름을 받아내며 일 년을 넘게 치료해서 낫게 해 준 공을 못 갚는다고 아버지 돌아가셨을 때 서럽게도 우시더니 또 그 공을 못 잊어서 해마다 제사 때면 잊지 않고 인사를 챙기는 것이다. 되려 우리가 고맙고 미안할 뿐이다.

평소에 조급증 많고 걸핏하면 눈물 많은 이 양반을 우리는 그냥 죽산 작은어머니라 부르지만 아버지에게는 작은집 고모의 셋째 며느리이니 곧 계수인 셈이라 계수의 허벅지에 난 종기를 보기 어려워서 꼭 어머니를 모시고 다니셨다.

한 번은 치료를 하고 오셔서 어머니를 붙들고는 "어찌게 헌단가? 저러다가 태일이 각시 죽겠네. 어찌야 옳단가?" 하시며 침침한 등잔 밑에서 술을 잡숫고 한참을 우셨다.

병원이 어디 있는지조차 모르고 안대도 가 볼 엄두를 못 낼 살림살이들인지라 치료한다는 게 고작 종기를 째서 심을 박고 단방약을 찧어 붙이는 건데, 한 곳을 낫게 하면 한 곳이 터지고 한 곳을 나수면 또 다른 데가 터지며 하루돌이로 한 사발씩 고름이 나오니 환자도 환자지만 수발하러 와 있는 친정어머니나 그의 남편이나 아버지나 서로 사람 못 할 짓이었던 것이다.

좋다는 약은 다 해서 붙이고 심지어 밤늦게 솔밭에 가서 송장 뼈다귀를 파다가 태우고 가루를 장만하여 붙이기도 하였다. 그렇게 어찌어찌해서 나았지만 한 쪽 다리는 영 뻣정다리가 되어서 죽산 작은어머니는 지금도 절룩이고 다니신다.

팔십 년대 말쯤인가, 침을 한번 배워 보고 싶던 차에 마침 서울 동국대학교에서 침술 강좌가 개설된다고 해서 나도 서울에 갔다. 그 해 여름은 더위가 극성을 부려서 강의실로 쓰던 학생회관의 낡고 작은 어느 동아리 방은 그야말로 찜통이었지만, 나는 말로만 듣던 오장

육부의 장부학, 십이경락과 임맥·독맥, 삼백육십 여의 경혈을 배우는 재미로 더위를 느끼지 못하였다.

　　강의는 보통 이론과 실습으로 이루어졌는데 실습의 대부분은 둘씩 짝을 맞춰 혈을 찾아서 상대에게 침을 놓는 것이었다. 다행히 상대가 침을 잘 놓으면 아프지 않은데 잘못 놓으면 다시 또 놔야 하고 아프기도 더 아픈 거라 짝패의 솜씨에 자주 신경이 곤두섰다.

　　하지만 어릴 때부터 침과 자주 접촉할 수 있었던 덕분에 두 주 과정을 무사히 마치고 수료 기념으로 각종 침이 들어 있는 침통을 받을 수 있었다. 그러나 정작 동네에 와서는 그 침통의 침 한 번을 제대로 놓아 보지 못하였으니 내 실력도 실력이어서 그때의 아버지 수준을 넘지 못하였거니와 제일로 좋은 침과 뜸보다는 약을 먼저 찾는 변화되고 타성화된 요즈음의 의료 체계 때문일 것이다.

　　지금은 고작 우리 형제들의 사관을 트거나 쑤시고 결리는 데 부황을 붙여 주고 말 뿐이다.

체한 듯한 사람이 오면　아버지는 우선 손목을 잡고 진맥을 하며 얼굴을 보신다. 그러면 체한 것인지 아닌지와 체했으면 무얼 먹고 체한 것인지까지 아신다. 그러니까 "괴기 먹었고만?" 아버지의 한 마디에 아픈 사람의 대답이 모기 소리처럼 오그라들며 배에 손이 가는 걸로 보아, 진맥만으로는 전혀 아무 것도 모르는 나와는 비교할 수가 없는 것이다.

　　사관침이 속 빠르면, 손의 합곡혈에 한 대 놓고 다시 한 대가 채 끝나기 전에 얹혔던 것이 와르르 위로 쏟아지거나 큰 트림이 나며 아래로 쑥 내려가, 답답하고 터질 것 같은 오목 가슴이 시원해진다. 업혀 오거나 겨드랑이 껴잡고 온 사람이 제 발로 걸어 나가는 뒷모습을 보며 아버지는 흡족한 웃음을 머금으셨다.

다른 곳으로 목수일을 나가시거나 통을 매러 가셔서 여러 날 집을 비울 때, 동네에 죽어가는 사람이 생기면 서둘러 아버지가 일하는 곳으로 사람을 보내 모셔 온다.

사람이 죽으면 수족을 거두어 염을 하고 관을 짜서 입관해야 하는데 이 양반이 동네에 안 계시면 죽는 사람이 맘 놓고 죽질 못하고 산 사람은 경황 중에 손을 놓기 일쑤였다.

부르러 간 사람에게 연장궤를 지워서 휘적휘적 아버지가 저기 오시는 듯하다. 동네에 오시면 집보다는 아픈 사람의 집으로 먼저 가신다. 조그마한 동네 모두 다 일촌지간인지라 성님이면 성님, 아재면 아재, 병으로 앙상한 손을 잡고

"뒷 일은 걱정 말고 어서, 어서 맘 태연히 먹고 눈을 감으시오. 내가 다 히 드리리다."

아버지는 죽는 사람의 눈을 감기신다. 일변 식구들에게 울지 마라 단속하고 옷 벗겨 주며 지붕 위에 던지게 하고 사잣밥을 지어 문 밖에 던지게 한다.

수의가 있으랴 관이 있으랴, 깨끗이 빨아 놓은 옷으로 갈아 입히고 일곱 마디 손발을 묶어 염을 한 다음 여자들의 머리를 풀어 첫제사를 지내게 한다. 그러고는 마른 나무가 없으면 솔밭의 생나무를 베

어서라도 관을 맞추시는데 이 때는 동네에 초상이 나면 나무를 갔던 사람은 그 나뭇짐을 그대로 지고 가서 나무 부조를 했고, 질통 지고 물 긷던 사람은 몇 지게고 물을 져다 주었으며 빨래하던 여자들은 하던 빨래도 멈추고 죽을 쑤어서 줄줄이 이고 초상집으로 몰려들었다.

    곤궁한 세월 핍진했던 한 평생이 죽음을 앞에 두고 어찌 여한이 없겠는가. 그러나 모두 가 그러한 사람끼리 모여 죽고 사는 것을 함께 겪으니 참으로 여한 없는 죽음이 그 때 있었지 않나 싶다.

    입관을 하고 나면 못을 박고 관은 흰 베로 묶어야 하나 보통은 왼새끼에 백지를 감은 것을 사용하여 열두 매끼 고를 내었다. 이 고라는 것은 청광에 관을 넣고 어느 한 쪽만 풀어 잡아당기면 나머지 고가 다 풀려지게 묶어야 하는데, 나는 직접 보지 않았지만 어머니 말씀으로는 아버지가 그걸 배우기 위하여 목침을 관 삼고 노끈을 절 관바 삼아 두 발 사이에 끼우고 수도 없이 연습하셨다 한다.

    이렇게 십시가 모여 일반으로 입관하고 상여 만들고 만장을 써서 한 장씩 들면 북망산이 어디멘가, 뒷산 양지가 거기라네! 요령 소리는 앞세우고 남은 사람들은 뒤로 하여 상여가 떠나간다. 평토 진토 넋이 되어 한 세월이 그렇게 떠나갔던 것이다.

지 금 생 각 해 봐 도 아버지는 참으로 솜씨 좋고 영리한 양반이셨다. 아니 철저한 분이라고 해야 옳다.

    모든 생활 용구를 다 손으로 만들어 써야 되는 때에는 누군가 남보다 솜씨 좋은 사람이 있어서 어디선가 보고 배워 기술을 닦아야 한다. 그래야 목수도 되고 통쟁이도 되는 법일 텐데 아버지는 그 목수와 통쟁이 일뿐만이 아니라 여러 방면의 달인이요 장인이었다.

배 짓고 집 짓는 목수일은 작은할아버지에게 배워서 아버지 삼형제 목수가 이 포구 안에서 일찌감치 이름이 났고 아버지에게만 특별했던 통 매는 기술은 어디서 배우셨는지 모르겠다.

통을 맬 때는 우선 알맞은 쫑나무 토막을 구하고 테를 맬 긴 대를 구해 들인다. 이 쫑나무는 알맞은 길이로 자른 다음 어른 손바닥 정도의 너비로 토막을 낸다. 원래 쫑나무라는 게 어느 집이든 울 안에 한두 그루씩 있게 마련인데 이놈의 나무가 원채 단단하고 색이 좋아서 결코 썩거나 바래는 법이 없다. 그래서 가재도구로 만들어 쓰려고 집집마다 있지 않나 싶다. 새순은 봄에 따서 말리면 최고급 자반으로 쓸 수 있다.

구정물통처럼 외짝으로 쓸 것은 별 신경을 쓰지 않고 익숙한 솜씨 그대로 매시는 것 같은데 소매질통이나 물질통은 짝으로 돼 있어 크기와 무게가 같아야 되므로 여간 신경을 쓰시지 않았다.

먼저 기초격인 밑판을 둥글게 썰어서 놓고 옥낫이라는 둥근 낫으로 토막낸 나무를 다듬으시는데 통이 크건 작건 토막의 개수는 양쪽 공히 일정하되 너비가 다를 뿐이었다. 아마 원을 이루는 쫑나무 내각의 일정한 비율을 얻기 위한 목적 같았다.

이렇게 다듬는 공정만 짝으로 된 질통의 경우 나흘 정도 걸린다. 다듬는 게 끝나면 한 쪽씩 한 쪽씩 양켠에 쌓아 두고 대를 쪼개 둥근 테를 만든다. 그런 다음 밑판 위의 테 속에다가 다듬어 둔 조각을 하나씩 세워가는 것이다.

  아버지는 이 때가 가장 신나는 대목인 듯했다. 나무토막 깎아 낸 지지깨비나 못 만지게 하는 연장을 만지며 옆에서 노는 나를 보고 술을 한 병 받아 오라고 하시든지 직접 옴팍네로 가서 술 한 잔을 자시고 이제는 좀 느긋하게 일을 하시는 걸 보면 말이다.

  두 짝이 다 완성되면 쌀겨를 부어서 밑판에 박을 치고 물을 부어서 새는지를 살펴본다. 물질통이 새지 않으면 다 완성된 것이다. 그러나 어느 해, 한 댓새 품을 들여서 질통을 매시고 물을 부어 새는지를 확인한 다음 특별히 저울을 가져와 한 쪽씩 달아 보시더니 대번에 얼굴이 굳어지셨다. 양쪽의 무게가 차이가 나기 때문이었다.

  웬만하면 그대로 쓸직도 하건만 당신의 솜씨가 영 못마땅했던지 그 길로 나가 술을 잡숫고 오셔서는 말리는 어머니를 밀쳐 버리고 밑판만 남기고 모조리 뽀개서 부엌에 담아다 버리셨다.

  그 통쟁이가 맨 통을 나는 지금도 가끔 본다. 아버지는 겨울이면 두어 달씩 목수일을 나가시거나 통을 매러 나가시는데 그렇게 나가서 매신 통이 남의 살림 유심히 들여다보기 좋아하는 내 눈에 간혹 띄어 이 통 누가 맸느냐고 하면 그 어디 사는 아무개가 맨 통이라고 통쟁이 박목수 요연 씨라는 아버지의 이름이 나온다.

  그 통쟁이가 맨 통은 단단하기가 바람 몽땅 집어넣은 축구볼 같아서 땅에 내북쳐도 톡톡 튀었는데 그러기에 삼십여 년이 가까운 지금도 통쟁이 대신 통이 남아 있으리라. 쓸데없는 생각인지 모르지만 아버지가 매신 그 통을 한 벌쯤 구해서 옆에 두고 보고 싶은 생각이

난다.

　반짝반짝 버려진 끌, 짜구, 대패, 도끼, 켜고 쏘시고 자르는 톱들, 여러 가지 망치, 자, 먹통, 조임쇠 같은 목수 연장은 궤 속에 항상 기름칠이 돼 있어서 그 안을 가만히 들여다보노라면 연장 냄새가 물큰하여 꼭 만져 보고 싶었다. 그러나 그 작은 연장들이 담긴 궤짝은 자물쇠를 채워서 마루 밑에 두시고 통 매는 연장은 다른 궤짝에 담아 높은 벽장에 두셔서 아버지가 일할 때 아니면 가지고 놀 수가 없었다.

　우리 칠 남매 사 형제 중 중형님은 허우대며 겅중거리는 걸음거리, 심지어 혀 짧은 소리까지 아버지를 빼다 쏜 듯 하신데 성격까지도 비슷하여 지금도 대할 때마다 아버지를 뵙는 듯하다. 꿈에 아버지가 보이면 우리 형제들은 다 그 날 좋은 일이 생기곤 하는데 이 중형님에게는 좀더 자주 뵈는 모양이다.

형님댁 창고에 가면 아버지 쓰시던 연장이 보관돼 있어 반가운데, 형님이 연장 갖춰 들이고 손질 보관하는 것을 볼 양이면 아버지 뺨치게 하셔서 누구라도 놀래지 않을 사람이 없을 것이다. 누구든 이 형님을 알고 싶거든 찾아가서 반드시 연장 공방을 보기를 권한다.
　　그러나 나는 항상 형님의 연장 공방을 볼 때마다 어릴 적 아버지 연장궤에 담겨 있던 그 간단하고 작은 연장이 주는 의미와는 판이한 느낌을 갖게 된다. 줄칼을 이용해 오랜 시간 끊어야 했던 쇠붙이는 그라인더의 금강석 톱날에 당장 잘리고, 대팻밥 보기 좋게 말려 나와 좋은 나무 냄새 맡으며 가지고 놀기 좋았던 대패질, 톱질, 송곳질이 다 전기 기계로 처리된다. 편리한 세상이긴 한데 어쩐지 이런 과정에는 장인의 혼이 없는 듯하다.

내 키만한 농어를
질질 끌며

모개 — 모가지·이삭

보리 모개가 패서 누릇누릇 익을 무렵이면 바다에서 잡히는 고기들은 다 맛이 있다. 산란기를 앞둔 때라 고기마다 알이 배고 살이 쪄 윤기가 흐르기 때문이다.

농어는 유월 농어라 하여 이 무렵에 잡힌 것을 최고로 쳐 주는데 배를 갈라 보면 희게 빛나는 기름이 꽉 들어차서 버릴 것 없는 창자를 싸고 있다.

몇 수억 개인지도 모를 알을 내품어 버린 꽃게란 놈을 보고, 어느덧 익은 보리 벨 일이 걱정스러운 어른들은 "게도 보리 비기 싫어서 알 품었네 그려." 빗대어 말하며 웃으시기도 한다.

바닷고기가 귀하고 비싸니 광어 나부랭이를 지금 고기로 치지,

옛날에는 조기·민어·농어·우럭·돔·불거지, 손바닥 같은 갈치, 팔뚝 같은 삼치, 가을 서대·장대, 벌두리, 상어·홍어·뱅어·덕재, 중하·대하·백하, 고너리·젓거리, 하다못해 낙지·가재·꼬록·쏙 같은 횟감, 찌갯감, 젓거리감이 흔하게 쏟아져서 회로도 맛 없고 끓여도 퍼걱이는 광어란 고기는 버리기가 예사였다.

이 바닥이 어디던가. 줄포만이 미어터지도록 고깃배가 드나들던 서해 바다하고도 칠산 바다 아니던가? 하여튼 이쯤 해서 그만하기로 하고.

우리 집 뒷집, 그 뒷집에는 만식 씨 내외가 사셨는데 그의 큰 아들을 굴뚝 옆에서 났대서 굴뚝수네 아버지 굴뚝수네 오매로 불렸다. 굴뚝수네 친 오매는 굴뚝수를 낳고 일찍 죽어서 굴뚝수네 아버지가 후취를 했는데 나이 차이는 많았지만 두 번째 부인한테서도 순근이 순님이를 낳았다.

그러나 후취가 순근이 순님이 오매로 불리기보다는 여전히 큰아들 굴뚝수네 오매로 불리워졌으며, 얼굴이 도래납작하여 이쁘고 몸집이 자그만하고 야무져서 동네 여러 남자들의 마음을 모았다.

만식 씨는 아버지보다 손위로서 훨씬 늙으셨어도 기운이 엄청 세셨는데 내 어릴 적 기억에 만식 씨가 뒷낭에서 뜯어 말려 지고 오는 풋나무 짐은 어찌나 큰지 고샅 울타리가 미어터질 지경이었다.

나뭇짐이 이러니 자칫 잘못 짊어지면 짐이 어느 한 쪽으로 쏠리기 마련인데 이 때는 나뭇짐을 내려서 다시 지는 것이 아니고 쏠리는 반대쪽 나무 위에 큼지막한 돌덩이 하나를 올려놓고 오신다.

결혼하고 제금나서 지지포 사시던, 지금은 돌아가신 나의 둘째 작은아버지는 아직 이 동네서 사실 때 이십 리 떨어진 격포에서 쌀을 팔아 두 짝을 지게에 지고 게다 신고 시오 리쯤 되는 턱거리재 위까지 와서 한 번 쉬고 내처 집에까지 왔다는데 그 작은아버지보다 아버지가 더 세셨다 하니 만식 씨와 아버지 둘 중 누가 더 셀지는 가늠할 수가 없다.

혹 저승에서 두 양반이 힘 자랑을 하지나 않으시는지 모를 일이다. 그 위의 나라야 돈이 없을 테니까 요즈음 씨름 선수들처럼 기운 세서 돈 버는 것 말고 심심파적으로 중의 잠방이 걷어부치고 팔다리 뽐내며 당신들보다도 먼저 간 어른들 앞에서 말이다.

저승에서는 어찌시든 간에 살아계실 때 만식 씨와 아버지는 서로 사이좋게 농어 낚시를 자주 가셨다. 장골이며 기운이 좋은 양반들이라 가지고 다니는 대로 만든 농어 쉬미대도 엄청 길어서 처마 밑에 가로 매달면 끝과 끝이 처마귀에 닿고 구럭과 함께 매고 나가면 고샅 휘어지는 곳에서는 휘어질 지경이었다.

농어가 좋아하는 먹이는 미꾸라지나 쏙, 가재 들이다. 여름 논물 많은 장마철에는 미꾸라지를 건져서 쓰고 그렇지 않으면 텃밭에 난 쏙대를 뽑아서 뻘밭의 쏙이나 가재를 잡아 그릇에 살려 두면서 쓴다.

낚시질 가실 때는 잠방이만 입고 구럭에다가 짚신 한 켤레씩을 여벌로 넣어 가신다. 농어 낚시는 바위에 서서 멀리 낚싯대를 던진 다음 이리저리 휘휘 움직여 줘야 하는데 물이 너무 맑아도 안 되고 탁해도 잘 안 된다.

낚시를 하시면 갱물에 옷을 버리니까 잠방이를 아예 벗어서 높지막한 바위에 모셔 놓고 머리털 허연 어른 양반들이 시망스럽게 두 붕알을 덜렁대며 낚시를 하신다. 한번은 이웃 동네 수락동 여자들이 고동 줍는 재미에 팔려서 멋모르고 그 곳까지 왔다가 장대 같은 남자 둘의 꾀벗은 모습을 보고 어마 뜨거라, 바구니고 고동이고 다 내버리고 도망하여 갔다고 한다.

또 언제인가는 여기서 몇 동네나 떨어진 통포라는 데서 사람이 왔다. '빨리 통포 앞장불로 와서 괴기 받어 가라' 는 아버지의 심부름을 맡아 온 것이었다.

해서 동네 근방에서나 하지는 고기를 쫓아 통포까지 갔다고 어머니는 구시렁대고 형님들은 헌 구럭을 메고 고기를 받으러 갔다. 대낮에도 도깨비 잘 나는 숯구덩이 미친년 잔등 올 쯤 해서 나도 나가 보았는데 농어 · 우럭 · 돔 · 불거지, 아버지 구럭에도 고기가 한 구럭이요, 형님들 가져간 구럭에도 고기가 한 구럭, 거기다가 구럭 속에 안 들어가는 꼭 내 키만한 농어는 아가미에 막대기를 끼워서 땅에 질질 끌며 오시는 거였다.

그렇게 큰 농어와 고기 사태를 그 때 이후 아직 본 적이 없다. 흔히 낚시 대회에서 월척이 어쩌니 하는 것은 다 어린애 장난 같은 광경이어서 그럴 때마다 나는 새삼스레 키를 넘던 농어와 톨스토이의 '달걀만한 낟알' 이라는 동화가 생각난다. 착하고 선한 사람들이 살던 아주 옛날엔 곡식 낟알 하나가 달걀만했다는 동화이다.

낚아 온 농어가 너무 크니까 동네 사람들이 모여든다. 처마에 쉬미대를 걸고 마루에 앉아 쌈지의 써럭초 한 대를 말아 잡수시던 아버지는 "가지 말고 있다가 저놈 낄여서 먹고들 가소, 이?" 하시며 농어를 다루신다.

지금처럼 회를 탐하지 않던 때라 몸뚱이는 토막쳐서 단지에다가 독간을 해 놓고 맛있는 대가리·창자·꼬랑댕이만 한 솥을 끓인다. 얼큰하게 끓이면 매운탕이고 미역 넣고 끓이면 농어 미역국이 된다. 마당에 덕석 내다 펴고 땀 뻘뻘 흘리며 모두 다 한 그릇씩 먹던 그 기름 누우런 농어 미역국을 지금은 농어가 비싸서인지 잊어서인지 해 먹는 사람이 없다. 그렇게 끓인 농어국은 맛이 있지만 그 중에서도 긴 창자(우리는 그냥 빨랫줄이라고 불렀다)가 특히 더 맛이 있었다. 다른 고기 창자와는 달리 아주 한 발이나 됨직한 창자가 속에 아무 것도 들지 않고 기름이 버걱거리며 고소하기만 해서 지금도 그 맛을 잊을 수가 없다.

이렇게 맛있는 농어국을 싫다고 안 먹은 넋적은 사람이 있었으니 아버지의 큰딸이었더란다. 쌍둥이라서 쌍니인데 누님 또래에서 제일 이뻤다는 이 큰딸이 좋은 농어국을 안 먹으니 할 수 없이 무나 호박 넣고 마른 장어국을 꼭 따로 끓여서 먹었다 한다.

나 낳던 해 시집을 가셨으니 나로서는 보지 못한 이야기인데 누님이 아마 지금도 농어국 못 먹지는 않을 것이다. 옛이야기를 쫓다 보니 갑자기 가난한 누님들이 보고 싶어진다. 어떻게나 살고 있는지, 원…….

넋적은 — 넋이 좀 빠진, 모자란
독간 — 소금을 많이 넣는 것
써럭초 — 담뱃잎을 잘 접어서 칼로 썬 것

글을 쓰다 말고 울적해진 마음을 돌릴 겸 만식 씨 살던 집터를 가 본다. 주인이 한 번 바뀌고 나자 옛집도 없어지고 그 곳엔 네모 번듯한 양옥 한 채가 들어서서 어둠 속에 우뚝하다. 양옥집의 늙은 주인도 얼마 전에 죽고 이제는 젊으나 젊은 그 아들이 새 주인이니 이 자리가 띠목(우리 동네 모항의 본디 이름) 장사 굴뚝수네 아버지 만식 씨가 사셨던 집자리인 줄 아는 지 모르겠다.

만식 씨는 젊고 이쁜 후처를 집에 놔두고, 아버지는 다니지 않던 사냥을 혼자 잘 다니셨다.

"영감태기가 변산 멧되야지 다 잡아 쳐먹니라고 각시 도둑맞는지를 몰랐지, 미련허게 심만 시어가지고……."

얼마 전에 트랙터 못 들어가는 방죽 밭에 밭 갈아 준 품으로 우리 기장을 털러 왔다가 내가 자아낸 말에 한때나마 굴뚝수네 오매짜리에게 남편을 뺏겼던 죽산 작은어머니의 곱잖은 말이 생각이 나서 나는 어연간 웃음이 나왔다.

사연 많은 그 이야기는 이따 하기로 하고, 그 만식 씨가 하루는 바가지에다 물 말은 밥을 먹고 있는 자기 어머니를 보고

"뭔 밥을 그렇게 날마다 많이 잡수요?" 나무랬다 한다.

"만식아, 한 그륵이다, 한 그륵. 박적에다가 담아서 그렇지 한 그륵뿐이 더 안 된다. 한 그륵……."

"뭔 한 그륵이 그렇게 많으요? 밥 좀 조금만 잡수요, 거……."

"만식아, 한 그륵이다, 한 그륵……."

만식 씨네 오매는 들구 한 그릇이라고만 했다고, 어쩌다 바가지

같은 데 담은 음식을 자시는 어머니를 보고 그릇에다가 잘 담아서 자시라고 하면 어머니는 나를 보고 지금도 만식 씨네 어머니 노인 양반 흉내를 내고는 웃으신다.

바가지나 양푼처럼 밑이 넓은 그릇에 담은 음식은 조금이더라도 많아 보이는데, 정말 미련한 양반이 각시 딴짓하는 줄은 모르고 늙은 오매 바가지에 물 말아 자시는 한 그릇 밥을 많다고 구박을 했던 것이다.

어머니의 말씀을 들어 보면 굴뚝수네 오매는 동네 여러 남자들 중 특히 아버지를 좋아하셨다고 한다.

동네 사람들이 말하기를 '굴뚝수네 오매가 낳은 딸 하나가 원체 저 집 식구들을 닮았다' 고 했던 그 '저 집' 이 바로 우리 집인데, 그런 소문이 나려고 그랬는지 두 집이 특히 친하였다. 굴뚝수네 오매와 아버지가 서로 어쩌네 저쩌네 해도 어머니는 딱 덮어 두고 말 한 마디 안 하셨다 했다. 그러니 굴뚝수네 오매는 더욱 어렵게 알아서 어머니에게는 참 잘 하였던 모양이다.

"매 가는 성 싶으면 와서 매 갈어 주고 방애 찧는 성 싶으면 와서 방애도 찧어 주고……. 그러면 나는 얼른 다 히 놓고 어디 놀러간다고 자리를 비껴 주었어. 웃방에서 나 없는 새 지랄들을 허던지 말던지……."

기장 터는 날 죽산 작은어머니는

"아 그년한티 내 화장품을 다 둘러다 주드란 말이네. 두 시숙(우리 아버지와 자기 친 시숙)허고 좋아허고 있는디 성님들 몰래 조금씩 맛볼라고 내 화장품까지 둘러다 주었당게."

"그 이야기나 좀 더 해 보시오. 참 재미있네요!"

내가 자꾸 부추기자

"한번은 여럿이서 굴 속으로 피난가서 자고 있는디 소피 보러 일어나 보니 야들 아버지가 없드란 말이여. 그래서 살살 그년 자는 디로 가 보니 이불 속에서 둘이 그 짓거리를 히여. 이불을 확 걷어치고는 얼른 우리 시오매 등 뒤에 와서 숨었어. 그러니 이 년 죽인다고 막 쫓아와. 오오매! 나 때릴라고 허요, 소리를 지르니 우리 용순이 가져서 배는 남산만헌디 시오매가 깨가지고는 배 부른 아를 그런다고 막 야단을 하대. 그렇게 때리던 못 허고 빌어먹을 년이 잠도 안 퍼자고 지랄허고 댕긴다고 욕을 히대고 그제사 자데."

웃음 반 말 반 섞어서 이야기를 하셨다. 벌써 여러 번 듣는 이야기이다. 그러고는 그 여자가 야무지고 똑똑해서 빨치산의 무슨 직책을 맡았는데 군인들 들어와 끌려갔을 때 불쌍하다고 동네 사람들이 몰려가 빼내왔다는, 전에 못 들던 이야기도 해 주셨다.

만식 씨가 죽자 굴뚝수네 오매는 경기도 의정부로 이사를 가셨는데, 그 후 몇십 년 만에 처음으로 소식을 알 수 있어서 재작년 서울 누님집에 가셨던 어머니와 서로 해후를 하셨다. 아픈 모습이 불쌍하더라고 어머니가 말씀하셨는데 바로 얼마 되지 않아서 돌아가셨다. 해서 당신 좋아하던 남정네들 묻혀 있는 동네에 와서 그 옆에 묻혔다.

대장부 살림살이
이만하면 닥상이다!

전소매통 | 오줌통

동짓달 지나고 섣달이 다가오면 아버지는 동네 좋은 개를 봐놨다가 어느 날 날을 받아 개를 잡으신다.

개를 잡으면 그을리는 것이 아니고 가죽을 벗겼다. 그러고는 굴 껍질이나 조개껍질 태워서 곱게 빻은 것을 가죽 안쪽에 고루 발라 둘둘 말아서 묶고는 소망에 있는 전소매통에 푸욱 담가 놓았다. 장구가죽으로 쓰기 위해서이다.

이것이 한 달 가차이 지나면 조개 가루와 오줌의 작용으로 기름과 털을 쉽게 제거할 수 있는데 고무장갑이 없던 때라 맨손으로 할 수밖에 없었다. 앞장불 바닷물에 가서 기름과 털을 깨끗이 벗겨내면 지린내가 좀 빠지라고 좋은 물에 한 사나흘 담궜다가 테에 씌워서 그늘에 말리는 것이다.

그러고 나면 아버지의 손에 밴 지린내는 온 집안에 등천해서 밥을 먹을 수가 없었다. 어머니가 구시렁대기라도 하시면 부러 어머니 코에 당신 손을 갖다 대던 생각이 난다.

개도 그냥 아무 개나 잡는 게 아니고 장구 궁통에 맬 가죽은 수캐 가죽이어야 하고 채통에 쓸 것은 암캐를 잡던 것이다. 그런 다음 소나무로 장구통을 파기 시작하신다.

이놈의 굿판이 벌어지기만 하면 술 먹은 김에 꼭 한두 번씩은 싸움판이 벌어지고 싸움판이 벌어지면 장구통 한두 개씩은 절구나기 때문이다. 그러니 해마다 정월달 쌈판 굿판 벌이고 장구통 깨박질하기 위해서는 섣달 한달 기물을 장만하지 않으면 안 되는 것이다.

지금처럼 무른 오동통을 기계로 돌려 깎는 것이 아니고 단단한 소나무통을 끌고 파고 깎는 것이니 장구통 하나 파는 데서 꽤 여러 날이 걸렸던 성 싶다.

쇠죽 끓인 아궁이 불을 화로에 담아다 놓고 마루에 앉아 섣달 한달을 가죽 만들고 통을 파면, 당집을 관리하셨던 금떵이네 어머니가 매일같이 오시는데 오시면 그냥 오시는 게 아니고 꼭 소주 한 병씩을 받아 오시는 거였다.

이럴 때면 아주까리 이파리 삶아 무친 것을 화로에 올려놓고 덮히거나, 여름내 독간해 놨던 농어토막 밥 위에 찐 것을 안주 삼아 술을 자시는데 꼭 금떵이네 어머니가 먼저 아버지를 따라 주셨다. "요 연이 욕보네. 한 잔 먹고 허소." 하시면 아버지는 술잔을 들어 쪼옥

소리가 나게 빨고 인제는 "오매도 한 잔 잡수요." 두 양반이 정답게 이야기를 나누셨다. 아버지가 어려서 조실부모하고 어렵게 클 때 금떵이네 어머니 젖을 먹고 자랐다고 하니 두 분은 서로 모자사이나 다름없는 것이었다.

장구 잘 쳤던 옛 어른들 말씀이 소나무 통에 개가죽을 입힌 장구는 방 안에서 치면 문 밖 고리가 바르르 떠는데 그런 놈이라야 밖에서도 칠 만했다고 한다. 실제로 바다 건너 무장 고창 딴 동네서 치는 굿소리가, 가만히 들으면 장구소리만 들려오는 것도 그런 제대로 만든 장구를 힘지게 쳐 대니 그럴 것이다.

섣달 한 달 그렇게 보내면 정월 한 달 먹고 논다지만 아버지는 아버지대로 바쁘시다. 또래 어른들과 함께 정초에 지내는 당산제 때문에 화주를 뽑아서 제사 준비를 알음짱 해야 되고 솔밭의 소나무를 베어서 장승백이(짐댓거리)에 장승을 깎아 세우는 한편, 가가호호 마당 밟기를 해서 나온 지푸락 쌀들로 술 해 넣고 줄을 꼬아 보름날 줄다리기를 준비하시기 때문이다.

이러던 양반이 막상 줄다리기를 할 때면 꼭 하는 역할이 하나 있다. 회초리를 들고 눈을 번뜩이며, 줄다리기보다는 남의 처녀 어깨나 허리를 도둑질하려는 총각놈들 후려다듬는 일이었다. 그러나 두꺼비가 혓바닥 쏘이는 맛으로 벌을 처먹는 것처럼 그렇게 맞아 가면서 도둑질해야 훨씬 재미있었다고 당시 아버지에게 회초리 깨나 맞았던 동네 형님들은 말씀하신다.

서로 맞을 줄도 알고 때릴 줄도 알고 때가 되면 동네 일을 예부터 해 온 그대로 해야 되는 줄도 알던 때였다.

아 버 지 가 변 하 기 시 작 한 것 은 뒷장불 큰 팽나무를 베고 나서부터였다.

뒤 울안에 팽나무가 있던 그 집은 동네서 하나밖에 없는 기와집이었는데 장독에 나무 이파리 떨어지고 나무 그늘에 기와 썩는다고 수십 년 묵어 몇 아름이나 되는 나무를 베자고 했던 것이다. 언제부터인지 밑둥치가 썩어서 잎을 제대로 피워내지 못하고 우죽이 모지라져서 그 곳을 지나가면 나무 밑이 시원한 느낌이 들기보다는 음습하고 기분 나쁜 느낌이 들었던 건 사실이었다. 더군다나 큰 기와집에 부모를 일찍 잃어버린 준이, 금니라는 두 어린 처녀만 휑뎅그렁 살고 있으니 밤으로 나무 밑에서 귀신이 나온다고도 했다.

어쨌든 동네 여러 사람들의 구경 속에서 톱을 대기 시작한 지 사흘 만에 그 큰 나무가 넘어닥쳤다. 그리고 그 날 밤부터 아버지도 그 자리에 쓰러지신 것이다. 큰 나무 속에는 간혹 가스 같은 게 차 있어서 베는 사람을 질식시킨다고도 하지만 그 팽나무는 그럴 만한 구멍이 있었던 것도 아니고 같이 조력을 했던 사람들은 멀쩡하기만 했다.

하기사 귀신 붙은 나무는 직접 베지 않고 톱만 빌려 주어도 톱 빌려 준 사람에게 해가 돌아간다는 옛날의 속설이 아직 유효할 때인데 아버지는 당신 톱으로 직접 베셨으니, 설사 귀신이 붙지 않은 나무일지라도 큰 나무를 베었다는 심리적 중압감과 이삼일 동안 기력을 소모한 데 따른 동티가 붙은 것만은 사실일 것이다.

아버지는 아파 누워 계셔도 술을 찾으셨다. 한 열흘 정도 앓으신 것 같은데 밥은 한 술도 안 뜨시고 술로만 끼니를 삼으셨다. 그러니 자꾸만 주무시다가 저 귀신 보라며 헛소리를 할 밖에. 그런 것을 보고 동네 사람들은 팽나무 귀신이 요연 씨 죽인다고들 했지만 아버지는 당신을 위해서 굿을 하거나 액막음을 하게 하지는 않으셨다. 고집이 있고 강단이 있고 기운이 세신 양반이어선지 당신 스스로 귀신을 이겨먹고 일어나셨다.

한 예로 내가 횟배를 앓다가 간혹 골치가 아프다고 하면 얼른 금떵이네 어머니를 모셔다가 이마를 짚으며 잔밥을 먹이게 하지만 당신이 골치가 아프면 연장궤에서 도끼를 꺼내다 머리맡에 놓으시며 도끼로 골치를 빠개버리신다는 양반이었다.

그래서 무척이나 나를 놀래켰는데 '골치 아픈 귀신이란 놈은 누우런 테를 가지고 다니다가 만만한 사람을 보면 머리에 그 테를 씌워버린단다. 그래서 골치가 아픈 건데 도끼로 골치를 빠개버린다고 하면 테가 빠개질까 봐서 얼른 벗겨 도망간단다.' 는 어머니 설명을 듣고서야 안심할 수 있었다.

밥 안 자시는 아버지에게 어머니는 쌀과 흑임자를 한 중발 불려서 절구통에 갈아 쑨 깨죽을 권하셨는데 권에 못 이겨 몇 모금 마시고는 항상 윗목에 그대로 놔 두셨다. 깨죽이 식으면 위에 거죽이 생기는데 그 거죽을 손으로 집어 먹으면 참 고소하고 맛이 있었다. 그러다 보면 조금조금 마시게 돼서 어떤 때는 내가 깨죽을 다 먹은 때도 있었다.

기력을 좀 차리시면 녹두 미음을 쑤어 주셨다. 미음은 쌀을 조금만 넣고 녹두를 많이 삶아서 으깨 받쳐야 윗물이 지지 않지 대충하면 흥얼흥얼 가라앉는다고 한다. 밥을 잡숫게 되고 기운을 회복하게 되면 적당히 봐서 닭 제고탕을 해 주셨다. 너무 크지 않은 햇닭을 잡아서 닭 속에 마늘을 많이 까 넣고 빠듯이 들어갈 정도의 꼬막단지에 넣은 다음 그만한 크기의 단지를 맞대서 밴을 붙이고 거꾸로 세워서 솥에다가 한 나절 진진하게 불을 땐다. 그런 다음 꺼내서 밴을 떼내고 빈 단지 속을 보면 한 그릇이나 그릇 반 정도의 기름이 나와 있는데 그 기름이 몸을 회복하는 데는 더없이 좋은 제고탕이다.

가끔 마늘 대신 삼을 넣기도 하는데 삼을 넣을 때는 닭 속에 넣는 게 아니고 기름이 받아지는 아래 쪽 빈 단지에 넣어서 기름으로 삼을 달이게 했다. 그렇게 기름 빼고 난 닭은 우리 몫인데 기름이 빠져서 질리지 않고 맛이 있었다.

팽나무 동티가 있고부터 아버지는 술을 과음하기 시작하셨다. 평소에도 아버지에게 아쉬운 부탁하러 오는 동네 분들이 들고 오는 독쇠주며 일 가서서 자시는 술, 친구분들과 자시는 술, 술 속에서 사셨던 분인데 이후부터는 유달리 술을 많이 드셔서 죽을라고 변했다고 어머니의 걱정을 들으셨다.

아버지는 한 삼년 정도 술을 과음하시다가 환갑을 넘기지 못하고 쉰아홉에 세상을 버리셨다.

일자무식이 철천지 한이셨던지 아버지는 항상

동네의 서당이 잘 돌아가는가 챙기시고 나중에는 아예 우리 집 윗방에다 선생을 모셔서 형님들을 가르쳤다. 술을 잡숫고 밤에 들어오시면 큰형님을 불러서는 꼭 글을 외우라셨는데 단순히 복습만 시키자는 뜻이 아니고 당신 앞에서 글을 읽고 있는 큰아들의 모습을 가까이서 보기를 원하셨던 것 같다.

형님은 대부분 연주시나 측우, 명심보감의 몇 구절을 외시곤 했는데 목소리가 맑아서 청이 좋았다. 그러면 아버지는 비로소 혼곤히 잠이 들든지 "이놈의 새끼들아, 손톱 발톱 잦아지게 망치 꽁댕이 퍼추어서 너그를 이만큼이라도 가르쳤다" 하시면서 어려서 조실부모했던 이야기를 꺼내고 우시기도 했다.

"나물 먹고 물 마시고 ……, 대장부 살림살이 이만하면 닥상이다!" 글 읽은 소리에 기분이 좋으시면 '닥상이다!'에서 무릎을 치시며 술 한 잔 더 가져오라시기도 한다. 결코 잊지 못할 모습들이다.

아버지를 꿈에 뵌 지도 꽤 오래 되었다. 문전 나그네 흔연대접해야 한다고 입버릇처럼 말씀하시고 동네 일에는 결코 자기 이끗을 챙기지 않으셨던 아버지가 마실갔다가 사립문을 들어서시듯, 뒷짐지고 어흠 흠 큰기침하며 한 번쯤 오시련만 우리 사는 모습이 영 마땅치 않으신가 근년에는 꿈에 뵌 적이 없다.

닥상이다 — 만족이다. 충분하다

퍼추어서 — 다 닳아지게 해서

흔연대접欣然待接 — 기꺼운 마음으로 잘 대접함

이끗 — 이익이 되는 실마리

위도 크내기 갈치
배떼기 맛 못 잊는데

내소사 일주문을 지나서 조금 올라가다 보면 오른쪽으로 길이 보이고 구불구불난 그 길을 따라서 또 조금 올라가다 보면 높지막한 곳에 자리 잡은 절집 하나가 보인다.

　이 곳이 내소사 지장암, 비구니들이 있는 곳이다.

　내소사를 그렇게 많이 다녔어도 지장암에 들른 것은 손에 꼽을 정도였는데 이제는 이 암자에 자주 갈 일이 생겼다. 음식 잘 하는 스님 한 분이 계시기 때문이다.

　올해 팔월 중순경, 서울에서 반가운 손님들이 와서 그 징그러운 놈의 술을(!) 이박 삼일동안 죽자하고 마셨는데 마지막 날은 내소사를 가게 되었다.

내소사가 초행인 사람들이어서 내 짧은 식견을 보태 절의 이곳 저곳을 구경시키고 지장암까지를 들르게 되었는데(원래 그곳엔 가지 않기로 하였으나 함께 간 이웃동네의 술친구 하나가 지장암에 음식 잘 하는 스님이 한 분이 있으니 보러 가자고 해서 그가 없으면 절집이라도 볼 생각으로 들른 것이다.) 운 좋게도 마침 스님이 계셨다. 출가승의 나이를 짐작해 보려는 것이 부질없는 짓이겠는데 얼른, 대충 보기에 나이 한 쉰 댓 됐을까? 눈가의 주름살에 맺힌 웃음이 벌써 많은 세월을 짐작케 함과 동시에 사람을 편하게 하여, 이무러움이 없어 보였다.

술친구가 가운데 들어서 서로 인사를 붙였다. 나는 음식이야기에 관심이 많고 그 스님은 이미 많은 사람들 사이에서 음식 솜씨 좋기로 소문이 난 터여서 우리는 대번에 서로에게 관심과 호감을 갖게 되었다.

우리라고 하지만 나야 솔직히 음식을 말로만 주어 댈 뿐, 그 스님이야 어디 그렇겠는가? 잘하면 아무 때라도 여스님들의 세계에 들어와서 그들이 만든 음식 공양을 받을 수 있겠거니 하는 얌체 같은 마음이 내게는 더 앞서 있었다고 해야겠다.

그날은 마침 칠석이었는데 몇 마디 수작이 있은 후 이제 그 스님이 우리에게 공양한 음식을 보자, 나뭇잎 모양대로 만든 접시에 무화과나무 이파리 하나를 따서 깔고 동글동글하게 빚고 손가락으로 눌러 부드러운 각이 지게 만든, 경단과 개떡 세 쪽이었는데 이 개떡도 그냥 동글납작한 보통의 개떡이 아니라 꼭 나뭇잎 모양으로 얄프닥

하게 만든 개떡이더란 것이다.

　나뭇잎 모양의 접시가 그렇고, 그 위에 뜰앞의 무화과나무 이파리 한 장 똑 따서 깐 것이 그렇고, 거기에 또한 나뭇잎 모양의 파랗게 윤나는 쑥개떡과 함께 조화를 이룬 경단이라니!

　맛은 하여간에 그 정성이 대번 눈에 어려서 우리는 놀란 가슴을 진정시키며(여기서 부처님을 보았다면 과장일까?) 사진부터 몇 장 찍고서야 하나씩 입에 가져 갈 수가 있었다.

　음식이란 것이 지나치게 화려하고 고급스러워도 구미가 당기기 어려운 것인데 그것은 고도로 세련되고 감각적이었어도 그 내용이 소박한 개떡이었으므로 해서 우리는 편안히, 맛있게 먹을 수가 있었다. 거짓말 보태지 않고 내가 철들어서 아마 처음으로 떡을 그렇게 감사하며 먹지 않았나 싶다.

　나뿐이 아니었을 것이다. 우리는 지장암을 뒤로 하고 내려오면서 이런 이야기를 나누었다. '중생 제도가 별 것이겠는가? 정성스럽게 만든 개떡 한 쪽, 바로 그것이다! 요 앞 일주문밖 주막집의 도토리묵과 주모가 따라주는 막걸리도 그렇더라……' 결국 그 날도 서울 사람들은 술에 취해 가지 못하였다.

　그로부터 한 달여, 이러 저러 추석이 지나고 요즈음은 멸치가 잡힐 철인데도 어촌인 이곳엔 멸치가 잡히지 않아서 그물질하는 사람들 어깨엔 힘이 없다. 다른 때 같으면 추석 전 전 사리, 그러니까 추석 한 달 전부터 멸치가 뒤집어져서 추석 명절도 멸치에 묻혀 쇠어야 했을 것이지만 금년에는 어인 판 속인지 멸치는커녕 멸치새끼 실치도 보이지 않는다 한다.

　농사도 그렇고 어업도 마찬가지여서 가격은 고하간에 풍년이 들고 많이 잡혀야 사람들 얼굴에 웃음꽃이 피는 법인데 멸치야, 무정한 멸치야, 옛날 칠산 바닥의 그 많던 고기들이 다 어디로 가고 때가 되어도 올 줄을 모르는가―

　멸치 때가 들어와야　가을의 바다는 비로소 풍성해진다. 멸치를 뒤쫓아오는 고기들이 덩달아 잡히기 때문이다. 특히 전어란 놈은 멸치처럼 떼를 지어서 멸치 뒤를 쫓아오는데 이런 놈들을 후리 그물이나 전어 그물로 한 번 둘러쌌다하면 지게 바작에 가마니를 들이대고 퍼날라도 남을 정도로 엄청났다.

　이맘때 잡히는 전어는 우선 꼬랑지가 가을에 독사 꼬랑지 노랗게 약이 차서 사람보고도 도망가지 않고 바르르 떠는 것처럼 기름이 올라 노랗게 푸들거리는데, 이걸 그냥 비늘도 긁지 않고 굵은 소금 뿌려 한 시간 정도 놔뒀다가 저녁 아궁이 불에 석쇠 얹고 구워 놓으면 기름이 벅적거리면서 고소한 냄새가 울안을 진동한다. 오죽했으면 전어 굽는 냄새에 집 나간 며느리가 들어온다고 했겠는가.

　전어는 이렇게 통째로 구워서 저녁밥과 함께 손에 들고 김치 싸서 대가리부터 창자 고랑댕이 할 것 없이 모조리 뼈째 씹어 먹어야 제 맛이 난다. 그러나 지금 사람들은 얌전을 내느라 그러는지, 여기는 귀한 고기가 거기는 흔해서 그러는지 대가리 창자 꼬랑댕이 다 떼어내고 후라이팬에 구워서 기껏 살코기만 저분으로 깔짝거린다. 그것조차도 또 반절은 내 버리면서 그 모양이니 마치 당나귀 귀 베어 내고 뭣 베어 내버리는 격이다.

　멸치 뒤를 쫓아오는 것 중에 특히 갈치는 뺄 수가 없다. 애들 손바닥 같은 풀치야 갈치라고 할 수 없으나 그도 많이 잡히면 풀치젓을 몇 동이씩 담그던지(이 풀치 젓은 한 일 년 삼삼하게 익혀서, 먹으려고 꺼내 놓으면 방 안이 고릿한 냄새로 꽉 차버려야 제대로 된 것이라고 쳐줬다) 엮거리를 엮지만 배에서 평생 그물을 당기는 뱃사람들의 그 두툼한 손바닥 같은 갈치는(갈치의 크기는 어른들 손가락 세 개 넓이냐 네 개 넓이냐로 따졌다) 하얗게 번뜩이는 비늘을 대충 긁어 버리고 밭에서 막 따온 서리 호박과 함께 얼큰하게 지져 놓으면 그 쌈박한 맛은 무엇과도 견줄 수가 없다.

　이러지 않으면 토막 쳐서 소금 뿌려 한 시간정도 간이 베이게 했다가 석쇠에 구워 먹는다. 갈치의 살은 무르고 빨리 익어서 피가 끓는 한참 때의 장정 겨드랑이에 넣었다가도 먹는다 하였는데 이 중에서도 칠산바닥에서 잡히는 갈치 배떼기 살은 특히 기름지고 연해서 오죽 맛있었으면 위도 크네기가 갈치 배떼기 맛 못 잊어서 뭍으로 시집을 못 간다 했겠는가?

　지금이야 그런 일이 없겠지만 그도 저도 이제는 다 옛일이 되어 버리고 멸치조차 잡히지 않으니 자꾸만 깊어 가는 가을 바다를 바라보는 어부들의 얼굴에 시름이 더해간다. 하지만 바다가 이 모양이 된 것도 다 사람이 저질러서 말미암이니 무엇을 탓할까.

준치도 갈치와 함께 잡히는 고기다. 이놈은 갈치보다 넓기는 더 넓고 지럭시는 짧은데 뼈가 많다는 흠 한 가지를 빼고는 나무랄 데가 없다.

뼈는 많고 살은 맛이 있으니 쥐같이 약은 서울 사람들이 말하기를 '뼈만 없으면 시골 놈 먹기 아깝다' 하는 고기인데 대천 지나 그 놈의 실낵키같은 잔가시가 어찌나 많은지 한다하는 옛날 서울 대감집 대감마님 상에 올릴려며는 일단 이놈을 구워서 도마 위에 놓고 삼베천을 대고 눌러서 그 위로 올라오는 가시는 빼 버려야 했다고 한다.

어쨌거나 멸치 그물에 준치가 들면 이곳 사람들은 우선 적당한 놈으로 몇 마리 골라났다가 일 끝나면 씻고 옷 갈아입고, 도마 벌여 놓고 칼을 갈아 이놈을 닦달하는데 -비늘부터 말끔하게 벗겨 버리고 갈치와는 달리 먹을 것 없고 뼈만 억센 대가리 배떼기를 사정없이 이어버린다(준치는 배떼기가 크고 가시가 많다고 해서 배데기, 혹은 배아데기라는 이름으로도 불린다)- 그런 다음 창자와 핏대를 빼내고 깨끗이 씻어서 뼈가 생긴 반대 방향으로 무 채 썰 듯이 가늘게 채 써는 것이다. 그래야 먹을 때 뼈가 걸리지 않고 잘 씹힌다. 이렇게 초장 만들어서 한 도마 가득 썰어 놓고 지나가는 사람도 불러 함께 막걸리 잔을 나누며 하루의 피로를 푸는 것이다.

준치는 갓 잡은 놈을 합당하게(!) 손질하여 회로 먹어 버려야 맛이 있고 여차하면 남은 것은 초고추장 그릇에 쏟아 붓고 휘휘 뒤적거려서 뜨끈뜨끈한 밥 한 그릇에 썩썩 비벼 먹어도 맛이 있다. 대저 '치' 자 들어가는 생선이 맛있다고 하였으니 삼치 꽁치 갈치 준치를 두고 말함인데, 이 중에 준치는 뼈가 많아서 썩어도 준치라는 호를 얻었다.

멸치에 섞여 오는 놈들 중에 또 빼놓을 수 없는 게 한 가지 있으니 바로 꼬록이다.

갈치나 준치, 그 밖에 여러 겉것(잡어)들이 제아무리 많이 잡혀도 멸치에 섞여오는, 어물전 망신을 시킨다는 이놈을 어부들은 결코 푸대접하지를 않는다.

꼬록은 크면은 오징어나 낙지처럼 곱이 나와서 미끌거리고 또 속에 알이 차서 생으로 먹기는 뭣하므로 팔팔 끓는 물에 살짝 대쳐서 먹고 어른 새끼손가락만씩한 놈은 골라 씻어 바구니에 담아서 물기를 뺀다.

자, 그런 다음 그 놈을 한 마리씩 집어서 초장에 찍어 먹는다? 천만에! 애써 고른 아까운 꼬록을 그렇게 맛대가리 없이 먹는 사람들은 틀림없이 서울 저 어디 큰 동네 사는 멋대가리 없는 사람들일 것이다. 꼬록은 그저 손바닥 펴서 그 위에 듬뿍 올려놓고 파란 이파리 간간히 섞인 무 채 김치 시금시금하게 익은 놈을 웃짐 얹어서 아가리 터지게 밀어 넣어야 비로소 제 맛이 나는 것이다.

지금처럼 좋다는 세상에 가을 겨울이라고 상추가 없어서가 아니다. 이상하게도 꼬록이나 김장철에 나는 붉은 보리새우는 초가 들어가면 쓴맛이 나는데 신 김치와 함께 손바닥에 싸 먹으면 참으로 달보드래한 맛이 그렇게 좋을 수가 없다. 그것이 주먹쌈이다.

주먹쌈을 해야 맛있는 것은 비단 꼬록, 새우만은 아니다. 추석 전 전 사리부터 두 달이고 석 달이고 멸치를 잡을 만큼 잡다보면 어연간에 가을이 가고 겨울 문턱에 들어서는데 이때는 멸치가 없어지는 대신 찬물고기들이 잡힌다.

이중에 뱅어란 놈은 젓가락 굵기만 하고 손가락 지럭시만 한 것이 꼭 쌀밥같이 희어서 귀물스럽기 그지없는데 손 호호 불어 가면서 다른 고기들 사이에서 한 바가지나 골라 놓으면 그 어떤 것과도 바꿀 수가 없다.

이 뱅어란 놈도 초장에 찍으면 맛이 없으므로 마늘 고춧가루 참기름에 얼큰하게 버무리거나 맘이 급하면 손바닥에 그냥 올려놓고 익은 김치 웃짐 얹어서 쐬주 한 대접에 주먹쌈을 해야 맛이 있는 것이다.

겨울이 깊어갈수록 뱅어는 몸집이 커지며 배떼기에는 붉은 알이 차 오르는데 이 때는 생으로 먹어봐야 미끌거리고 써서 맛이 없고 국을 끓이던지 많이 잡히면 젓을 담던지 해야 한다.

참말로 그 옛날 우리 어렸을 때는 동뱅어라해서 한 뼘씩이나 되는 굵다란 놈들이 잡혔는데 그런 놈은 기다란 철사나 나무 꼬챙이에 몇십 마리씩 눈깔을 꿰어서 울타리에 삐득삐득하니 말렸다가 저녁 아궁이 불에 원없이 구워 먹었다.

민물고기 중에는 한겨울에 잡히는, 속이 알른알른하게 들여다보인다는 빙어란 놈이 있는 모양인데 먹어본 사람들 말이 '고놈을 한 마리씩 집어서 초고추장에 찍어 먹으면 살아서 이 볼따구 치고 저 볼

따구 치는 게 그렇게 맛이 좋을 수 없다'던가?

　　하여튼 사는 곳은 서로 달라도 이름 비슷하고 속 들여다보이는 것 닮은 깐으로는 뱅어와 빙어는 서로 사촌지간이나 될란가도 모르는데 나는 이때껏 빙어는 먹어보질 못했다.

　　찬물고기 중에는 뱅어와 함께 잡히는 물매기라는 고기가 있다. 사람 못생긴 것을 두고 '밟아 잡은 매기 같다'고 하는데 말 그대로 이놈은 생긴 것이 똑 바보같이 주댕이 헤- 벌어지고 흐물흐물하여 생선다운 맛이 없다. 그러나 추운 겨울에는 반가웁기 이를 데 없는 손님이 바로 이놈이다.

　　물매기는 끓여야 한다. 물 흥덩흥덩하게 붓고 무 삐져 넣은 다음 고춧가루 얼큰하게 풀고 끓이노라면 그놈의 달착지근하고 반가운 냄새가 부엌에서 방안으로 흘러 들어와 사람 마음을 얼마나 흐뭇하게 하던지 그만 신 침이 바보같이 지르르- 입 안에 고이는 것이다.

　　물매기 국은 찬지름과는 뗄래야 뗄 수가 없는 국이다. 물매기 국을 끓여서 그냥 먹을라치면 이건 천하없어도 맹탕인데 희한하게도 그놈의 찬지름만 몇 방울 들어가 놓으면 그만 세상이 벌컥 뒤지어지는 것이다.

　　찬지름이란 것은 휘발성이 강해서 펄펄 끓는 데 넣으면 김과 함께 고소한 맛이 빨리 달아나므로 불 내리고 제각기 그릇에 퍼 담은 다음 먹기 전에 몇 방울 떨어뜨려야 한다.

　　육고기든 뭐든 거의 모든 고기가 껍질이 맛있는 건데 물매기는 특히나 껍질이 최고다. 구수한 멀국을 몇 번 떠먹어 입 안을 진정시킨 다음 껍질을 쭈욱 걷어 올려 한입 넣고 우물거려보면 그 뜨끈뜨끈하고 흐물흐물하고 부드러운 맛이라니!(말만 듣고 물매기국을 처음 먹는 사람 중에는 그 흐물거리는 맛이 이상하여 입 안에 넣었던 것을 그냥 뱉어 내기도 한다.)

물매기국은 술국으로 아주 그만인데 큰 놈은 탐진 강아지만씩이나 하고 작은 것은 쥐 같다하여 쥐 물매기라 한다. 쉬 물가고 값이 헐해서 몇 마리씩 잡으면 팔지 않고 이웃과 나눠 먹기 부담스럽지 않은데, 그도 많으면 다루어서 말려 두었다가 겨울 반찬 없을 때 양념 발라서 밥 위에 쪄 먹는다. 생으로 국 끓이면 그렇게 부드러운 것이 말려서 쪄 놓으면 또 그렇게 쫀득거리고 맛있을 수가 없다.

겨울 짧은 해에 물기 많은 것을 말리니 제대로 마르지 않고 속은 으레 곯기도 하는데 사람마다 다 식성이 다르겠지만 나는 이 약간 골코롬한 것이 더 맛있게 느껴진다.

참, 또 한 가지! 물매기 뼛다구는 개가 잘 먹지 않는다. 옛날 어떤 사람은 '개 보기 싫어서 낙지 사다 먹는다'고 했는데 이 물매기는 개를 주고 싶어도 뼈가 물러서 자근자근 씹어 그 속에 든 연골을 쭉쭉 빨아먹고 버리면 개 먹을 것이 도통 없는 것이다.

생각해 보면 하고 많은 물고기 중에서도 물매기만한 덕목을 가진 놈도 드문 것 같다. 값싸지, 맛있지, 속 풀어 주지, 이웃과 나눠먹기 좋지, 무엇하나 취하지 않을 게 없는데 시방은 물매기마저 잘 잡히지 않으니 다가오는 겨울이 더욱 춥지 않을 수가 없다.

가마솥 콩물 줄줄이 흘러 넘치던 겨울

핏풍커녕 좆풍도 아니다

조정래의 『태백산맥』을 임권택이 영화로 만들다가 이가 없어서 그 장면을 못 찍고 이를 구한다는, 철 지난 주간지 기사를 보다가 엎드려 한창 숙제에 열중인 딸애의 머릿속을 헤쳐 본다. 이 잡아 준 지가 오래 돼서 한두 마리 정도 나옴직한데 이는 보이지 않고 숙제를 하는데 괜히 방해를 하는 줄 아는 딸에게서 지청구가 돌아온다. 일주일에 두세 번씩 스스로 머리 감고 씻을 줄 아는 나이가 돼서인지 머리에 이가 그렇게 끓지 않은가 본데 이 잡아주는 재미 한 가지 줄어드는가 싶어 그것이 섭섭하다.

  소설을 영화화하는 것은, 서편제 정도라는 소문이 나지 않는 한 보지 않으려고 작정했던 터라 『태백산맥』이 이를 사실적으로 찍었는

117

지 찍었으면 몇 마리나 갖다 놓고 찍었는지 내 알 바 아니지만 당시 촬영팀이 변산쯤 와서 찍었더라면 나는 아마 큰 돈을 벌었을 것이다. 이 한 마리가 없어서 중요한 장면을 재현하지 못할 때 딸애를 비롯하여 그 친구들 머릿속에는 이가 수십 마리씩 버글거리고 다녔으니까 말이다. 주간지 기사 내용대로 마리에 만 원씩을 받는다면 기십만 원 정도는 아주 쉽게 거머쥐지 않았겠는가?

얼마 전에 그 딸애를 데리고 미장원에 갔는데 눈 밝은 미용사 덕분에 딸애 머리에서 이 한 마리를 잡을 수 있었다. 그 이가 바로 만 원짜리인 줄은 모르고 생전 처음 보는 것인 양 이 아가씨 호들갑을 떨어대는 통에 여러 손님들 보는 데서 아내가 대단히 창피를 당했던 모양이었다. 집에 와서는 딸애를 보고

"야, 너 때문에 엄마가 얼마나 챙피했는지 알어? 얼른 목욕탕에 가서 머리 감고 이리 와 봐."

그러니 오 학년짜리 딸애는

"엄마가 챙피헝가? 내가 더 챙피허지."

볼이 부었다. 딴엔 맞는 말이다. 이 잡는 것이 중요한 오락이던 시절이 가고 말았으니 어른이나 아이나 창피한 것은 당연하겠는데 사려 깊은 그 미용사, 손님 하나 놓친다는 것도 알았을까?

가만! 겨드랑이 밑에서 무엇이 꼼지락거린다. 개미도 아닐 것이고 파리는 더욱 아니다. 이놈은 어쩌면 이인 줄도 모르겠다. 슬그머니 손을 넣어 보니 도망간다. 그렇다면 옷을 훌렁 벗어서 이나 좀 잡아 볼까? 아니다. 이따 저녁 먹고 잘 때 등잔불 밑에서 잡자. 머릿니

든 옷이든 몇 마리쯤 잡을 수 있겠으면 그걸 실습으로 아내와 딸애에게 이 잡는 법을 강의하리라.

 소 잃고 외양간 고치는 격이라, 볼 창피 다 봐서 좀 늦은 감이 있지만 이 잡는 법을 가르쳐서 다시는 미용사에게 창피당하는 일이 없도록 해야겠다. 그것이 가장된 사람의 당연한 의무일 테니까.

머리에 있는 이는 무조건 머리를 감은 뒤에 소탕해야 한다. 칙칙하게 우거진 건조하고 냄새나는 머리 숲은 이놈들에게는 최적의 은폐물이 돼나서 적이 나타나면 번개같이 숨을 수 있기 때문이다. 몸길이 기껏 3.3mm 정도인 놈들이 머릿속에 숨어서 쪽쪽 피를 빨고 있다가 사람의 손에 노출되는가 싶으면 머리카락과 머리카락을 타고 아주 신속하게 이동해 버리곤 하는데 이런 놈은 놓치기가 쉽다. 하룻밤 사이에 열두 명 정도의 사람 몸뚱이를 샅샅이 감상할 수 있는 능력이 있는 놈이란 것을 감안하면 그 빠르기를 능히 짐작할 수 있을 것이다.

 그러나 일단 머리 숲에 물이 묻으면 이놈들에게는 다리에 기름 묻은 격이 되어서 숨지도 도망가지도 못하게 된다. 그러니 일단 머리를 감은 뒤에 물기를 대충만 제거하고 얼레빗으로 머릿결을 고른 다음 참빗으로 가닥가닥이 빗겨내야 하는 것이다.

 그런 다음 손으로 헤쳐 봐서 혹시라도 숨어 있는 놈들이 있으면 잡아내고 다시 한 번 참빗질을 하고 마무리한다. 이렇게 이틀에 한 번씩 세 번을 반복하면 머릿니는 걱정을 하지 않아도 된다. 단 여기서 하나 주의할 것은 머리에 이 있는 애들하고는 아무리 친구라 해도 머리를 맞대고 놀게 해서는 안 된다.

　다음은 옷의 이다. 요새는 여간해서 옷의 이는 눈에 띄지 않으므로 옷의 이를 재미있게 잡으려면 속옷이나 겉옷이나 간에 한 달쯤 입어서 냄새가 나게 하여 이를 많이 키워야 한다. 이가 많이 생기면 온 몸이 군실군실해지는데 이런다고 몸을 함부로 긁으면 안 된다. 이가 옮기는 발진티푸스, 재귀열 같은 전염병은 긁은 상처를 통해서 감염되기 때문이다.

　몸에 이가 끓으면 어떤 일을 열심히 할 때는 잘 모르는데 가만히 앉아 있으면 목덜미쯤에서 뭣이 살살 기어가는 느낌부터 받게 된다. 이럴 때 긁지 말고 좀더 놔 뒀다가 몸이 스멀스멀해지고 못 견디겠어서 이란 확신이 서면 손을 가만히 넣어서 옷과 살의 간격을 벌려야 한다. 이래서 옷에 이가 붙을 수 없게끔 하고 손으로 눌러서 잡아내면 된다.

　이런 놈은 대개 몸집이 좀 크므로 가지고 놀다가 죽여야 한다. 코딱지 동글리듯 엄지와 검지 사이에다 놓고 기절하지 않을 정도로 동글려 보면 꼼지락거리는 손맛이 여간 아니다. 가끔 움직이지 않으면 기절했는지 살피면서 놀다가 싫증나면 그 때 처리하면 될 것이다.

　낮에는 이렇게 몇 마리 정도 잡아내고 견디다가도 밤에는 갑호 비상을 걸어서 일제 소탕 작전을 벌여야 한다. 자고 있는 인간 몸뚱아리가 이란 놈의 전용 뷔페 식당인 셈이니 잠 못 자고 외상 장사할 필요가 없기 때문이다.

일단 저녁을 먹고 자잘한 일까지 마치면 마실을 가지 않는 한 곧 자야 하는데 이 때 등잔을 끌어 당기고 심지를 돋궈 조명을 터트린 다음 작전에 돌입, 막 활동 개시 직전의 도둑들 소굴을 수색해야 한다.

겉옷을 벗고 속옷을 벗는데 이 때 주의해야 한다. 사람들의 옷 벗는 버릇, 세수하는 버릇, 양말 신는 버릇, 코 만지는 버릇처럼 일상으로 자질구레하게 이루어지는 버릇들은 사람마다 다 다른데 혹시 속옷을 확 뒤집어 벗는 버릇이 있는 사람들은 그러지 말란 말이다.

먼저 모가지를 가만히 빼서 몸통을 벗은 다음 왼팔을 빼서 잘 아무려 놓고 오른팔은 서서히 뒤집으며 뺀다. 그러면 거기서부터 이가 보이기 시작할 것이며 바야흐로 무엇과도 비교할 수 없는 이 잡는 재미를 맛볼 수 있을 것이다.

처음 몇 마리 눈에 띄는 이를 잡아서 방바닥에 놓고 툭툭 소리가 나게 엄지 손톱으로 눌러 죽인다. 간혹 가다가 정말 보리알만씩한 놈이 있으면 이놈은 빨리 죽이지 말고 호롱뚜껑의 석유기름이 있는 데다가 놓아서 기름을 좀 먹인다. 결코 도망가지 못할 테니 안심하고.

다음엔 바느질한 부분을 세세히 살펴야 한다. 이런 곳에는 보통 서캐에서 갓 깬 듯한 어린 이와 서캐가 수도 없이 박혀 있기 마련이어서 일일이 손으로 잡기가 어렵다. 이 때 가장 좋은 방법은 서캐가 있는 부분의 옷을 한 번 접어서 입에 넣고 어금니로 꼭꼭 씹는 것인데 으드득 으드득 서캐 터지는 소리가 마치 깨 볶는 소리처럼 그렇게 고소할 수가 없다.

이런 식으로 나머지 팔과 몸통을 잡아내면 되고 마지막으로 바늘을 하나 준비하여 호롱에서 석유기름을 먹고 죽은 보리 같은 놈을 바늘에 꿴다. 이놈을 호롱불에 대 보라. '피시시시……' 하다가 툭! 터지며 타는 모습은 실로 통쾌하여 그 동안에 피를 빨리며 긁적댔던 것을 충분히 보상하고도 남을 것이다.

그 옛날 나와 누님이 이렇게 이를 잡고 있으면 아버지는 담배를 말아 자시며 쿨럭이고 어머니는 바느질을 하시거나 간혹 소반을 들여 놓고 콩나물 콩을 고르시는데, 이 태워 죽인 그 바늘에 콩을 꿰어서 호롱불에 구워 먹는 우리를 보시면 어머니는 "옛놈이 밤새 바늘에 콩을 꿰어 구워 먹으니 꼭 하가리 한 되(깎은 한 되)이더라" 말씀하시곤 웃으셨다.

독고리는 이 잡기가 참 어렵다. 이란 놈이 성긴 올 사이사이에 숨어 버리기 때문에 뵈지를 않는 것이다. 이런 놈은 잡는 방법이 있다. 화로를 가져다 놓고 마주 앉아 화로 위에서 옷을 팽팽하게 당겨 불을 쪼이면 옷 위로 이가 슬슬 기어 나오는데 이 때 한 마리씩 주워서 불에 던지면 간단한 것이다.

이는 매일 잡으면 좋지만 어쩌다 하루씩 건너뛰는 날 용케 제 세상 만났다는 듯 이란 놈 물정 모르고 신나게 여기저기 뷔페식을 골라 드시는데, 이런 날 밤은 어쩐지 하찮고 허전하여 일어나 보면 초저녁에 분명 입고 잤던 옷이 다 없어지고 꾀가 벗겨져 있던 것이다. 가려워서 긁어대고 잠을 잘 자지 못하니 뒤늦게 아버지가 옷을 벗겨 이를 잡으시고는 다시 입히지 않았던 것이다.

참! 이를 잡다가 조심해야 할 게 한 가지 있으니 호롱에 너무 가까이 가지 말라는 것이다. 잘못하면 버러럭 하면서 앞머리를 다 태울 수도 있기 때문이다.

손 안 대고 이 잡는 방법도 있다. 이 방법은 이가 너무 많아서 다 잡을 수 없을 때 사용한다. 옷 벗는 방법부터가 다르다. 이 방법은 옷을 홀렁 뒤집어서 벗은 다음 차디찬 문 밖 마루에 내놓기만 하면 되는데 아침에 일어나 보면 이가 기어나와서 하얗게 얼어 죽어 있는 것이다. 마루에 개 올라오지 못하게 해야 되며 머잖아 옷을 한 번 빨아야 할 것이다.

이 란 놈 마 루 에 서 사경을 헤매며 강시가 되어갈 때 나와 누님은 홀랑 벗고 엎드려서 머리까지 이불을 둘러쓰고 낮에 쪄 놓아서 식어 버린 찌끄러기 고구마 꼬랑댕이를 쪽쪽 빨아 먹으며 히히닥거리는 것이다. 잘 차례에 차디찬 고구마 퍼 먹는다고 아버지의 꾸지람이 내리기도 하지만 크고 좋은 고구마는 퉁가리 속에 아끼고 찌끄러기 고구마 삐득삐득하게 말려서 몇 가마씩 담아 놓고 겨울까지 먹던 그 말랑말랑한 단맛은 지금 시장에 나오는 보기 좋은 밤고구마 구운 고구마하고는 격이 다른 것이었다.

먹을 것 없던 때라 그런지 저녁밥 먹은 것 눈 녹듯이 삭아 버리고 이 잡고 나면 금방 또 굴풋해져서 한 차례씩 무 싱건지 곁들인 고구마를 먹지 않으면 잠이 오지 않았는데 겨울 긴긴 밤 윗목의 고구마 퉁가리는 정말 크나큰 위안이었다.

누구라도 마실을 오는 날은, 어머니는 으레 무 구덩이에서 무를 꺼내 바구니에 담아 내오신다. 쭉쭉 뻗은 왜무 하나씩 잡고 칼을 돌려가면서 깎아서 먹는 그 시원하고 서근서근하고 달짝지근한 맛도 잊을 수가 없다. 무는 먹고 나면 천하없어도 트림이 나오는데 어머니는 "무시 먹고 트림 안 하면 동삼 먹은 폭이라네" 해서 나는 트림을 하지 않으려고 헛애를 쓰기도 했다.

강추위가 있는가 싶으면 셋째 형님은, 쥐 타지 말라고 부엌 빗자룻감 수수 모가지 다발 대롱대롱 매달아 놓은 뒤안 석류나무 가지 사이에 고구마를 끼워 놓으시곤 했다.

그렇게 얼린 고구마는 방칼이나 학생복 호주머니 단춧구멍에 노끈으로 매달아 넣어가지고 다니던 집칼 꺼내어 손 호호 불어 가며 깎아서 쥐처럼 야금야금 갉아 먹으면 그것은 또 얼마나 맛있었던지. 눈 속에 묻어 놓으면 더 빨리 얼 것 같아도 천만에, 눈 속에는 하룻밤 내내 묻어 놓아도 고구마가 얼지 않는다.

셋째 형님은 또 쥐덫으로 쥐를 잘 잡으셨다. 저녁 쇠죽 끓이는 것이 형님의 일이었는데 쇠죽 끓이는 아궁이에 장작불이 붙으면 그 앞에서 여러 가지를 만드셨다. 쥐덫 구워서 냄새를 없앤 다음 참기름 바른 고구마 미끼 끼운 다음에 쥐 잘 다니는 곳에 쥐덫놓기, 대나무 스케이트 불에 오그려서 만들거나 썰매 만들기, 쥐껍질 벗겨 말려 놨다가 귀마개 만들기……. 이 무렵 구운 쥐고기와 참새고기 많이 먹은 것도 다 이 형님 덕분이다.

수수방아 찧어서 두엄자리 옆의 눈을 쓸어버리고 키로 겨를 까

불고 나면 바작 가져다 참새 덫을 놓으시는데 개를 정지간에 몰아넣고 퇴창문 틈으로 같이 살펴보면 참새란 놈이 저기 들어간다.

이놈들은 겁이 많아서 처음부터 절대 먹이 앞으로 우–하니 달려들지 않는다. 어쩌는가 본다고 한 놈이 먼저 들어갔다가 나오고 또 두 놈이 들어갔다가 날아나와서 울타리에 앉아 뭐라고 씨부렁대고 그러면 다른 데서도 몇 마리 더 날아오고 이제는 다들 바작 덫 안으로 들어가서 껌적껌적 외양간의 소 눈깔과 풍경소리에도 경계를 하며 먹이를 쪼아 먹는데 그래도 몇 놈은 밖에서 서성대는 것이다.

이런 놈까지 잡으려고 기다리다가 괜히 사람이라도 오는 날에는 안에 든 놈까지 놓치므로 이제 마루 끝으로 방문 틈으로 팽팽히 당겨 놓은 줄을 번개같이 잡아다닌다. 걸렸다!

바작 위에 돌을 눌러 놨어도 뛰어나가서 발로 지근지근 바작을 밟으면 삑삑 참새 창자 터지는 소리가 나는데 이렇게 잡은 참새를, 쇠죽 아궁이 잉걸불 끄집어내어 석쇠 놓고 소금 발라 구워 놓으면, 암소 등에 앉아 니 고기 열 점과 내 고기 한 점을 안 바꾼다던 참새란 놈 했다는 말이 비로소 이해가 가는 것이다. 그만큼 참새고기는 맛이 있다.

누님들은 그릇 깨 먹는다고 참새고기를 못 먹게 하셨는데 그런데도 어머니는 참새고기를 잘만 자시던 것이었다. 워낙 맛이 있으니 여자들은 못 먹게 하려고 지어낸 말 아닌가 생각된다.

어려서부터 손 재간 좋았던 셋째 형님은 오학년 때인가에 학교 그만 때려치우고 집에서 나무를 하시더니 나뭇지게도 때려치우고 서울로 가 남의 밥 먹기 이십여 년, 자수성가하여 지금은 먹고사는 데 걱정이 없으신 듯하다.

이 잡는 이야기를 아직 덜한 것 같다. 우리 집에 자주 다니시던 '구럭할매'란 분이 계셨다. 같은 면의 대항리에 사시던 할머니라 기억이 나는데 구럭에다가 조달물, 참빛, 색실, 바늘 같은 물건을 담아가지고 다니며 파시는 방물 장수 할머니였다.

허리가 구부러진 아주 조그마한 할머니가 조그마한 구럭을 메고 다니셔서 나와 누님은 구럭할매라 불렀고 식구들도 모두 그 이름으로 불렀는데 문전 나그네 흔연 대접하던 아버지 어머니 심성으로 동네에 오시면 으레 우리 집이 당신이 묵는 곳이었다.

구럭 할매도 다른 집으로 갈 생각을 하지 않으셨고 또 아버지나 어머니가 애초 그걸 보고 견딜 양반들이 아닌지라 안 오시면 기다려지고 오시면 아예 며칠씩 묵으시면서 눈 녹기를 기다리기도 하였다.

무척이나 정갈하셨던 이 할매가 우리 이를 참 많이도 잡아 주셨다. 눈이 밝으셔서 밤에도 이를 잘 잡으셨는데 나와 누님의 옷을 벗겨서 일일이 이를 잡아 주시고 어디 떨어진 데가 보이면 그냥 지나치지 않고 꼭 꿰매서 입혀 주시던 것이다.

우리가 이불을 뒤집어쓰고 식은 고구마를 먹고 있으면 구럭 할매는 이를 잡으시거나 바느질 하시는 어머니와 도란거리는데 내가 가끔 등허리를 좀 긁어 달라고 어머니를 조르면 어머니는 "손 꺼끌꺼끌한 너그 아버지한테 긁어 달래라"고 하시는 거였다. 아버지는 그 넓은 손으로 서너 너댓 번 내 등을 쓱쓱 쓸어 주시고 손바닥에 담배침을 튀튀 뱉으셔서 다시 몇 번 더 쓸어 주시는데 그러면 침이 마르면서 얼마나 시원했던지 모른다. 행여 어린 살이 긁히면 상처가 나고 덧날까 봐서 약침을 발라 주신 거였다.

나도 지금 침 발라서 애들 등을 긁어주고 한 발 더 나아가 후후 불어 주면 딸애들은 매번 그렇게 해 주기를 바라며 아주 좋아하는데 사람의 침이 얼마나 큰 약인지 모르는 아내는 옆에서 "추접스럽기는……" 어쩌구 하며 눈을 흘긴다.

그러거나 말거나 다음에 또 침 발라서 긁어 주마 하며 고만 긁는데 셋째 딸애는 자꾸만 더 해 달라고 졸라 댄다. 나도 자꾸 더 긁어 달라고 만만한 어머니를 조르면 어머니는 내 등을 긁어 주시며 구력 할매와 함께 이런 이야기를 해 주셨다.

옛놈이 딸 하나 있는 것 시집 보내 버리고 홀애비로 사는디 하루는 딸네 집에를 갔던가 보더라. 누가 빨아 줄 사람이 없으니 입고 간 옷은 땟국이 흐르고 이는 끓어서 자꾸만 긁어 대는디 사돈 앞이라 챙피헐까 봐서 딸이 지 애비를 보고

"아버지, 작년에 옮았던 피부병이 도지셨는가 보오?" 이러니

"핏풍캥 좃풍도 없는디 이가 십진을 허고 댕겨서 이런다"고 했드라.

이야기에 팔려서 등 긁히는 맛도 잊어버리고 이제는 이야기를 조른다.

"하나만 더 히 주소, 하나만 더 히 주어, 응?" 내가 하도 귀찮게

조르면

"막둥아, 이얘기 좋아하면은 가난허게 산단다." 이러시면서 구럭할매 보고 한 자리 해 달래라고 떠미셨다.

다음은 구럭할매의 이야기이다.

아, 산중놈이 들판 딸네집을 가서 밥을 먹는디 사돈 왔다고 떡 허고 엿 허고 혀서 함께 내왔뜨란다. 딸이 옆에서

" 아버지, 떡 찍어 잡수요." 말허고 거므스름헌 엿을 밀어 준게 이놈이 한 번 찍어 맛을 보고는 헌다는 소리가

"아따, 삼사 동네 다 댕김서 먹어 봐도 이렇게 단 간장은 처음이네!" 이러드란다.

가물거리는 호롱불과 쿨럭이는 아버지의 기침 속에서 겨울밤이 깊어 갔다.

이따 저녁에
청국장이나 끓여서…

가을일은 서둘러서 득볼 게 없다지만 추석 지나고 구시월 찬바람에 비라도 혹 우박이라도 오는가 싶으면 자연 일손은 바빠진다. 논일이야 나락 베어 내고 보리 갈아 버리면 끝이지만 밭일은 그렇지 않아서 콩 걷고 마늘심기, 고구마 캐내고 보리갈기가 여간 바쁜 게 아니다.

  입동 전에만 묻어 달라는 보리는 늦으면 미처 뿌리가 꽉 박히지 못해 겨울에 얼어 죽기가 십상인데 일이 늦어지기 시작하면 고구마 캐내는 것부터 때를 놓쳐 한로·상강 지난 무서리에 잎이 데쳐진 듯하기도 하고 지짐거리는 비로 기온이 떨어져 물이라도 얼면 땅 속에 든 고구마도 함께 언다. 고구마는 얼면 물이 흐르고 점차 썩어 가므로 통가리를 할 수가 없어 겨울 한철 양식을 버리기도 한다. 이러니

밭 마지기나 있는 사람들은 가을 짧은 해 무쪽 하나를 제대로 베어 먹지 못하고 찬바람에 옷깃을 여민 채 종종걸음을 칠 수밖에 없다.

남자들의 가을일은 짚 엮어서 지붕 이고 섶 쪄다가 울타리 해야 끝이 나지만 여자들은 김장까지 해야 비로소 안심하고 방 안에 들어앉을 수 있다.

바쁜 일 속에서도 가을 이맘 때 어머니들이 하시는 게 있으니 청국장이다. 콩을 걷어서 두드려 보면 갓투 먹지 않은 해는 대글대글한 콩이 참 보기 좋고 옹골진데 이 중에서 메주나 두부, 콩나물 길러 먹을 것들을 요량해 본 다음 한두 되 덜어내서 청국장을 담근다.

한나절 푹 삶은 콩을 지푸락 펴고 시루에 담아 따뜻한 아랫목에 한 삼 일 띄우면 쿰쿰한 냄새와 함께 끈적끈적한 실이 느른하게 빠지는데 여기에 알맞은 소금간과 고추 갈아 놓은 것, 마늘 까놓은 것을 함께 넣고 찧는다. 이 때 덜 찧어서 반토막난 콩이 좀 섞여 있어야 그놈 깨물어 먹는 맛이 좋지, 얌전 낸다고 박박 찧어대면 힘은 힘대로 들고 맛은 맛대로 없다. 마늘 고추 소금간이 되어 있으니 끓일 때 두어 수저 떠 넣고 끓이기만 하면 되는데 아무리 적게 해도 이웃집에 한 대접 돌리지 않는 법이 없었다.

이 때쯤이면 바다의 어장도 끝나는 때여서 김장하라고 보리새우, 시원하게 술국 하라고 물메기 같은 찬물고기가 조금씩 나오고 쏙이 나온다. 바로 이 쏙을 한 주먹 골라 넣고 무 뻐쳐 넣고 청국장을 끓이면 맛이 그럴 수 없이 좋았다.

끓이는 것도 물론 딴 솥에 점잖게 끓이기도 하지만 보통은 시커

멓게 그을린 쪼그라진 냄비에 밥 하는 아궁이의 불을 끄집어 내서 거기에 올려놓고 끓이던 것이다. 불 땐 아궁이 속에서 끓이니 꼭 불단도가니 속에서처럼 빨리 끓는다. 쏙 씻어 넣고 청국장 떠다 넣고 이개면 무 삐져 넣기도 전에 벌써 가장자리는 끓기 시작한다. 채전밭 가차이 있으면 몰라도 그렇지 않으면 고샅에 노는 아이들 불러 김장무 몇 개 뽑아 오라고 미리감치 시켜야 할 것이다.

좀 덜 탄 나뭇가지 잉걸불 연기에 눈물을 훔치면서도 무는 썰지 않고 바쁘게 삐져 넣었으니 그렇게 끓인 청국장 냄새라야 고샅에 얼굴 내놓고 다닐 수 있는 것이다. 해 가는 줄 모르고 놀던 아이들도 이 냄새가 풍기면 부르지 않아도 밥 먹으러 자기 집으로 뛰어간다.

청국장도 이렇게 햇콩 거두어서 해야 맛이 있는데 집사람은 때를 모르는지 일이 옛날보다 바빠서인지 시키지 않으면 청국장 한 번을 해 주지 않는다. 콩을 거둔 지금이 꼭 청국장 해 먹을 때인데도.

섣달 그믐이 다가오기 전이라도 두부는 한 번씩 해 먹는데 이 두부는 한 번 하기가 여간 번거로운 것이 아니다. 작년에 쓰고 광 선반에 올려놨던 기구들을 내려서 깨끗이 닦아야 하고 따뜻한 물에 하루 정도 불린 콩을 갈아야 한다.

한 판의 두부는 보통 콩 닷 되 정도를 써야 되는데 두부판이 없으면 소쿠리 같은 데도 받치니 꼭 닷 되만 하라는 법은 없을 것이다. 그렇지만 한 번 하기가 그중스러우니 조금씩은 하지 않았다.

콩 닷 되 정도를 갈려면 아마 잘 먹는 내로는 두 시간 정도 갈아

야 할 것이다. 이렇게 간 콩을, 미리 불을 때 놓은 가마솥에 끓이고 거품을 삭혀서 삼베 자루에 짠다. 이러면 두부를 하는 헛청에는 김이 꽉 서려서 앞이 잘 안 보이는데 마지막 한 방울까지 콩물을 짠 다음 간수를 치고 고루 잘 저어야 한다. 톱톱한 콩물에서 두부가 엉키며 물이 맑아지는 게 신기하다. 물이 맑으면 두부가 잘 된 것이다.

이번에는 틀이나 둥근 대소쿠리에 얇은 보자기를 펴고 엉킨 순두부를 퍼 담아 물을 빼며 함께 조력하던 이웃 분들은 주변의 어지러워진 것들을 치운다. 두부 하는 일이 이렇게 대충 끝나 가면 수저 하나씩을 들고 아까 한 양푼 퍼 놓았던 순두부를 먹는데 적당하게 익은 김장김치 웃짐 얹어서 먹으면 그 짭조름하고 구수한 맛에 배가 부르고 속이 다 편안했다.

두부를 벤다. 물이 너무 빠지면 딱딱하여 낭창낭창하고 부드러운 맛이 없으므로 적당하게 물 빠지는 것을 살펴보고 베는데, 베어서 한 판 삼십여 모 중 이십여 모 정도만 물에 담그고 나머지는 식기 전에 사발에 두어 모씩 나눠 담아 아주머니들을 그냥 가시게 하지 않았다.

눌린 두부는 순두부 먹을 때와는 달리 김치에 꼭 참기름을 한 방울 떨어뜨려서 먹어야 제 맛이 난다.

두부를 얻으면 아주머니들은 아무도 안 보게 가져다가 부뚜막에 사알짝 놓고, 애를 불러 막걸리 한 주전자를 받아 오게 한다. 그런 다음 오늘따라 술도 안 먹고 아까부터 입이 말라 출출하게 앉아 있던 남편이 시방도 그대로 있는가 어디 나갔는가 삐쭉이 정지문 새로 내다보고는 쟁반에다가 두부 김치, 술잔 하나, 저분 한 모 얹어서 술 주전자와 함께 들고 남정네 앞으로 간다.

　우리 어머니도 남의 집 두부를 얻어 오시면 꼭 이러셨으니 옛날 아주머니들 열이면 열 거의 다 남편 앞에 술 쟁반을 밀어 놓으며 이런 말이 오고 갔을 것이다.

"예? 여그 좀 보시오."

"무엇……?"

"아, 이리 와서 이것 좀 잡숴 보란 말이요."

"어디서 그런 것이 다 났디야?"

"옆집 두부 허는디 갔더만 한 모 줍디다."

"놓아 두었다가 아그덜이나 주지……."

"한 모 냉겨 놓았응게 이따 저녁에 청국장이나 낄여서 ……."

　촐촐했던 남정네가 두부 한 모에 따라 주는 막걸리 두어 잔, 아내 옆에서 먹고 나면 담배 한 대 말아 붙이고 트림 한 번 꺼억 하고 인제 호기롭게 마실을 갈 것이다. 이런 남정네의 바깥 일이 뭐 한 가지 안 될 일이 있겠는가? 사람이, 있다고 잘살고 없다고 못사는 것이 아니었던 것 같아서 어머니 적 시절을 다시 생각해 본다.

콩으로 만든 청국장에 콩으로 만든 두부를 넣고도 끓이니 콩자반에 콩나물에 된장에 간장에 순 콩반찬인 셈이라 쇠고기 먹는 것과 별로 다름이 없겠지만 지나치기 아까운 게 또 하나 있다. 비지가 바로 그것이다.

　콩 갈아서 끓일 때 거품 삭으라고 뉘미겨 대신 돼지 비계 한 덩어리를 떼어 넣는 까닭은 바로 이 비지를 소나 돼지 주지 않고 사람 먹는 반찬 만들려는 데 있다.

이 비지에 된장을 조금 섞어서 열흘이나 스무 날쯤 아랫목에 띄운 다음, 퍼서 냄비에 보글보글 찌개로 끓이면 더없이 맛있는 반찬이 된다. 특히 외대파 큼지막하게 많이 썰어 넣고 김치나 시래기 좀 넣고 고춧가루 벌겋게 끓이면 한 수저씩 푹푹 떠서 밥 치대 먹기 그만인데, 끓일 때 돼지 비계 몇 점만 넣을 수 있다면 지금은 누가 눈도 안 떠보는 돼지 비계 몇 점만으로도 이렇게 맛있을 수가 있구나 하고 고개가 끄덕여질 것이다.

간혹 비지찌개 한다는 음식점이 눈에 띄여 비지찌개를 시켜 본다. 웬걸, 그럴 턱이 없는 것이 이건 생비지인지 생콩을 간 것인지를 그냥 시래기 넣고 끓여서 그걸 비지찌개라고 내온다. 아마도 사람들 식성이 지금은 다 그렇게 변했는가 보더라마는 천만의 말씀이지. 제대로 하기만 하면 그 집은 원조 비지찌개 집으로 이름을 떨칠 것이다.

한가한 이야기인 줄 몰라도 청국장과 비지찌개 둘 중 하나를 택하라면 나는 단연 후자이니 비지찌개는 청국장보다도 더 허물없는 반찬이어서 좋기 때문이다.

일전에 순천의 낙안읍성 민속 마을에서 남도 전통 음식 오백여 가지를 만들어 전시하여 축제를 벌인다기에 일 끝내고 밤길을 달려서 가 보았다. 남도라는 데가 애시당초 중앙 정치하고는 거리가 먼 데라 궁중 음식이나 고관 대작의 그것을 기대하지는 않았고 서민이나 중인들의 시대별 계절별 음식 변천사쯤은 기대를 했는데, 출품된 음식이 거의 다 어지러울 정도로 현란하여 놀라기만 했을 뿐이다.
　　전시된 음식들이 궁중 음식이나 고관 대작들의 음식에 버금가더라는 이야기가 아니다. 나는 그걸 비교해 볼 능력도 없고 또 비교해 본들 뭘 어쩌겠다는 것이 아닌 단순한 관심이었을 뿐인데, 그 음식들에 소요되는 재료와 만들어진 과정을 어림해 보니 감히 누구도 선뜻 만들어 보겠다고 나서지 못할, 설사 만들어 본다고 해도 공력이 아까워서 먹을 수도 없고 두고나 보아야 할 것이더란 이야기다.
　　살기가 편해지면 먹는 것 치장부터 한다지만 그것들의 현란함 앞에서는 음식이 본디 가졌을 단순 소박성이나 절약성은 생각할 수도 없고, 시장이 반찬이라는 만고의 진리는 보기 좋은 떡이 먹기도 좋다는 현시성 앞에 여지없이 무너지던 것이었다.
　　그러나 저러나 그렇게 음식을 전시해 놓고 따로 난장을 터서 음식을 파니 읍성의 전통 음식 축제가 그야말로 먹는 빛 천지였는데 운전을 하고 오기도 했지만 혼자는 어디 쑥 들어가 술 한잔 사 먹자 할 수도 없어 한나절을 쫄쫄 굶었다.
　　그러다가 진도 다시래기 기능 보유자들의 신명난 북춤을 보고 뺑파전의 심황후 심봉사 상면하던 장면도 보았는데 그만 그 대목에서 주책없는 눈물이 나와 버렸다. 음식 축제 보러간 게 아니라 결국 울러 갔던 격이 돼 버렸는데 신천없이 그렇게 한바탕 줄줄 울고 나니 기분이 좋아져서 날아갈 것만 같았다. 역시 남도는 예향이었다.

쭈꾸미 철 지나기 전에
한번 모태세

퇴창문 — 바람벽 밖으로 쑥 내밀도록 물려서 낸 창
부젓 — 불젓가락

날이 선득선득해지면 화롯불을 담아 놓기 시작하는데 이 화롯불 부젓으로 잘 눌러 놓은 위에는 숭늉 양푼을 걸쳐 놓는다. 적당히 따뜻한 곡기 있는 숭늉을 언제라도 먹을 수 있으니 뱃속도 정말 편안하다. 가끔씩 냄비를 올려놓고 뒤안 바람벽에 매달았던 아주까리 잎 떼어 내려 볶기도 하는데 한 번 삶아서 물에 좀 우린 것이라 참기름 치고 볶아 놓으면 아주까리 냄새가 참 좋았다.

   나는 어릴 때도 파 마늘이나 이런 자극적인 음식들을 잘 먹었는데 단, 입은 짧았다. 어머니가 부엌에서 바쁘게 밥 하시다가 화롯불 담아서 마루에 놓고 아주까리 잎 양념해다가 올려놓으면 아버지는 퇴창문을 열고 잘 뒤적거려서 타지 않게 하셨다. 당신이 워낙 좋아하

137

는 음식인데다가 바쁜 어머니 도와 주시느라 그러셨겠는데 밥을 기다리는 내 창자에 퇴창문을 타고 솔솔 들어오는 그 냄새는 정말 입안에 군침이 돌게 하고 배에서는 쪼로록 소리가 나게 했다.

　이렇게 화로의 냄비에 볶는 것은 아주까리 잎싹만은 아니다. 봄에 쭝나무 새순 나올 때, 간짓대에 낫 걸어서 따 말려 놓은 붉고 연한 잎싹은 자반으로도 훌륭하고 아주까리처럼 삶아 볶아도 그만이다.

　철철이 때 놓치지 않고 준비해 놓으면 이렇듯 한 번씩 맛있게 먹을 수 있는데 그러나 그것은 주부의 매운 손끝과 바지런한 품세가 아니라면 기대하기 힘든 음식들이다.

　화롯불 담아 놓는 겨울이면 아버지는 앞장불 뻘밭에 낙지를 파러 자주 다니셨다. 둥근 바구니와 낙지가래를 들고 중우를 무릎까지 걷어붙인 시린 맨발로 잡아 오신 낙지는 당고팽이(당집이 있던 고팽이)나 똘팍겉이 물웅덩이에서 한 번 씻어서 집에 가져오셨는데 항상 바구니가 주먹만씩한 놈들로 가득했다. 당시는 낙지를 생으로 먹는 법이 없었다. 꼭 회쳐서 먹는데 소금 넣고 주물러 씻어서 해감을 뺀 다음 푹 삶아서 옴박지에 무치는 것이다.

　삶았어도 산 것처럼 보이는 것은 아마 낙지일 것이다. 붉게 익은 길다란 발을 잡고 하나씩 꺼내 토막친 다음 큰 대가리는 반을 가르고 작은 것은 통째 넣고 고춧가루 듬뿍 치고 꼭 쪽파 마늘 양념과 왱병에 안쳐 놓은 초를 따라 쳤다.

　이렇게 뜨끈하게 회쳐 놓으면 신 냄새가 폭 솟으며 절로 침이 넘어가는데 그 낙지무침 한 번 먹으면 원이 없겠다는 생각이 든다. 옛날에는 그렇게 무쳐서 식구대로 한 사발씩 담아서 먹었던 것이다.

언젠가 한 번 어머니가 그렇게 낙지를 무쳐서 우리에게 담아 주시며 이런 말씀을 하셨다.

"숭년 때 넘으 집은 끼니를 못 이수아도 우리 집은 너그 아버지가 어떻게 히서라도 죽이라도 먹었다. 그런디 그 죽 낄일 것도 떨어져서 저녁을 안 허고 있응게 너거 아버지가 낙지를 한 바구니 캐 오드라. 지금은 이렇게 낙지를 회쳐서 먹으면 밥보다도 더 든든헌디 그때는 낙지를 끼니를 삼을라고 한 사발썩 퍼놓고 먹응게 눈물이 나서 먹을 수가 있어야지. 그리서 굶고 잔 적이 있었니라."

흉년에 끼니를 이었던 그 많던 낙지가 다 어디로 가고 말았는지 지금은 앞장불 뻘바닥에 낙지 캐는 사람이 없어졌다. 그러나 낙지와 사촌뻘 될랑가 싶은 쭈꾸미는 많이 나온다. 낙지가 겨울에 캐다 먹어야 맛있듯이 쭈꾸미는 정월 그믐 지나고 이월 초생에 잡히는 놈을 먹어야 씨알이 굵고 맛이 있다.

꿰미에 꿴 한 뭇 열 마리가 보통 오천 원 정도이니 값으로도 부담스럽지 않다. 이 무렵 내 술친구들은 나를 보고는 "철 지나기 전에 한번 모태세" 하는데 쭈꾸미 철 다 지나가기 전에 내가 무친 쭈꾸미 회를 한번 먹어 보자는 뜻이다.

내가 하는 쭈꾸미 회는 이렇다. 모태자는 날 친구들 불러 방 안에 앉히고 우선 몇 마리는 깨끗이 씻어 생으로 먹게 한다. 처음 대여섯 사람 되던 것이 먹다 보면 서운한 사람 생각나기 마련이라 여기저기 전화질로 금방 여나믄 명 불어나게 되는데 이러면 다들 생것을 좋아하는 사람들이라 앉은 자리에서 칠팔 뭇 먹어 버린다. 벌써 소주 큰 병 두어 병은 빈 것이다. 나는 부엌에서 "니미럴! 나도 한 잔 주면서 처먹어라!" 욕을 하면 나한테도 크라스 소주잔이 막 돌아온다. 요리도 술 한 잔 들어가서 기가 승해야 잘 되는 것이다.

대가리는 미리 삶아서 푹 익혀야 맛이 나고 발은 살짝 삶아야 연하다. 조미료는 빼 버리고 고춧가루, 쪽파 굵직하게 썬 것, 마늘, 설탕, 간은 소금 간이라야 맛이 있는데 왜간장을 약간 쳐도 무난하다. 그러나 왜간장만으로 간을 해서는 안 된다. 초를 좀 많이 넣고 큰 양푼에 양념을 버무린 다음 여기에 삶은 쭈꾸미를 넣고 뒤적거려야 한다.

이 때 쭈꾸미 발은 미리 적당한 크기로 잘라서 삶아야 되는데 통째로 삶으면 나중에 뜨거워서 썰기도 어렵지만 그러다가 식어 버리니 맛이 떨어지며, 양념을 미리 버무려 놓은 것도 양념할 동안에 식는 것을 막기 위함이다.

쭈꾸미 회는 뜨겁고 맵고 신 맛이 강해야 제 맛이 난다. 매운 맛이나 신 맛은 음식이 뜨거워야 더 강하게 느낄 수 있는 것이다. 이렇게 무친 것은 벌써 몇 점 집지 않아서 이마에 땀이 맺힌다. 알이 가득 찬 대가리는 입 안에 넣고 뜨거워서 씹지를 못하고 얼굴들이 벌겋다. 박상옥이란 친구는 이런 회를 먹지 못한다. 매운 것을 보기만 해도 땀을 흘리는 사람이 돼서 한 점 집어 보지를 못 하는 것이다. 조미료 넣지 않은 맛이 더 깨끗하고, 국물과 몇 점 남은 쭈꾸미에 밥을 비비면 찌끄러기 한 점 남기지 않고 점심으로 떼울 수 있다.

　사실 쭈꾸미 회는 나중 비벼 먹는 이 밥이 더 맛있다. 시고 달고 맵고 짭짤한 양념이 남아 있는 양푼에 밥을 비벼서 착착 한 순가락씩 볼태기 미어지게 떠 먹으면 세상 부러울 것이 없는 것이다. 기껏 몇 천 원짜리 쭈꾸미 몇 뭇으로 사람 열이서 본격적인 농사철을 앞두고 단합 대회를 한 셈이다. 흥이 나면 이백연이란 형을 꼬셔서 삼팔선 시리즈 첫탄부터 내리 칠탄까지 듣는다. '전선야곡'에서 시작하여 '한 많은 대동강'까지이다.

　찬준이란 친구가 새로 개발한 소춤은 웃는 것도 경지에 이르지 못한 사람은 보지 말 일이다. 이러고도 미친증이 가시지 않으면 결국은 풍물 한바탕을 쳐야만이 끝이 나는데 아침 열시쯤 시작한 것이 점심 지나고 저녁때 지나고 캄캄해지기 일쑤였다.

　내가 쭈꾸미 회를 잘 무친다는 명성(?)은 그것이 다 옛날 아버지 덕분으로 남보다도 많이 낙지회침을 먹고 자랐기 때문일 것이다.

낙지 회칠 때　없어서는 안 될, 집에서 왱병에 안쳐 먹던 초 이야기 좀 해야겠다.

　양조 식초 나오기 전에는 모두 집에서 초를 만들어 먹었다. 촛병이라고 해서 모가지가 긴 왱병이 있는데 이 왱병은 초가 잘 되는 게 있고 그렇지 않은 게 있다. 그것은 처음 초가 한 번 잘 만들어졌을 때 왱병 속의 기공에 그 미생물들이 고착되어 있기 때문인데 다음에 담을 때도 그 미생물들의 작용으로 좋은 초가 만들어지는 것이다. 그러므로 초나 된장, 간장처럼 미생물의 작용에 의한 발효 식품을 만들 때는 항상 사용했던 항아리를 사용해야 하며 김치도 마찬가지이다.

어쨌거나 우리도 초를 한 번 안쳐(처음 만들 때는 '안친다'고 했다) 보자.

깨끗이 씻어서 물 담아 우리고 또 씻어서 물기를 말린 왱병에 전내기를 4/5쯤 붓는다. 여기에 병모가지로 들어갈 정도 크기의 누룩을 세 덩이 구워서 넣고 불타서 숯이 된 나뭇가지 세 개를 끊어 넣는다. 그런 다음 부지깽이, 불이 붙은 부지깽이로 세 번을 젓는데 이것을 '서방맞춤'이라고 한다.

이렇게 왱병에 초를 안쳐 주둥이에 솔가지를 꽂아 여름에는 살강 밑에, 겨울에는 부뚜막쯤에 스무 날 정도 놓아두면 무척 시어져서 먹을 만한 초가 된다. 이렇게 만든 초는 필요할 때마다 따라 먹다가 가끔 한번씩 술을 보충해 주면 된다. 너무 많이 따라 낸 데다가 술을 너무 많이 부으면 초가 죽으니 조심해야 한다.

처음 안칠 때는 딴 집에서 한 대접 가져다 섞기도 하는데 촛발 좋은 초는 아주 노랗고 맑아서 조그마한 흰 촛눈이 살아 있는 게 눈에 보인다.

우리 어머니는 항상 큰누님이 초를 안쳐야 초가 잘 됐다고 하셨다. 그러던 것이 큰누님 시집가 버리자 왱병의 초도 따라 죽어서 그 뒤로는 초가 잘 안 된다고 노상 안타까워하셨다. 부안 돼지터라는 곳으로 시집을 가셨다가 서울로 이사를 가셨으니 누님 따라간 초가 거기서는 잘 되었는지 모르겠다.

아버지는 누님 낳고 살림이 불었다고 큰딸을 특별히 귀여워하셨는데 언제인가 한번 친정에 올 때 낭자머리를 풀어 버리고 파마를 하고 와서 아버지에게 된통 벼락을 맞았다. 누님은 간혹 집에 오시면 어머니 부탁으로 초를 안쳐 놓고 가셨다.

그 초는 여러 가지 약으로도 쓰였다. 힘든 일을 해서 피로하면 냉수에 타 마시거나 솥단지 밑의 그을음을 떨어 넣고 마셨다. 그러면 피로가 빨리 풀린다고 했다. 음식이 얹혀 오목 가슴이 답답하면 피마자 기름에 타서 먹기도 했다. 그러면 한참 뒤에 트림이 나오며 갑자기 배가 푸욱 꺼지던 것이다.

막걸리 해 먹던 시절이 가서 초 안쳐 먹는 것도 사라지고 한참은 또 빙초산이 몸에 해롭다고 해서 부뚜막에 댓병 주욱 늘어놓고 귤껍질 사과껍질 집어 넣은 초를 만들어 먹었다. 그러나 지금은 각종 양조 식초며 건강 발효 식초들이 많이 나와서 집에서 만들어 먹지는 않는 듯하다.

그러나 나는 지금도 그 옛날 서방맞춘 초라야 음식이 맛나다고 생각한다. 빙초산이나 양조 식초는 눈으로 직접 봐도 침이 돌지 않는데 왱병의 그 촛눈 살아 있던 노랗게 맑은 초는 솔가지 병마개만 떠올려도 신침이 빙빙 돈다. 언제 한 번 안쳐 봐야겠다.

시향 — 해마다 음력 시월에 5대 이상의 조상 산소에 가서 지내는 제사

보름치 — 음력 보름께 찾아오는 추위

한 사흘 김장 끝나면
놀아도 걱정이 없어

    시월은 거의 모든 들일이 끝나 한가한 달이라 좋은 날을 잡아서 추수한 곡식들로 시향을 지내고 김장들을 한다.

    김장은 아직 이르지만 첫추위가 닥칠 것에 대비해 무 먼저 뽑아서 움을 만들고 배추 위엔 지푸라기라도 대충 흩어 놓는다. 이러다가 시월 보름쯤 되면 천하없어도 추위가 닥치든지 눈이 오든지 하는데 어른들은 이것을 '시월 보름치는 꾸어다라도 한다'고 말씀하신다. 요 근년에는 이상 난동으로 춥지 않은 겨울이 자주 오지만 지금도 시월 보름치는 얼쩍지근하게라도 꼭 하고 넘어간다.

    세수한 손이 문고리에 쩍쩍 늘어붙고 김치 중발이 부엌 밥상에서 미끄럼을 타던 옛날의 혹독한 추위 때, 이 시월 보름에 시향을 지

내던 사람들이 있었다. 장씨들이다. 이 분들은 본관이 부안이지만 까치당 장씨라고 부르는데 우리 옆동네 까치당에 부안 장씨들이 많이 모여 살기 때문에 그렇게 부르는 것이다.

시향산의 대밭 묘는 여기 있어도 사람들은 대부분 까치당에 있기에 제물도 그 곳에서 장만하고 사람도 그 곳에서 와야 제사를 지내는데, 어느 핸가 시향 제사 음식을 좀 짜게 인심 쓰고 돌아간 적이 있었다. 시향 제사 음식은 아주 격식 있고 좋은 것들이어서 그것 얻어먹는 것을 누구나 크게 기대하는데 기대에 못 미쳤으니 우리 동네 사람들이 섭섭지 않을 리가 없었다.

해서 다음 해를 벼르고 별러 장난 좋아하는 동네 청년들이 시향 전날 밤에 가서 상석에 똥을 싸고 장화로 잔뜩 이개 발라 놓았다. 장씨들은 당연히 그 해 제사를 못 지내고 그 제물을 우리 동네 사람들에게 고이 바치고 잘 보아 달라며 백 배 절을 하고 갔다. 잘못이랄 것도 없는 한 번의 잘못으로 몇 곱절 댓가를 치르고 만 것이다.

남의 동네에 시향묘를 두고 있는 문중들은 이런 일이 비일비재하니 시향 때는 죽은 조상 제사보다는 산 사람 대접하기에 전전긍긍했다. 그래도 마음에 앙금이 없어서 만나면 모두 다 형님 동생에 아재 당숙이요, 정다운 이웃 사촌들이었다. 까치당 장씨들의 시향은, 타관 동네 사람들의 장난은 하여간에 시월 보름치에 고생하다 못 해 나중엔 날짜를 옮겨서 지내게 됐다.

이러한 시월 보름치가 넘어가야만 여자들은 비로소 김장 걱정을 한다. 고무 장갑도 없던 때이니 찬 물에 손 담그는 그놈의 김장을 일찌감치 하련마는 바쁜 밭일 끝내서인지 미룩미룩 하다가 갑자기 바람이 기둥치듯 불고 물이 빠각빠각 얼어야 걱정이 커지는 것이다.

그러나 일찍 해서 시어 터진 김장을 먹으니 좀 추워 고생하더라도 늦게 하려는 게 주부의 마음 씀씀이고, 날이 내쳐 춥기만 한 게 아니고 따순 날도 있기 때문이다.

지금은 김장을 겨울의 중간쯤에, 그것도 안 하면 서운한지 아주 조금씩만 하는데 겨우내 봄내 김장김치에 의존해야 했던 옛날에는 어디 그럴 수가 없었다. 보름치가 가고 날이 좀 풀리나 싶으면 인제 온 식구가 다 덤벼서 김장을 하기 시작한다.

부엌칼 서너 개씩 가지고 채전 밭에 가서 무 뽑고 여자들이 배추 밑동을 도려 놓으면 남자들은 지게 바작에 짊어지고 헛간 양지 바른 데로 나른다.

이 때 배추 뿌리가 좀 크다 싶은 것은 일일이 잘라서 뒤안 무움 옆에 따로 묻어 두는 데 이것은 겨울 밤에 무와 함께 파다가 깎아 먹기도 하고 사카린 발라서 쩌 먹기도 한다.

옷을 단단히 입고 채전 밭에 따라가 어머니 옆에 서 있으면 어머니는 배추 뿌리를 깎아서는 한 번씩 먼저 베어 먹어 보고 그 중 단 놈을 골라 내 손에 쥐어 준다. 어른들 입맛에는 여간 달아도 내 입맛에는 매워서 서너 번 먹으면 속이 아려와 그만 못 먹기 일쑤였다.

배추 무 뽑다가 다듬어서 절이고 시래기 엮어 달아 매는 것이 그 날 하루 일이다. 절일 때는 소금 뿌리고 그냥 맹물 붓는 게 아니고 바닷물을 퍼다가 붓는다. 그러면 소금을 조금만 써도 되는 것이다.

바닷가 동네가 거의 다 그러겠지만 이 다음 날 김칫거리를 씻을 때도 바닷물에 씻는다. 샘물로 헹구는 일도 없다. 이렇게 해야 물 냄새가 나지 않고 맛있다는데 바닷물이 더렵혀진 지금은 꿈도 못 꿀 일이다. 실제로 우리 동네 살다가 대처로 시집 간 여자들은 시집 가서 삼사 년 동안은 샘물에 씻어 담은 김치가 입에 맞지 않아서 고생한다고 했다.

절인 김장거리를 물질통으로 겨다가 앞장불 바닷물 들어오는 데로 나르고 다 씻은 것은 다시 날아오는 일은 또 남자들의 몫이다.

항 상 먼 저 담 고 많이 담는 김치는 배추·무우짠지이다. 오래 두고 먹을 수 있으며 반찬의 몫을 가장 많이 하니까 그럴 것이다. 밤새 버무려 준비해 놓은 양념 속으로 서너 너댓 독씩 짠지를 담으면 그 다음에는 허튼지이다. 허튼지는 폭이 덜 찬 배추짠지이다. 점잖은 상에는 놓지 않는 것이므로 정성스레 속을 박을 것도 없이 휘휘 내둘러서 적당히 양념이 묻으면 한 가닥 쭉 찢어서 간을 보고 항아리에 차곡차곡 눌러 담는데 사실 배추짠지는 파란 이파리째로 담는 이 허튼지가 맛있다.

싱건지는 항아리에 생무와 소금을 켜켜로 뿌리고, 마늘 생강 다져서 망사에 싼 것, 통깨 실고추 파 당근 썬 것을 적당히 넣고 대나무 가지를 쳐다가 위를 덮는데 하루 정도 지나서 간이 죽으면 그 때 물을 붓는 것이다.

이주일 쯤 지나면 먹을 수 있는데 잘 익은 싱건지의 삼삼하고 새콤한 국물은 속 답답할 때 한 사발씩 들이키면 속이 다 시원하다. 고구마 먹을 때 짠지와도 먹지만 목이 막히므로 항상 이 싱건지를 양푼으로 퍼다 놓고 함께 먹었다.

뉘집 싱건지 맛있네 소문이 나면 허다히 도둑을 맞기도 했다. 또래들끼리 밤에 놀다가 심심하면 "야! 너그 싱건지 한 양판 퍼다 먹자." 이러기 예사이고 주인 앞세워서 싱건지를 퍼 가면 뒤안 장독에서 여간 달그락 소리가 나도 누님인 줄 짐작하는 어머니는 누구냐고 묻지를 않던 것이다.

깍두김치나 빨리 먹을 채김치, 씻을 때 찢어진 찌끄러기 김치들은 셋째 날까지 담가야 끝이 나는데 김장독에 우거지 해 넣고 그릇들 다 씻어서 챙겨야만 김장이 완전히 끝났다.

누구네 집이든 큰 일을 치를 일이 있거나 손님 맞을 일이라도 있을 것에 대비해서 꽉 찬 폭배추 따로 빼서 갓과 함께 백김치 동치미를 담기도 하는데 우리 집은 항상 사위 김치라고 해서 대파김치를 한두 동이 더 담았다.

기다란 대파를 간 죽였다가 양념에 버무려 통째로 둘둘 우겨 넣는 것인데 이게 동짓달 섣달 지내고 정월이 되면 폭 익어서 달큰하고 약간 새콤한 것이 그렇게 맛있을 수가 없었다. 덜 익으면 맵고 코를 쏘아서 먹을 수가 없다.

설 지나고 보름 무렵 처갓집에 큰사위가 오면 반드시 상 위에 이 파김치 처음 꺼낸 게 놓이고 그러면 매형은 오른손에 밥숟갈, 왼손에 파 하나 길게 들고 휘휘 감아서 비오는 날 헛청에 나무들이듯 한 그릇 고봉밥을 뚝딱 해치우곤 했다.

파김치는 절대 칼로 썰면 맛이 없대서 꼭 긴 채로 놓는데 저분으로는 불편하니 체면이고 뭐고 그냥 손에 들고 먹어야 한다.

파김치 때문에 처갓집 온다고 말씀하시던 매형은 나 배던 해 약혼을 하고 나 낳던 해 결혼을 했는데 약혼하고 결혼하기 전, 자기 친누님 사는 처가 동네로 누님도 보고 각시도 보러 왔다가 삼줄 쳐진 처갓집을 못 들어오고 울타리 밖으로만 돌다가 변소에 빠져서 옷을 다 버렸다고 한다.

그런 매형뿐만 아니라 동네 분들 사이에도 우리 대파김치는 소문이 났는데 지금은 어머니 솜씨가 변하셨는지 잘 담그시지도 않을 뿐더러 담아도 예전처럼 맛이 나지 않는다.

한 사흘 좋아 주었던 날이 걱정스럽고 힘든 김장 끝나자 으레 또 궂기 시작한다. 일 끝난 뒤의 휴식처럼 편안한 게 또 있을까마는 인제 딴 일 말고 쉬라는 듯이 날이 부조를 하니 놀아도 걱정이 없는 것이다.

하지만 궂던 날이 빼꼼해지면 또 서서히 겨울 땔나무들을 하기 시작한다. 아침 먹으면 끼리끼리 모여 함께 땔나무를 하러 가는데 나무 한 짐을 해다 부리면 보통 열한 시쯤 된다.

작은방 부엌에 일찌감치 쪄 놓은 고구마만 몇 개 꺼내다 먹으면 왠지 서운하니 보리밥 몇 숟갈 얼른 더 떠 먹고 또 나무를 간다. 빨리 서둘면 두 시나 세 시쯤이면 두 짐째 해서 져다 부릴 수 있다. 하루

나무 두 짐은 해야 놀고 먹지 않는 셈인데 한 짐만 하고 가기 싫어서 오후에 노는 날은 왠지 개운치가 않았다.

통단이나 끄렁을 해 오면 오후엔 그걸 빠개서 한 사나흘 볕에 말렸다가 모퉁아리 벽이나 마루 밑에 들여 쌓고, 쏙소리 물거리 다발나무는 세워둔 채로 말렸다가 울타리에 붙여서 배눌을 쌓아 봄 여름 나무로 쓴다.

머리에 이어 나르는 여자들의 나무는 한 둥치가 남자들 두 다발 지기보다도 엄청 커서 여간해서는 남자가 여자 나무 두 둥치를 지지 못한다. 그런 나무 둥치로 여자들은 하루에 대여섯 다발씩을 쉬지 않고 하니 따지고 보면 남자보다도 더 많이 하는 셈이다.

많은 일 중에 나무하는 것도 시샘이어서, 아니 시샘이라기보다는 나무하기가 힘이 들고 걱정스러우니 남의 집에 나무 많이 쌓이는 것이 부러워서, 여간한 날이 아니면 겨우내 놀지 않고 나무들을 했다. 그래야 사실 일 바쁜 철에 산에 안 가기 때문이다.

그렇게 집집마다 나무를 해 대니 가까운 산에는 나무가 없어 먼 산까지 나무를 간다.

나무를 지고 바로는 내려오지 못하고 뒷걸음질로 내려와야 하는, 길이 워낙 가팔라서 코가 바위에 닿았던 코닿는 바위, 나무를 지고 오면 목구멍에 쓴내가 푹푹 나는, 즉 돈 냄새가 푹푹 난다는 돈내 나는 바위, 아홉 구비를 돌아가야 하는 아홉구미, 높은 뺑끼봉, 옴팍한 왕수데기 대성골, 딴 동네가 보이는 감나무골, 닮은 시렁거리 등잔거리, 멧돼지 노루 잘 붙던 물통바위, 사슴 빠진 둠벙 안딧골, 허부

정골, 이웃 동네에서도 나무 오는 검풍나무골, 십년골, 투구봉 들이 통단이나 쏙소리 물거리를 할 수 있는 먼 산이고, 개건너 진날, 가불티재, 불붙은 몬당, 부엉바위, 개 샛바닥, 우순들, 소포골, 뒷낭 상대 중대, 산제당, 숯구덩이, 미친년 잔등 들이 가까운 산이어서 이런 곳에서는 기껏 거섶이나 북덕새 정도를 할 수 있었다.

이른 아침 남보다 먼저 나왔다가 혼자만 일찍 가기 심심해서 뒤에 오는 나무꾼을 기다리며 불을 놓고 쪼이는 데가 있다. 그 곳이 바로 바닷가 길이 끝나고 산으로 접어드는, 귀신은 잘 나지만 바람은 아늑한 큰골 흰 바윗등이다.

여기서 작대기치기가 벌어지면 그 날 나무가 늦어지는데 작대기의 귀를 찢어먹는 놀이이다. 가위 바위 보를 해서 진 사람은 작대기를 땅에 세우고 이긴 사람이 내리치는, 한 번에 못 찢으면 반대로 자기 것을 세워 줘야 하는 놀이이다. 이걸 이기기 위해 작대기 귀에 못을 박고 철사로 동이기도 하지만 그래도 잘만 맞으면 여지없이 귀가 나가는 것이다.

중선배 들어오는 곰소에서 고기 동냥으로 먹고 살았던 진수라는 앉은뱅이는 이 곳 칠산바닥의 뱃사람들에게는 누구나 친숙한 존재였는데 이 진수 흉내를 기가 막히게 잘 내는 사람이 있었다. 박호진이라고 하는 분이다.

작대기치기를 하다가 흥이 나면 진수 흉내를 내기 시작한다. 지게를 뒤집어서 진수가 엉덩이에 깔고 다녔던 타이어 조각을 대신 하면은 불 곁에 모여 선 나무꾼들이 배에서 막 내린 뱃사람들이라도 되는 양 병신 손을 벌리고 입을 삐뚤어서 "한 마리 주어"를 연발하는데 그 모습이 하도 징그럽고 우스워 이리저리 쫓겨다니다 보면 남자 여자 할 것 없이 그 날 나무를 못 해 버리기도 한다.

남 웃기기 잘 하던 이 형님은 사십을 갓 넘기던 해에 자기가 부리던 배 위에서 중풍으로 그만 쓰러지셨다.

서당을 다니던 청년들은 별도로 가끔 한 짐씩 장작을 해다가 선생 있는 집에 부려 주었다. 한 철에 겉보리 말씩 하는 강비는 당연히 선생 몫이고 한겨울 따뜻한 서당방 군불은 자기들의 몫일 수밖에 없었다.

어느 해 겨울 서당 앉힐 집이 없어서 우리 집 윗방에 서당을 앉혔는데 그렇잖아도 평소 사람 끓던 우리 집이 학생 청년들의 여러 재미있는 장난과, 지필 있는 데로 제사 지방을 쓰러 오는 사람, 단자가기, 심심찮은 책거리, 자질구레한 여러 송사들로 겨우내 북새통을 이루었다.

특히 윗방에 계셨던 선생이 황이준이라고 하던 동네 구장의 아버지라 동네의 자질구레한 대소사의 상의와 조정이 우리 집에서 많이 이루어졌던 것 같다.

이준 씨의 형님 이춘 씨는, 쉰 살에 났대서 쉰둥이인 영진 씨와 이웃하여 살았는데 흰 강아지 한 마리를 사서 키우면서 꼭꼭 쉰둥이(흰둥이)라고 불렀다. 다 큰 어른 번듯한 이름을 놔 두고 동네 사람들이 쉰둥이라 부르는 것도 화가 나는데, 하찮은 강아지 새끼 이름마저

도 사람에게 빗대니 쉰둥 씨가 여간 화가 난 것이 아니었다. 해서 하루는 일부러 술을 좀 먹고

"니미헐놈의 것, 나도 개새끼 한 마리 사다가는 꼭 이춘아, 이춘아 허고 불러야겠네."

울타리 넘어가라고 소리를 지르니

"야 이 사람아, 쉰둥인게 쉰둥이라고 허지 검둥이를 쉰둥이라고 허겠는가? 살다가 별 꼴 다 보겠네."

못 들은 체할 수가 없었다.

"흰둥이면 흰둥이지 왜 쉰둥이여? 왜 쉰둥이여?"

"내가 언지 쉰둥이라고 혀? 쉰둥이라고 혔고만, 귓구녕 똑똑이 들어."

선생이 바담풍 하라고 하니 학생도 바담풍 따라 할 수밖에 없더라고 말이 이러고서는 쌈이 나지 않을 수가 없었다.

남정네끼리 옥신각신하니 정지서 밥 하던 속 좁은 여편네들이 가만 있을 리 없고 급기야는 큰 싸움이 되어서 너나 할 것 없이 모두 쌈구경을 하게 되었다. 나중에는 서당 선생이 나서서 쌈을 말리고 타이르기에 이르렀던 것이다.

우리 집 윗방에 서당 앉히기 전에 홍만 씨네 윗방에 서당을 앉혔다. 선생은 목덜미에 혹이 있대서 혹선생이다. 이 혹선생이 여간 까다롭지가 않아서 장난 좋아하는 학생들 미움깨나 먹었는데 하루는 누군가가 선생 몰래 선생이 고의춤을 넣고 오줌 누는 큰 밥그릇만한 놋요강에 참옻진을 발라 놓았다.

날마다 닦아서 반짝반짝 빛나던 놋요강에 참옻진이 묻으니 대번 색이 죽는데, 선생 불알에 옻이 옮기보다는 옻진 묻힌 놈이 먼저 직사게 매를 맞고 말았다. 외가로 내 육촌, 행열이 형님이었다.

혹선생은 오징어를 좋아해서 그 때는 흔해빠진 오징어를 주우러 당고팽이 바닷가에 갔다고 하면 꾀로 빠지고 안 들어오는 학생들이 용서를 받을 수 있었는데, 이놈들이 나가서 하는 장난이란 게 좋은 오징어는 감춰 두고 기껏 썩어 고린내 나는 오징어 주워다 구워주기, 앞장불 배에서 빼내 버린 녹슨 구지못 주워다가 서당 문 앞에 서 있는 고욤나무 못 박아 죽이기였고(그러나 이 나무는 언제까지나 죽지 않고 잘 크다가 새마을 사업 시작해서 길을 넓힐 때서야 베 넘겨졌는데 그 때 박힌 수도 없는 못 때문에 톱을 몇 자루씩 버려야 했다), 변소 옆에 붙은 돼지우리 구시통에 오줌 퍼주기였다. 그래서 이 돼지는 중톳쯤 크다가 밥을 안 먹고 결국 죽고 말았다.

서당을 우리 집으로 옮겨 와서는 그런 장난을 심하게 하지 못하였다. 아버지가 옆에 붙어 앉아 워낙 눈을 부릅뜨니 감히 그런 장난을 할 엄두를 못 내었고 쉬는 시간에 나가서 무릎팍치기 정도로 뻣뻣이 굳은 몸들을 풀 수밖에 없었다.

한 방에서 처음에는 천자문, 다음에는 사자소학, 추구, 오래된 큰 축들은 명심보감, 논어, 맹자, 사서를 읽었다. 공부하는 짬짬이 책거리로 해 오는 떡과 가끔씩 있는 제삿집에 단자가기, 기껏 오줌누러 나가서 처마 밑의 참새를 잡는 일 정도가 끝나면 어린 학생들은 다 가 버리고 남폿불 밑에서 가물가물 조는 선생과 함께 겨울 밤이 깊어

중톳쯤 ─ 중간쯤
구시통 ─ 구유: 먹이 그릇
구지못 ─ 대못

갔다.

　마실을 갔다가 고샅을 돌아서 우리 집이 가까우면 남폿불 훤한 창문으로 눈이 소록소록 내리는 게 보이고 글 읽는 청년들의 명징하고 낭랑한 목소리가 지금도 귀에 쟁쟁하게 들리는 듯하다.

　서당을 앉히던 그 해 겨울, 아버지는 김장하는 어머니에게 일러서 싱건지 동이나마 더 담그게 했던 것을 기억한다. 밤이 늦으면 아버지는 한숨 자다 일어나셔서 초저녁에 미리 퍼다 놓으라 일렀던 싱건지 양푼과 고구마 바구니를 들고 윗방으로 건너가셨다.

　질찬 청년들의 출출한 배를 물렁한 고구마, 시원한 싱건지 양푼으로나마 달래 주시려 했던 것이다. 그렇게 매일 밤이다시피 하셨으니 선생과 함께 달게 먹고 읽는 청년들의 청 좋은 목소리는 그래서 아직도 내 귀에 새벽 닭 싱싱한 울음으로 들려오는지도 모르겠다.

따순 날 메주 쑤어서
이 집은 좋겠네, 잉?

초겨울 김장 하고 나서 썰어 말리는 게 있으니 잘 늙은 호박과 무다. 물론 훨씬 이전에 서리 호박 한 바구니씩 따다가 넙적넙적하게 썰어서 말려 두는 것도 뺄 수 없는 일이고.

  서리 호박 말린 것은 설이나 보름 명절 때 멸칫국물 우려서 들깨 갈아 붓고 나물을 하면 '하찮은 호박 나물에 속 상한다' 는 그 하찮은 나물이 아니라 맛난 나물이 되는 것이며, 누우렇게 익어서 칼도 안 들어갈 정도로 단단해진 늙은 호박은 둥글게 썰어 엮어 추위에 얼렸다 녹였다 하며 한두 번 쪄 말리면 그대로 먹어도 엿이요, 떡에 넣으면 곶감처럼 달고 호박 냄새가 부드러운 고지떡이 되는 것이다.

  무는 왜무를 중국집 단무지 썰어내오듯 생긴 그대로 가로 썰어

채반에 말리는데 이것을 실에 꿰어 섣달 그믐께 고는 고구마 엿에 넣으면 달고 쫀독한 정과가 된다.

그러나 이렇게 하면 쫀독하기는 하나 엿을 많이 잡아먹는다 하여, 바로 엿 골 때 싱건지 항아리의 싱건지 무 몇 개 꺼내어 조금 우린 다음 썰어 넣던 것이다. 이러면 쫀독한 맛은 좀 덜하나 간이 맞고 달기는 매 일반이어서 어머니들은 정과용 무는 싱건지를 많이 썼던 것 같다.

또 이 정과는 더덕이나 도라지 살짝 쪄서 껍질을 벗긴 다음 빼득빼득하게 말렸다가 사용하기도 하는데 바쁜 주부가 여기까지 얌전을 내기란 쉬운 일이 아니다. 하지만 한 번 맘먹고 그렇게 준비하여 만든 정과는 무우 싱건지나 호박고지로 만든 정과와는 비교할 수가 없는 것이다.

바느질 하다 졸리시면 어머니는 간혹 호박고지 말린 것 한 조각이나 짭조롬한 미역귀 떼어서 입에 넣고 우물거리셨다. 뭐 달랄 게 없나 궁리 중이던 나는 나 안 주고 어머니 혼자 무슨 맛난 것을 드시나 싶어 "어머니 뭣 먹는가? 어머니 뭣 먹어?" 자꾸 귀찮게 물어 본다. 이럴 때마다 어머니 대답은 "심심해서 말캉 밑에 달기똥 주워 먹는다." 얼토당토 않아서 내 애를 태워 주셨다. 그러고는 손에 쥐고 있던 미역귀나 호박고지 한 쪽을 주시지만 그 때는 내가 그걸 먹을 리 있나? 몇 번 씹다가 던져 버리기 예사였다.

그런 어머니를 배워서인지 나도 뭘 혼자 먹다가 애들에게 닥달을 받을 때는 말린 소똥을 주워 먹는다고 농을 치는데 하도 귀찮게 참말이냐고 졸라 대면 소똥이 아주 맛있다고 정색을 하며 먹어보라 권한다. 한번은 참말이라고 생각했던지 순진한 내 딸이 권하는 내 말을 따라서 소똥을 입에 가져가길래 그만 질겁을 하고 실토를 한 적이 있다.

날이 더 추워지면 하는 일은 콩 삶아 메주 쑤기와 엿기름 길러 말리기이다.

가을내 거둬들이는 일이 한겨울과 봄을 위해서라면 겨울의 이런 일들은 대부분 일 년을 염두에 둔 것들이어서 특히나 겨울에 메주 쑤어 이듬해 입춘, 장을 담고 된장을 가르는 일은 여간 중요하게 여기는 게 아니었다.

좋은 콩을 골라 놨다가 날이 따뜻하겠다 싶으면 큰 여물 솥에 메주 콩을 삶는다. 메주는 보통 살림을 하는 집이 한 말을 넘게 쑤는데 솥이 적은 집은 이틀씩도 쑨다. 불린 콩은 쉬 무르기는 하나 장이 맛이 없대서 꼭 마른 콩 씻어서 떨어 붓고 한나절씩 불을 땐다.

진한 콩물이 줄줄이 흘러 넘치고 완전히 무른 다음에도 한참을 더 놔 뒀다가 찧어서 마루에 안반 놓고 메주를 만드는데, 목침이나 그보다 약간 작게 만들어서 윗목에 꾸덕꾸덕 말려 띄운다. 이 메주는 다 뜨면 방구석에다 나무를 세우고 강원도 강냉이 자루처럼 잡아 매달아 보를 씌워 말리며 겨울을 난다.

메주 쑬 때 콩솥에 함께 삶는 것은 고구마다. 따로 불 때서 점심 고구마를 찌느니 끓는 콩솥에 함께 쪄서 점심을 먹는데 콩 속에서 진득진득한 콩물이 베며 푹 익어 버려서 손에 들고 먹을 수 없었다. 그래서 주걱으로 꺼내 놓고 수저로 떠먹는데 달기가 이만저만이 아니다. 콩솥에 김이 올라 윗방 여물간에 자욱하게 빠져나가고 따뜻한 토방 마루에 앉아 고구마를 먹노라면 추녀의 고드름이 녹고 집시랑물이 흘러내렸다.

"따순 날 메주 쑤어서 이 집은 좋겠네, 잉?" 하시며 이웃집 아주머니 두어 분 마실 오시면 어머니는 매운 연기와 뜨거운 김 속에서 다시 콩을 한 번 젓고는 고구마를 몇 개 꺼내 싱건지 양푼과 함께 권하던 것이었다. 그러고는 함께 메주를 만드셨다.

메주 쑬 때 보통은 보리나 밀 빻은 것을 한켠에 같이 삶아 콩과 섞어 고추장 메주를 만드는데 윗목에서 꾸덕꾸덕 마를 때 손가락으

로 야금야금 떼어 먹으면 메주보다도 더 달고 맛이 있었다. 쥐 뜯어 먹은 것 같아 보기 싫다고 어머니는 손으로 자꾸 다독거려 놓으시는데 그것도 겉이 말라 버리면 맛이 없어져서 시나브로 그만두게 된다.

하필 추운 날 길러 말리는 엿기름은 그 말리는 데 정성이 여간 드는 게 아니었다. 기를 때는 시루에 물을 주며 잘 뒤적거려야 뿌리가 쩔지 않는데 보리나 밀이 월동 작물이어서인지 아주 추운 데서 길러도 금세 뿌리가 나오고 씨눈이 나온다.

씨눈을 적당히 기른 엿기름은 앞장불 볕 잘 들고 바람 잘 통하는 자갈 땅에 고루 펴 말린다. 햇볕은 쪼여도 매운 바람이 불고 얼음이 언 채로 녹지 않으니 엿기름도 마르지 않고 얼련마는 그렇게 얼렸다 녹였다 하며 말려야 더 달다고 굳이 추워지기를 기다리던 것이다.

한 열흘 정도 담았다가 널었다가 해야 하고, 날이라도 궂을 때는 헛청이나 마루에라도 펼쳐 널어서 말리는데 엿기름은 씻지 않고 사용하는 거라서 검불 하나 흙먼지 하나 섞이지 않아야 한다.

바삭바삭하게 마르면 손으로 뭉개서 뿌리와 씨눈을 적당히 떨어 버리고 석작에다가 보관하고 일 년내 사용한다.

이 엿기름 보관에는 특별히 서생원을 경계해야 했다. 이놈의 서생원이 다디단 엿기름을 한 번만 맛보면 처자식은 물론이고 일가 친척, 사돈네 팔촌까지 다 끌어들여 바닥을 보고, 석작까지 구멍을 내기 때문이다. 이러니 아예 처음부터 자루에 넣어 큰 항아리 속에 넣어 두어야 안심했다.

어릴 때는 이 서생원을 잡는 것도 아주 재미있는 일이었다.

어디서 달그락거리는 소리가 나기 시작하면 잠을 편히 잘 수 없고 고구마 통가리에라도 들어가서 자리를 잡아 버리면 큰 지절이니 아무 때라도 쥐가 있는 성 싶으면 쥐 잡는 일에 몰두했다.

어머니들이 잘 사용하는 방법이 있다. 쥐가 다니는 곳에 헌 상을 엎어 놓고 실에 조 이삭을 묶어 상 중간의 가름장에 팽팽히 잡아맨 다음 큼직한 사기 대접을 조 이삭 위에 엎어서 덫을 놓는 것이다.

그런 다음 불을 꺼서 어둡게 하고 조용히 기다리는데 쥐가 올 때쯤 해서 무슨 소리가 나기 시작하면 나는 괜히 오줌이 찔끔찔끔 속옷이 젖기도 했다.

덜커덕! 쥐가 잡혔다. 불을 켜고 골방에를 가 보면 실이 끊어져서 대접이 상에 엎어져 있고 조 이삭이 보이지 않으니 쥐가 잡힌 것이다.

언젠가 대접을 살짜기 쳐들면서 헌 버선짝으로 쥐를 눌러 잡은 새집 할머니는 등잔불 옆으로 앉은 걸음을 해 가시더니

"니가 양반이냐? 내가 양반이지! 니가 양반이냐? 내가 양반이지!"

하시면서 등잔불에 쥐 수염을 태워 버리시고는

"요놈의 주딩이, 요놈의 주딩이."

주둥이를 지지셨다.

그럴 때마다 쥐란 놈 뜨겁다고 찍찍거리는데 할머니는 그렇게 옹골져라 할 수 없었다. 그런 다음 바늘을 찾아서 눈을 사정없이 쪼

아 놓고서야 문을 열고 마당에 딸기질을 치셨다.

　희미한 등잔불 밑에서 뭐라 중얼대며 쥐를 골리는 그 모습이 요즈음 말로 그로테스크하달까, 나는 보기에 너무 섬뜩해서 새집 할머니를 두고두고 싫어하게 되었다. 어머니의 친작은어머니셨다.

　한번은 이 할머니가 내 종기난 것을 보고는 노오랗게 진이 오른 손에 담배침을 묻혀서 발라 주시더니 문지방 위의 천장에서 거미집 하나를 떼어 내려 종기에 덮고 다시 침을 발라 주셨다. 그 이튿날 종기가 포옥 곪아서 아프지 않게 고름을 짜낼 수 있었음은 물론이다. 쥐 잡기 전의 일이었다.

　골방에 문구멍이 뚫리고 쥐가 좀 많이 들어온다 싶으면 낮에 방 안에 놓여 있던 물건들을 벽에서 떼어 놓고 밤 되기를 기다린다.

　불을 끄고 한참 있으면 쥐란 놈들은 쥐 세상 온 줄 알고 신나게 떠들지만 어디 그게 쥐 맘대로 될 리가 있나? 살짜기 큰 방문을 열고 나가 하나는 자루 들고 저쪽으로 돌아가서 뒷문 구멍에 대고, 하나는 들입다 우당탕탕 골방 앞문을 열고 쳐들어가 쥐를 내몬다.

　벽틈에 숨을 수도 없고, 다급해진 놈들이 다투어 달아날 길은 저 그덜 들어온 구멍뿐인데 그 구멍에는 이미 천라지망이 쳐져 있으니 쥐란 놈들 또 잡힌 것이다.

　어른 쥐 아이 쥐 딸 쥐 아들 쥐 한 식구 모조리 잡으면 자루를 여며들고 토방돌에 사정없이 후두들긴다. 그런 다음 마지막 가는 곳이 소망인데, 쥐를 떨어붓고 잘 저어 놓은 다음 며칠 후에 보면 둥둥 뜬 털 빠진 쥐 배떼기에 무엇이 하나 가득 차서 꿈틀거린다. 구더기이다. 평생 남의 것만 훔쳐먹다가 썩어서 거름 되나 싶었는데 기껏 파리를 만들고 있는 것이다.

　쥐에게 등허리를 물린 우리 할머니는 그 영결로 돌아가셨다. 약을 쓰고 법사를 불러 천지할왕경까지 읽었어도 끝내 세상 버리고 말았는데 그러고 보니 쥐란 놈은 나의 철천지 원수인 셈이다. 그런데도 우리 방에는 쥐란 놈이 버젓이 돌아다니며 보시락거리고 냄새를 풍기곤 한다.

　쥐 먹는 것과 마누라 먹는 것은 아깝지 않다고 하던데 그래서인지 원수 갚을 일을 잊어서인지 농 들어 내고 쥐 잡을 일이 걱정스럽기만 하다.

나무 없으면 장작 때고
양식 없으면 쌀밥 먹는다

내 생일은 동짓달 하고도 초하루다. 우스개지만 생년월일에 점 하나 잘못 찍으면 정월 열하루로 생일이 바뀌기도 한다.

내가 기억하지 못하는 내 돌이라든지 하는 생일은 치지 않고 내 기억으로만 치면 생일은 꼭 한 번 쇤 듯하다. 이 나이 먹도록 생일은 쇠어 보지 않았다는 이야기다.

그것은 어릴 때 할아버지 할머니를 여읜 어머니가 애 보기로 남의 집 살이를 하다가 그만 생일을 잊어버려서 여지껏 변변히 챙겨 드리지 못하기 때문이다. 딴 날을 받아서라도 생신을 잡수시게 해야 되는데도 매년 미루기만 하다가 해를 넘기니 내 생일은 아예 생각지도 않고 잊어버리는 것이다.

아마 여섯 살쯤 되었을 것이다. 어머니가 고샅에서 놀고 있는 나를 불렀다. 손을 잡고 집에 와서는 마루에 나를 앉혀 놓고 부엌에서 큰 대접만한 양푼에 뭘 담아 와서 절구통에 찧으셨다.

그런 다음 흑임자 볶아 빻은 깨소금 그릇을 옆에 놓고 절구통 곁으로 나를 불러, 찧은 것을 한 덩어리씩 깨소금에 묻혀서는 입에도 넣어 주고 양 손에도 들려 주시는 것이었다. 흑임자 고물 묻힌 인절미인 셈이다.

멥쌀도 귀한 때인데 어디서 찹쌀 한 되를 구하셨는지 한 움큼이나 되게 밥 위에 쪘다가는 아무도 몰래 생일떡을 해 주시니 어린 나이였지만 나는 이상한 감동이 느껴졌다. 그러고는 생일을 쇤 기억이 없다.

그 떡이 맛있었는지도 별로 기억이 없다. 다만 지금도 누가 떡 이야기를 하든지 떡을 보든지, 특히 먹지 않고 여기저기 천더기로 뒹구는 떡부스러기를 보면 한 입 떼어 보련만, 그여 자시지 않고 나에게만 주시던 그 인절미가 생각나서 기분이 언짢아질 뿐이다.

그렇게 차려 주어도 제 길로 크면 다 소용 없는 것이 자식들인데 그냥 지나쳐 버리면 가슴에 무엇이 맺히시던지, 자식 낳고 살아도 나는 아직 모르겠다.

그런데 금년에는 아주 드물게 동짓달 초하루가 동지여서 나는 오랜만에 동짓죽으로 생일을 쇨 수가 있었다. 동지에는 예로부터 작은 설이라 하여 반드시 동짓죽을 끓여 먹고 또 동짓죽을 먹어야 나이를 한 살 더 먹는다 하였으니, 그 동안 못 쇠었던 생일을 이번 동짓죽으로 한꺼번에 쇤 셈치면 철이나 좀 들런지도 모르겠다. 아무튼 내년부터는 좋은 날을 잡아서 꼭 어머니 생신을 자시도록 하리라.

동지가 돌아오면 멥쌀이나 수수를 빻아 놓고 어머니들은 책력을 볼 줄 아는 집으로 이집 저집 시를 물으러 다니신다. 시가 새벽이면 새벽에 죽을 쑤고 밤중이면 밤중에 죽을 쑤곤 하시는데 크게 틀리지만 않으면 대부분 아침이나 저녁 점심 끼니에 맞춰 쑤셨다.

익반죽한 양푼을 앞에 놓고 식구들이 둘러앉아 새알심을 만드는데 찹쌀이 차지고 맛나지만 귀한 탓에 대신 수숫가루로 새알심을 만들면 차지기가 찹쌀 못지 않아서 맛이 있었다.

팥 많이 쓰고 끓일 때 눋지 않고 간 맞고 약간 달면 동짓죽은 합격이다. 이렇게 쑨 죽을 푸기 전에 먼저 한 그릇 담아 들고 어머니는 집을 한 바퀴 도신다. 뭐라고 중얼중얼하시면서 벽에도 뿌리고 문에도 뿌리고 돌아다니시는데 나는 뭐라고 하시는지 여러 번을 들어 보려 했지만 들을 수가 없었다. 그러나 어느 해, 이 말 한 마디는 들을 수 있었다. "아그덜도 자빠지지 말게 하여 주시고……".

붉은 색이 벽사의 주술이 있다 하니 해마다 빼지 않고 뿌리는 동짓죽에 떠도는 객귀들은 범접을 못 할 것이고 애들이 넘어지는 일조차 없을 것임을 나는 믿어 의심치 않았다. 그런 다음 어머니는 윗목에 한 그릇 떠서 제사를 올리고, 울타리 너머로는 이웃집에 동짓죽을 돌리셨다.

동짓죽은 쑤어서 뜨거울 때 막 먹어도 맛이 있지만 장독에 내 놓았다가 식은 후에 먹어야 더 맛이 있다. 어느 핸가 동짓죽 한 동이를 쑤어 장독에 내 놓았다가 그릇째 도둑 맞은 적이 있었다. 멥쌀에 찹쌀을 섞어서 적당히 차지고 참 맛이 있었는데 그만 통째로 남에게 앗긴 것이다.

무엇을 잃어야 생전 잃었다는 말 한 마디 안 하시던 양반이 그 때는 서운하셨던지 "이년들아, 가져다 처먹었으면 그릇이나 갖다가 놓으라고 히라." 누님들에게 꾸중을 하셨다. 아마도 내부 사정에 정통한 사람이 공범일 가능성이 높다고 판단하셨으리라.

그 전에는 동짓죽 쑤지 않는 집은 찾아볼 수가 없었는데 지금은 반대로 동짓죽 쑤는 집을 찾기가 어렵다. 더구나 훔쳐다 먹는 것은 상상도 못 할 일이다. 정정한 어른이 계시는 집이나 쑤는지, 쑤더라도 울안 구석구석 뿌리는 집은 이제는 사라진 것 같다.

동짓죽처럼 쑤어서 시원하게 두고 퍼다 먹는 것이 호박범벅이다. 잘 늙은 호박은 칼이 들어가지 않을 정도로 껍질이 단단하고 단감처럼 살이 달다. 이런 놈은 겉으로 보아도 벌써 표시가 나서 처음부터 호박고지나 호박범벅을 하고 종자를 받기 위해 쥐 이빨 닿지 않게 잘 갈무리했다. 호박은 한 번 쥐 이빨이 닿으면 열이면 열 죄다 썩기 때문이다.

호박범벅에는 팥을 쓰기도 하지만 고추밭 콩이라고 부르는 돈부를 주로 쓴다. 이 콩은 불려서 미리 삶아 놓고 호박은 껍질을 깎아 푹 삶아서 으깬 다음 적당히 물을 잡는다.

호박범벅은 쌀가루보다는 밀가루로 해야 맛이 있는데 이 밀가루

　는 물을 조금씩 부어 가며 멍울이 지게 반죽을 해야 한다. 이것을 삶아 놓은 콩과 함께 호박 으깬 물에 넣어 잘 저으며 끓인다.
　묽으면 죽이고 되면 범벅인데 이 범벅은 장독에 내놓아 식으면 더욱 되어져서 짬짬이 퍼다 먹기 좋았다. 호박죽이나 범벅은 좀 달아야 무른 호박 냄새가 나지 않고 맛있다.
　연중 밤이 가장 긴 동지 무렵에 시원한 동짓죽이나 호박범벅은 자연스럽게 바느질 하시는 어머니나 이웃 아주머니들의 마실 밤참일 수밖에 없었다. 여기에 싱건지 곁들여지는 것은 두말 할 것도 없다.
　그리고 보면 겨울에는 이 싱건지라는 것이 참으로 요긴하고 허물없는 반찬인 듯하다. 어디에 놓아도, 무엇하고 먹어도 좋으니 말이다. 궁합이 잘 맞는다고나 할까?

변산은 산을 끼고 있는 바닷가라 기상의 변화가 어떻게 해서 일어나는지는 모르겠지만 예로부터 여름비가 드물고 겨울눈이 흔했다. 비란 놈이 가다가

"여기가 어디여?"

"변산이여."

"쉬지 말고 그냥 가세."

이러고, 눈이란 놈은

"여기가 어디여?"

"변산이여."

"에라, 조금 쉬었다 가세."

이런다니 시월 보름께부터 오기 시작하는 눈이, 많이 오는 해는 섣달그믐 한하고 장설로 와서 녹지 않고 쌓이기 예사였다.

이런 때는 산에 나무하러 갈 수 없으니 남자들은 나무 떨어진 걱정이 태산 같다. 이럴 때 애껴 두었던 장작이나 재목으로 쓰려고 놓아두었던 통나무들을 빠개 땔 수밖에 없으니 나무 없으면 장작 때고 양식 없으면 쌀밥 먹는다는 말이 그래서 나왔나 보다.

그러나 이런 집은 별로 없다. 남자들이 아무리 눈이 와도 이렇게까지는 놔 두지 않고 지게 지고 생솔 가지라도 치러 가기 때문이다.

땡땡 얼어 있는 생솔가지는 좀 굵어도 낫을 걸어서 잡아다니면 툭툭 부러지는데 이걸 한 짐 가득 해다가 때 보면 얼지 않았을 때는 방귀만 픽픽 뀌고 잘 안 타던 것이 얼어 놓으면 참 재미있게 잘 탄다. 또한 방 따숩기가 이를 데 없다.

노간주나무도 마찬가지다. 이파리 자체가 가시처럼 되어 있는 이 나무는 통째로 베어다 자귀로 톡톡 잘라서 때 보면 타다다닥 소리를 내며 기가 막히게 잘 타던 것이다. 몇 날 며칠 방 안에서만 뒹굴다가 털고 나가서 눈 푹푹 빠지며 나무를 한 짐 해 오면 그것도 참 가슴이 후련했다.

날이 좀 빼꼼하면 남자들이 하는 일이 또 있다. 보리밭이나 마늘밭에 소매를 내는 일이다. 아직 화학 비료가 나오기 전이라 인분은 중요한 거름이어서 놀다가도 똥만은 자기 집에 가서 싸던 시절이었다. 또한 개똥망태 매고 새벽에 고샅의 개똥을 주워다 두엄자리에 던지던 때였으니 겨울 밭에다 삭힌 거름을 내는 일은 중요한 일이었다.

인분은 큰 항아리를 네다섯 개씩 묻어 두고 차례로 퍼 옮기며 잘 저어서 삭혔다가 밭으로 퍼낸다. 생똥을 그대로 퍼내면 농작물이 죽기 때문에 충분히 숙성시키는 것이다.

거름이 귀한 때라 진국으로 그냥 내는 일도 없고 물을 섞어서 되도록이면 많은 면적에 고루 뿌려 주려 했다. 마늘밭에 한두 번 정도 소매를 내지 않으면 마늘 밑이 들지를 않고, 소매를 뿌려 준 데는 거짓말 같이 얼어 죽지 않고 소출이 다르던 것이기 때문이다.

인분을 충분히 저장해 두기 위해서 지금의 시내버스 터미널 부근의 담뱃집 노랭이양반네 밭에는 소망 항아리가 스무 개 정도씩 묻혀 있었다. 동네에서는 가장 땅이 많이 있어 잘 살았으니 소망도 그에 비례했겠지만 얼마나 인색했던지 노랭이란 좋지 않은 별명이 붙었다.

그러나 이 양반이 이십 리도 더 떨어진 격포 너머 종암이라고 하는 데 논을 사서 농사를 지으면서 격포를 오고 갈 때마다 오 원짜리 독쇠주 한 잔을 사서는 갈 때 반 잔 올 때 반 잔씩 먹었다는 말이 있으니, 자고로 부자 말 듣는다는 것은 인색하다기 이전에 남과 다른 그 무엇이 있는 것만은 사실인가 보다.

터미널이 되기 직전 소망이 묻혀 있던 노랭이네 밭은 한 때 묵혀 있어서 우리들이 돼지 오줌보로 만든 공을 차고 놀기에 좋았는데 이 때 한두 번씩 이 소망의 빗물 섞인 퍼런 똥물에 발 안 빠진 사람이 드물었다.

이렇게 빗물도 섞고 아니면 일부러 둠벙의 물을 퍼다 부어서 겨우내 집집마다 똥 삭히느라 소망을 저어 대는데, 무장서 시집온 무장댁 똥은 유독 풀어지지가 않았던 모양이었다. 여자지만 보통 남자보다도 덩치가 커서 무장댁 못지 않은 딸들을 여럿 두었는데 이 무장댁이 시아버지에게 밉보였던지 아니면 유난히 똥덩이가 컸던지

"아, 이 니미럴 놈으 것! 아무리 저어도 무장아 똥떵이는 삭지를 않으니 어떻게 밭에다 낸당가?"

소망을 젓던 시아버지에게 똥타박을 받아야 했다. 그 삭지 않는 무장아 똥덩이는 냄새도 더 나던지, 비 오려고 마파람이라도 불어 대면 뒷집인 우리 집까지 뻗쳐서 코를 못 내놓을 지경이었다. 그러나 비가 오기 전에 소매를 좀 내야 후북하게 땅에 스미는 까닭에 냄새 나는 것이 무슨 대수일까. 소매질통 지고 우리 집 앞을 지나가는 무장댁 시아버지의 삐걱거리는 발소리와 "비 온다 빨래 걷으라 옥님아

동님아", 딸들을 부르는 무장댁의 목소리가 함께 섞여 고샅을 휘돌아 나간다.

비 귀한 변산에, 그것도 겨울비 한 번은 눈 세 번 온 폭이라는데 겨우내 장설이다가 날이 풀어지려면 이렇게 마파람 끝에 비도 오던 것이고 남자들 거름내는 것도 바쁘던 것이다.

용왕님 못 자신
토끼 간 여기 있다

 방 안이 어두워져서 찢어진 문틈으로 밖을 내다보니 또 눈이 오기 시작한다. 벌써 닷새째 내리는 눈이다. 아침 텔레비에서는 풀리겠다는 예보를 내 보내더니 웬걸, 그걸 비웃기라도 하는 듯 여기가 눈 많은 변산 아니냐는 듯 점점 미친 듯이 퍼붓는다. 아마 이대로 한 시간만 더 오면 또 무릎이 채일 것 같다. 근년에 보기 드문 장설이다.
 방 안에 자욱한 담배 연기도 몰아낼 겸 방문을 열어 놓고 마루에 나가서니 추녀의 고드름은 키를 더하고 집 옆 소나무 가지 위에 쌓인 눈이 제 무게를 못 이겨 여기 저기 눈보라를 일으키며 떨어진다.
 이런 날은 그저 불 뜨뜻이 때 놓고 배 깔고 아랫목에 누워 뒹굴뒹굴하는 게 상책이겠는데 맘은 그러질 못하고 되려 자꾸만 밖으로 뛰어나간다. 눈이 오면 좋은 것이 강아지와 애들만은 아닌가 보다.

다시 방 안에 들어와서 전화통을 붙잡고 여기저기 전화를 해본다. 이렇게 눈이 오니 방 안에만 있지말고 나와서 이따 오후에 갯벌에 물 빠지거든 회양이라도 도려다가 한 냄비 끓여 놓고 술 한잔 해보자고-

그러나 먹고사는 방법들이 이제는 달라져서인지 아니면 인간관계가 서로들 변해서인지 한동네 살아도 한데 모이기가 쉽지 않다.

누구는 애들 데리고 나가 목욕하고 점심이나 먹고 오겠다 하고 누구는 볼일이 있어서 면사무소에 간다 하고 또 누구는 집에 손님이 와 있다 하고, 모두들 제각기 먹고살기에 바쁜 듯 몸들을 사린다. 그러고 보면 나만 정작 한가로운 사람처럼 느껴지는가 싶어 한편으로는 씁쓸하기도 하다. 어쨌거나,

가을 멸치 어장이 끝나면 어촌에는 이렇게 어한기가 찾아온다. 가으내 부리던 배들을 마을 뒤켠에 모아 한데 비끌어 매고 어구는 끌어올려 방파제나 집 앞에 쌓아 놓으면 바다는 거칠어지고 사람들은 할 일이 없어진다. 간혹 부지런한 친구가 있어 가용이나 보태고 군입이나 다시기 위하여 가까운 곳에 숭어 그물을 치기도 하지만, 어쩌다 꿈에 떡 얻어먹기로 걸리는 것은 기껏 빠가사리나 모쟁이 몇 마리일 뿐이다.

그러나 아무도 잡지 않는 고기 귀한 때 잡은 찬물고기인지라 반갑기 그지없다. 여름에는 그까짓 빠가사리나 모쟁이는 누가 한 리어카를 실어다 준대도 눈도 거들떠보지 않지만 지금처럼 추운 겨울에

잡히면 대접이 달라지는 것이다. 겨울 숭어 앉았다 나간 데는 뻘만 움켜 먹어도 맛있다 하지 않던가?

　이 모쟁이는 크도 작도 않은 칼자루만씩한 놈이 맛이 있다. 모쟁이가 크면 숭어인데 숭어는 포를 떠야 하고 포를 뜨려면 번거롭기도 하려니와 뼈가 억세어 대가리와 함께 매운탕을 끓이지 않으면 천상 버려야 한다.

　칼자루만씩한 모쟁이는 비늘을 긁고 배를 갈라 창자를 들어낸 다음 몸뚱이는 깨끗이 씻어 물기를 빼고 뼈째 막 썰어 놓는다. 그리고는 김장배추 뽑아낸 텃밭의 폭이 덜 차서 이른 봄에 봄동으로 먹으려고 남겨놓은 배추 몇 포기 도려다가 함께 씻는다.

　이맘때 아직 밭에 있는 배추는 추운 겨울을 이겨내느라 푸른 이파리가 더욱 두꺼워지고 연하고 맛이 있어서 온상에서 자란 상추와는 비견할 수가 없는데 겨울 모쟁이는 이렇게 뼈째 막 썰어서 배추 이파리에 싸 먹어야 제격이다.

　배추 이파리 한두 장에다가 모쟁이 몇 점 초장 찍고 마늘 한 조각 곁들여서 알맞게 싸들고는 옆의 친구에게 "어이, 자네 지금 한가허지? 헐 일 없으믄 술 한잔 쳐봐" 어쩌구 하면서 소주 한잔 받아 입에 털어넣고 고놈 한 입 씹노라면 모쟁이 몇 마리 잡으려고 고생했던 친구가 새삼 고마워지는 것이다.

"아 따　오늘따라　워째　이렇게 쐬주가 달다냐-" 누군가의 입에서 이런 말 나오기 시작하면 그날은 일 벌어지는 날인 것인데 그러나 하릴없이 술고픈 사람들 칠팔에 칼자루 모쟁이 몇 마리가 가당키나 하랴. 누구 입에 묻었는지도 모르게 금세 어디로 없어져 버리고 차라리 처음부터 안 먹은 놈만도 못하게 입맛만 버려놓아 빈 접시만 내려다볼 뿐이다.

다른 때 같으면 그쯤해서 그만두기도 하지만은 이렇게 눈이 오고 할 일이 없으면 괜히 입들이 궁하고 심심해서 도저히 그냥 말수가 없는지라, 이럴 때면 서로 약속이나 한 듯이 비닐봉지에 면도칼 하나씩 챙겨들고 술잔 놔둔 채로 그물 치지 않아도 되는 회양을 도리러 모래갯벌로 나가는 것이다.

이맘때 회양은 일년 내 누가 건드리지를 않아서 씨알이 굵고 토실토실한 것이 애기 주먹과도 같다. 또 먹이를 얻기 위해 꽃같은 촉수를 한껏 벌리고 있어서 마치 그 어떤 것이 연상되기도 하는데 괜스리 멋모르고 손가락으로 찔러 보다 보면 나중에는 손가락이 퉁퉁 붓고 물집이 생겨 혼이 나며 옛날 누구처럼 '회양서방'이란 별명을 얻게 된다.

회양은 가운데를 갈라 요철이 있는 그릇에 담고 굵은 소금을 뿌려서 손으로 몇 번이고 주무르고 박박 문대서 대여섯 번 조이 씻어야 곱이 빠진다. 그렇게 씻은 회양은 생으로 먹으면 싸그락 싸그락 씹히는 맛이 담백하기 짝이 없어 비싼 돈 주고 해삼 사먹는 사람들을 비웃게 만든다.

이게 내잔이니 저게 니잔이니 하면서 다시 술잔이 돌아가고 그렇게 몇 순배 돌아도 회양은 남아서 이제는 된장을 풀고 한냄비 지진다. 이렇게 지지는 회양은 약한 불에서 오랫동안 바글바글하게 해야 제 맛이 우러나오는데 짭짤한 된장찌개를 쌈빡하면서도 깊은 맛이 나게 하는 겨울 바닷것은 아마도 이 회양밖에 없는 것이다.

삼숙이라고도 하고 예비군이라고도 하는 껍질 얼룩덜룩한 빠가사리는 실은 별맛이 없어서 다른 매운탕 끓이는데 곁두리로 조금씩 끼워 넣지만 그러지 않고 따 말렸다가 불에 구워 먹으면 겨울에는 그도 참 맛있는 고기이다.

술 덕분에 몸에 열이 나서 이제 방 안에 있기 답답하면 토끼를 몰러 나간다. 잘 드는 조선낫 두어 개 찾아 들고 가는 철사로 만든, 작년에 쓰다 만 올무 몇 개 챙겨서 신발끈 조여 매고 밖에 나서면 어느덧 눈 멎은 뒷산이 손짓하여 왁자지껄 산으로 달려가는 것이다.

토끼몰이는 눈이 지금처럼 대엿새 내리다 멎어야 할 수 있다. 몇 날 며칠을 북덕새 밑에서 웅크리고 있던 토끼란 놈은 눈이 멎으면 배고픔을 참지 못하고 기어 나오기 마련인데 먹이를 찾으려고 돌아다닌 발자국 하나만 찾으면 그놈은 이미 잡힌 것이나 다름없다.

용궁에는 들어갔다가 어떻게 빠져 나왔는지 몰라도 멍청한 토끼란 놈, 사람들이 모는 성싶으면 지가 다니던 길로만 그 근방을 몇 바퀴고 도는 습성이 있는지라 발자국 위의 중간 중간에 올무 하나씩 벌여 놓으며 몰기 시작하면 두세 바퀴를 돌지 않아 날 잡아 잡수 하며 올무에 목을 들이밀고 버둥거리고 있는 것이다.

그때 그 오진 맛이라니! 온 산이 다 떠나가도록 고함들을 질러대며 꿈인가 생시인가 눈만 멀뚱대는 이놈을 골려대며 산을 내려오면 고함 소리에 놀라 여기저기서 푸드득거리며 산꿩이 날아오른다.

  토끼는 두 귀를 잡고 칼등으로 눈과 눈 사이를 내리치면 빨리 죽는다. 그런 다음 거꾸로 매달아 놓고 뒷다리서부터 가죽을 벗겨 내는데 그 가죽은 아궁이의 재를 묻히고 속에 지푸락을 넣어서 처마 밑에 매달아 말려 놓으면 동네에 오는 장사꾼들이 가죽을 사갔다.

  그런 다음 배를 가르고 창자를 꺼내면 물에 씻어서 햇빛을 쪼이느라 바위에 놓아두었다던 토끼란 놈 간이 거기 있는지라, 어느 때 용문이란 친구 하나가 냉큼 그 간을 집어서는 '용왕님도 못 먹은 것이다' 며 먹어 버려서 두고두고 웃은 적이 있다.

  토끼는 뼈를 잘 발라서 조리해야 한다. 하기 싫고 맘 급하다고 닭도리탕처럼 뚝뚝 짤라서 끓이면 원채 뼈가 억센 산짐승이라 먹을 때 뼈만 있는 것 같아 씹는 맛을 느끼지 못한다.

  귀찮더라도 살은 살대로 발라 잘게 여미고 뼈는 뼈대로 발라 나중에 실한 도마 위에 놓고 칼등과 날로 밀가루 반죽이 되게끔 다져서 수제비처럼 떼어 넣고 끓여야 뼛골의 맛이 제대로 우러나와서 모조리 씹어 먹을 수 있는 것이다.

  산토끼탕은 또 반드시 무를 삐져 놓고 적당하게 익은 김치 국물 몇 국자 넣고 고춧가루 많이 풀어서 맵게 끓여야 한다. 뼈를 다져 넣으면 사람 숫자에 맞춰 설사 물을 한 바가지 더 붓는다 해도 그 맛은 별로 변함이 없다.

꿩은 날짐승이어선지 국물이 맑고 맛이 있지만 잡기가 쉽지 않고 노루는 풀 냄새와 노린내가 나서 때론 역겹기도 한데 산토끼는 끓여 놓으면 노리지도 않고 풀 냄새도 나지 않아서 그렇게 맛있을 수가 없는 것이다.

맷되야지야 변산에서 사라진 지 오래라니 나로서는 그 맛을 알 수 없고 오소리 같은 것도 눈에 띄지 않는데, 애꿎은 토끼란 놈만 만만해서 가끔씩 이렇게 눈 오는 겨울날의 놀잇감과 술안주감이 되는 것이다.

소나기 오듯 술 괴는 밤

겨울 중에도 동짓달 한 달은 가장 한가한 달이 아닌가 싶다.
가을 일이 아직 끝나지 않은 시월도 아니고 명절 준비해야 하는 섣달도 아니기 때문이다. 특히 밤이 긴 달이라 때론 고적하기도 한데 이런 동짓달도 가고 나면 섣달, 섣달도 언듯 초순이 지나면 어머니들은 다시 바빠진다. 그러나 그 바쁘다는 것이 무슨 일이 밀려 바쁜 것이 아니라 대목 명절의 엿 고기, 기름 짜오기, 술 해넣기, 옷 맞추기 들이기 때문에 지극히 없는 집이 아닌 한 미리 미리, 다소간 들뜬 마음으로 할 수 있는 것들이다.

기름집은 시오 리 떨어진 통포라는 동네에 있었다. 이 동네에 살던 뺑돌이네 고모 되던 사람이 하던 기름집은 손으로 누르는 기름틀을 한 대 놓고 기름을 짰지만 이 근동에서는 한 집뿐이었기 때문에 노상 붐볐던 모양이었다. 섣달 한 달은 손님이 끊이지 않는다고 어머니는 항상 섣달도 초순에 기름 먼저 짜다 놓으시곤 하셨으니까.

지금처럼 재료만 가지고 가면 볶아서 짜 주는 게 아니어서 볶는 것은 각자 집에서 해야 되는데 하루 전날 깨 일궈 말려서 볶고, 크고 작은 유리병과 함께 보따리로 이고는 시오 리 길을 걸어 기름을 짜러 다니시던 것이다. 늦으면 우리에게 마중 나오라 이르시고.

당시는 걸어다녔어도 지금처럼 번듯한 신작로가 아니었다. 동네를 벗어나면 병풍장불이라고 하는, 바위가 병풍처럼 둘러쳐진 깝지고 미끄러운 바닷길을 한참이나 가야 되고 그 길이 끝나면 서낭당 돌무더기가 있는 턱거리재라는 꽤 가파르고 높은 고개를 넘어야 했다.

이웃 동네 수락동을 지나서는 무지개재라는 고개를 또 넘어서 논길을 타고 한참 가야 통포라는 동네인데 무지개재, 턱거리재, 병풍장불 모두가 밤에는 귀신이 잘 나는 곳이어서 누구도 마중 없이는 혼자 밤길을 올 수가 없었다.

인공 때, 변산에 빨치산이 진을 치고 있으면서 세가 불리하면 우리 동네를 통해서 밤배를 타고 고창으로 퇴로를 열었다고 하니 우리 동네와 고창은 바로 바다 건너 빤히 보이는 곳에 자리잡고 있다. 지세가 그러하므로 토벌대와 교전이 잦아서 사람이 많이 죽었는데 무지개재나 턱거리재, 병풍장불의 굴이 모두 이웃 동네와의 경계라서 목진을 칠 수 있는 곳이라 특히 사람이 많이 죽었다 한다.

우리 어렸을 때 동네 구장을 하기도 했던 쉰둥 씨는 특히 무서움을 많이 탔는데 한 달에 한 번 정도 오십여 리 떨어진 면사무소에 가는 날은 저녁이면 어른 아이 뒤섞여서 등불 서너 개씩 켜 들고 턱거리재, 무지개재 넘어 어디까지 마중을 나가 주어야 했다.

한 번은 턱거리재를 막 올라서니 쉰둥 씨가 담배를 손에 쥔 채 얼이 빠져 앉아 있었는데 우리가 옆에 바짝 가서야 한숨 소리와 함께 말문이 터져 "저 앞에 있는 저 흐연 것이 무엇이냐?"고 물었다. 흐연 것이 별것이 아니고 나무에 종이 조각 걸린 거였다.

서낭당 돌무더기가 있는 곳이어서 고개를 넘나들며 치성을 드리는 사람들이 간혹 있어 색동천이나 백지, 색실들이 항상 나무에 매여져 바람에 흔들리던 것인데 무서운 생각 끝에 귀신인 줄 잘못 보고 그만 주저앉아 버린 것이었다. 땅거미가 막 지는 때였다.

해가 설핏해서 땅거미가 깔려도 어머니가 안 오시니 이제는 어머니 마중을 가야 한다. 바로 위의 형님과 내가 병풍장불을 넘어 턱거리재를 지나고 나면 이웃 동네가 시작되는 쯤에 어머니는 계시던 것이다.

아무리 마음이 바빠도 오누이를 가진 떡장수 엄마가 아닌 바에야 땅끔이 깔리기 시작하는 귀신 잘 나는 서낭당 고개를 넘어 오실 수는 없었으리라. 어머니는 우리를 보시면 보따리를 끄르시고 얻어 온 깻묵을 주셨다.

동네가 가까워지는 병풍장불쯤에는 등불을 켜 잡고 여간 조심해야 되는 게 아니었다. 바위에 흐르는 물이 미끄럽고 군데군데 얼어 있는 데다가 산에서 바다쪽으로 경사가 심하여 발을 헛딛는 날에는 바닷물 속으로 빨려 들어갈 수밖에 없기 때문이다. 머리에 기름병 보따리를 이신 어머니는 거의 앉은 걸음으로 그 곳을 지나오신다. 인제 동네에 다 온 것이다.

집에 들어가면 퇴창문을 여신 채로 아버지가 문 밖을 기다리시고 누님들은 밥상을 차려둔 채로 부엌 아궁이 앞에서 서성거렸다. 어머니는 마루에 기름병 보따리를 내려놓으시고 그제서야 비로소 "후유—" 한숨과 함께 이마의 땀을 닦으신다. 그러고는 부엌을 향해

"어서 너그 아버지 밥상 딜여라."

이르시고

"상술이 각시가, 친정 먼 동네서 왔다고 넘들보다 빨리 짜 주었어도 질이 미끄러서 늦었어."

아버지에게도 말씀을 건네시며 작은 병 하나를 챙겨서 당분간 먹을 기름을 따르신다. 그러면 침침한 호롱불 밑의 온 방안은 고소한 냄새가 진동을 한다.

그러고는 기름도 처음 짠 기름이 맛이 있다고 크막한 양푼에 김치 종종 썰어서 고추장 몇 숟갈 떠 넣어 방에 들여 놓게 한 다음 기름치고 밥을 비벼, 온 식구 한데서 떠 먹게 하시던 것이었다. 한 사흘 그렇게 참기름에 밥을 비벼 먹고 나면 그제는 좀 물리기도 했다.

기름은 참기름 두 보자기 정도(한 보자기는 깨 석 되 정도), 들기름 세 보자기 정도 짜셨는데 그 때는 지금의 콩기름 대신으로 지짐이나 전들을 부칠 때 들기름을 사용했다.

이 들기름은 약으로도 사용한다. 뚜껑 있는 작은 병에 담아서 몇

년 묵히면 불그스름하게 굳어지는데 연장으로 다친 데 바르고 처매
서 뜨뜻이 불에 구우면 절대 덧이 나지 않았다.

섣 달 그 믐 을 보름 정도 남기고 하는 게 엿 고는 일이다. 조
청이라고 하는 이 엿은 주로 고구마를 사용하였고 거기에 쌀이나 수
수를 섞으면 엿국이 맑아서 엿이 많이 나온다 했다.

고구마는 씻어서 그냥 쪄 껍질을 벗기기도 하지만 뜨거우므로
아예 처음부터 깎아서 찐다. 이걸 물을 붓고 이겨서 엿기름 가루 우
린 물을 따라 붓고 따뜻한 온도가 유지되게 하면서 삭히는데 이 때
쌀밥을 조금 해서 식혜 삭히듯 함께 삭히면 엿도 많고 삭은 정도를
쉽게 짐작할 수 있다는 것이다.

한나절 정도 삭히면 다 삭게 되므로 이 때는 삼베 자루에 엿국을
짠다. 찌꺼기가 많으면 덜 삭든지 재가 넘어서 안 삭든지 한 거고 잘
삭으면 엿국이 잘 빠지고 많고 맑고 찌꺼기가 적다.

이 엿국을 솥에다 고면 색깔이 점점 진하여지며 달기가 더해 가
는데 만 하루 정도는 고아야 엿이 되었다. 이 엿을 고기 시작하면서
부터 명절 기분이 난다.

단 것이 부족하던 때 엿 고는 솥에 국자 박아 놓고 다디단 엿을
한 대접씩 떠 먹는 것은 여간 신나는 일이 아니어서 고샅에서 놀면서
도 절로 입이 벙글어졌다. 엿을 고기 시작하면 엿만 먹을 수 있는 게
아니다. 무나 호박고지, 더덕이나 도라지를 엿에 넣어서 만든 정과는
함부로 많이 먹을 수 없는 귀한 음식들이었지만 그래서 더 맛이 있었

는지 모르겠다.

　한 이틀 불을 줄창 때니 방에는 불이 나서 발을 디딜 수가 없는데 여기에는 몇 날 며칠 물에 골렸다가 쪄서 만든 손바닥만씩한 산자 찹쌀 절편과 오꼬시를 만들 흰 쌀밥을 빨갛고 파란 물을 들여 펴 말리던 것이다.

　파랗고 빨간 오꼬시 밥의 색깔은 어린 나에게는 가히 환상이라고 할 수 있었는데 나는 지금도 그 느낌을 설대목 맞는 포목점의 각종 비단 색깔에서 다시 느낀다. 한복을 단정하게 입은 화장한 여자들이 대낮에도 푸르스름한 형광등 불빛 아래 빨갛고 파란 비단 천을 펼쳐 보이면 이상스레 마음이 설레는 것이다. 그런 것들을 자꾸만 바라보고 싶어서 굳이 대목이 아니더라도 시장에 나가면 나는 포목점 골목을 지나간다.

　엿은 떡 찍어 먹을 것은 좀 묽게 해서 한 단지 먼저 퍼 놓고 콩강정 깨강정 할 것은 좀더 불을 때서 졸인 다음 푸고, 나머지는 되게 졸여서 꼬막단지 하나쯤 되게 보릿광 큰 항아리 밑 서늘한 곳에 보관하는데, 이것은 여름에 배 아프고 설사를 할 때 한 순갈씩 쓴다. 그러나 일 년을 두고 약으로 한 번 쓰기도 전에 다 나의 군입정으로 도둑을 맞아야 했다.

　어느 땐가 쓰디 쓴 궁그락을 내게 먹여서 사정없이 떼를 썼는데 그 때 아버지가 뒤안 보릿광에서 꼬막단지와 놋수저 하나를 챙겨 오셨다. 뚜껑을 열고 위의 파르스름한 곰팡이를 조금 걷어내자 검게 굳어 있는 엿이 보였는데 그걸 한 수저 떠서 내 입에 넣어 주셨다. 입

안에 갱엿 넣고 한참 물렁거리게 한 것처럼 씹히는 맛이 있는데 단맛과 쌉쏘름한 맛이 어울려 그렇게 맛날 수가 없었다. 떼쓰고 울 일이 없어져 버린 것이다.

이후로 집안에 엿도둑이 생겼다. 뒤안의 보릿광은 문턱이 높은데다 광문 손잡이가 어른들이나 여닫기 좋게 달려 있어서 잠궈 놓으면 아직 대여섯 살의 내가 열 수 없는 것이었다. 그런데도 무슨 방법으로든 열고 훔쳐 먹는데 처음에는 한 수저만 먹으려니 하다가도 돌아서 광을 나오기 전에 또 한 수저, 또 한 수저, 그렇게 가슴을 졸이며 댓 순갈 떠 먹어야 광문을 나올 수 있었다.

식구들 눈을 피해 엿을 먹으러 광에 드나들 때마나 나는 내가 풀방구리의 쥐 같다는 생각을 하게 되었다. 도둑질을 그만두게 할 수 없을 만큼 엿이 맛있었기에 나에게 앗긴 건데 나중 한번 어디에 쓰시려고 어머니가 엿단지를 보는 통에 그만 들통이 나고 말았다. 야단은 하지 않으셨지만 "막둥이가 엿을 다 둘러 먹었단 말이다." 형님, 누님들에게 말씀하셔서 굉장히 창피하고 부끄러웠던 생각이 난다.

그믐 사흘 전쯤에 하는 쑥떡은 엿을 찍어 먹어야 제 맛이 난다. 바짝 대목에는 음식이 흔하니 맛이 없다고 쑥떡은 꼭 설을 며칠 앞두고 미리 해서 먹던 것인데 찹쌀 멥쌀 섞은 쑥인절미, 절구통에 매로 철푸덕철푸덕 쳐서 콩가루 고물 묻혀서 엿 한 종구락씩 퍼서 들고 덥적덥적 찍어 먹던 맛은 한 마디로 옹골지다고 할 수밖에 없다. 따순때 식구들 모두 그렇게 쑥떡 한 차례씩 먹고 나면 설이고 뭣이고 그보다 더 좋은 게 없었다.

엿 고 고 나 서 해 넣는 것이 술이다. 아버지가 술을 좋아하시고 친구를 좋아하셔서 일 년이면 몇 차례씩 술을 해서 친구 불러 자시는데 평소에 해서 먹는 술이 막걸리라면 설 명절에 해 넣는 술은 동동주다.

막걸리는 쌀 한 말을 우선 시루에 쪄서(쌀이 귀한 때라 쌀만 가지고 뭘 하는 일은 드물었다. 술밥은 조를 적당히 섞기도 했다.) 맷방석에 펴 식힌 다음, 누룩 한 짝을 절구통에 빻아 여덟 되쯤 되게 준비한다. 평소 술 해 먹는 항아리를 불에 그을려서 씻은 다음 여기에 뜨겁지 않게 식힌 술밥과 누룩, 물 한 동이를 붓고 술약을 넣어 고루 저어서 아랫목에 이불을 씌워 놓는다.

동동주는 누룩을 두 되 정도 더 잡아서 술밥과 같은 비율이 되게 하는 것인데 단, 누룩은 따뜻한 물에 불렸다가 울궈낸 물만 사용하는 것이다. 술밥은 맷방석에 펴서 식히기 전에 한 덩이씩 뭉쳐서 야금야금 먹으면 맛이 있다. 그 꼬두밥을 우리에게 한 덩이씩 뭉쳐 주시며 어머니는 버릇처럼 이런 말을 하셨다.

"차라리 술 한 잔을 주고 말지 술밥 한 뎅이 안 주는 거란다."

술은 아침 나절에 해 넣으면 저녁 먹을 쯤부터는 괴기 시작하고 저녁에 해 넣으면 밤중부터 괴기 시작한다. 이것을 '숨이 탔다'고 하는데 이렇게 숨이 타서 괴기 시작하면 이불 씌워 놨던 것을 걷어서 몸뚱이를 내놓아야 하고 밑이 뜨겁지 않게 고여 주어야 한다.

그렇게 해서 하루 정도나 괴면 시원한 곳에 내놓고 한 사흘 정도 익히는 것인데 술이 싸게 괼 때는 자다가도 들릴 정도로, 마치 소나기가 오는 듯했다. 술을 해 넣은 날 저녁은 자다가 허다히 소나기 오는 소리에 잠을 깨곤 했는데 깨어나서 둘레둘레 눈을 비비며 살펴보면 술 좋아하시는 아버지가 술독에다 귀를 대고 흡족한 표정으로 그 소나기 오는 소리를 듣고 계셨다.

　술이 잘 익고 맛이 좋으려면 첫째 물이 좋아야 하지만 누룩도 좋아야 한다. 유월달 밀을 거두면 어머니는 제일 먼저 하시는 일이 누룩 디디기이다. 누룩은 유월이 지나면 잘 뜨지 않는다 해서 반드시 오월에서 유월 사이에 디디는 것인데 이 때 디딘, 잘 뜬 누룩이라야 술이 좋던 것이다.

　밀을 우선 거칠게 갈아서 다시 절구통에 부드럽게 빻는다. 빻을 때는 손에 쥐어서 버실버실할 정도의 물기를 준 다음 망태기 밑에 보자기를 펴고 퍼 담아서 깨끗한 버선을 신은 발로 꼭꼭 디딘다. 이렇게 디딘 누룩 망태기는 따뜻한 아랫목에 덮어 놓으면 곧 열이 나기 시작하는데 열흘 정도 그렇게 띄우면 거무스름한 색깔로 변한다.

　누룩을 말릴 때도 망태기째 못에 걸어서 바람을 쏘인다. 누룩 디디는 망태기는 누룩 곰팡이 때문에 쉽게 삭아 버려서 헌 망태기를 사용하는데 그렇게 만든 누룩은 항아리 속에 몇 짝씩 넣어 놓고 술 해 먹을 때는 물론 여름에 보리 단술 할 때도 사용했다.

　쉰 보리밥이 어쩌다 좀 남으면 베에 싸서 으깨 주물러 여름 옷풀을 하기도 하지만 많은 밥이 쉬어 버린 경우에는 누룩과 엿기름을 빻아 넣고 옴박지에 단술을 담아 놓는다. 보리 단술은 아침에 담아서 낮 동안 따뜻한 장독에 내어 놓으면 누룩과 엿기름의 작용으로 술이

시누대 | 대나무의 한 종류

용수 | 대로 엮은 길쭉한 그릇. 막걸리 단지에 꽂아 두면 맑은 술이 용수에 고인다

제주 | 제사에 쓰는 술

되면서 달게 삭는데 이걸 주물러 으깬 다음 체에 걸러서 단 것을 더 넣고 끓이면 맛있게 새참을 먹을 수 있는 것이다.

　덜 삭아서 끓이기 전이라도 위에 맑은 물과 보리밥풀을 떠 먹으면 참 맛이 있었다. 누룩을 많이 넣고 만든 단술은 두어 그릇씩 먹고 나면 취기가 돈다. 그 맛이 모주라고 하는, 막걸리에 흑설탕 넣고 끓인 것과 사촌간이나 될 텐데 단술은 풀기가 더 많아서 묽은 죽과 같아 새참으로 먹으면 든든하기도 했다.

　아랫목에 해 넣은 술이 한참 괸 다음의 아직 덜 익은 상태를 '미주'라 하는데 달고 맛이 있다. 아직 술 먹을 줄을 모르는 내가 그 미주 맛은 알아서 보릿대나 시누대 대롱을 박아서 술항아리에 코를 박고 취하도록 먹었으니 지금 술 잘 먹는 것도 아버지의 내림인지 어릴 적 버릇인지 잘 모르겠다.

　막걸리는 용수를 박아 꽃주를 떠서 제주로 쓰기도 하고 초를 안치는데 쓰기도 한다. 이 꽃주는 전내기, 혹은 전국이라고도 하는데 물을 치고 거른 술이 아니기 때문에 여간 독하지 않아 술 잘 먹는 사람도 두어 사발이면 한나절 맥을 못 쓰든지 무슨 사단을 벌이게 만드는 술이다.

　전내기는 많이 떠 버리면 막 걸러서 먹는 훗술이 맛이 없다 하여 많이 뜨지 않았다. 그러나 싱거운 훗술이라도 맑은 술을 먹으려면 물을 좀 주고 하룻밤 다시 익힌 다음 용수로 떠내기도 하는데, 이런 것은 찌꺼기를 주물러 거르지 않고 버려야 하기 때문에 보통은 전내기 좀 떠낸 다음 물 주어서 주물러 체에 거른 막걸리를 애용했던 것이다.

이 툽진 막걸리는 바로 먹으면 물 냄새가 난다 하여 하룻밤쯤 놔뒀다가 서로 아울러지면 먹었다. 그렇게 독하지 않으면서도 오랫동안 뱃심과 취기가 유지되어 힘든 일을 할 때나 굿 치고 놀 때는 그만이었다.

명절날 세배꾼이 끊이지 않고 걸러 놓은 술은 바닥이 났을 때 회장 저고리 소매를 걷어붙이고 부엌에서 술을 걸러 내오시던 어머니 모습이 지금도 눈에 선하다.

동동주는 푹 익으면 쌀알은 밑에 가라앉고 노랗게 맑은 술 위에 밥풀 몇 개 동동 뜬다. 동동주는 처음 해 넣을 때 생강이나 계피, 과일 들을 갈아서 보자기에 싸 함께 넣고 하면 막걸리보다 향이 더한데 물을 주지 않고 막 먹기 때문에 독하다.

술이 익으면 아버지는 생전 혼자 먹는 분이 아니다. 처음부터 바닥을 볼 때까지 친구분들을 모셔다가 권커니 자커니 하시는데 명절 때는 물론이요, 평소에도 술을 자주 해서 우리 집은 지금도 술 잘 하는 집으로 소문이 났다. 세배가 없어진 지 오래지만 어머니 술 솜씨를 아는 형님 친구들 내 친구들은 부러 세배를 와서 술을 내놓으라고 성화를 대니, 그 성화를 무지르지 않기 위해서 어머니는 지금도 해마다 술을 하신다.

풍물 소리 들리지 않는 곳이
어찌 고향이랴

아랫목 술 괴는 소리에 잠이 깨 보면 명절 옷을 지으시느라 주무시지도 않고 호롱불 가까이 바느질을 하시는 어머니를 볼 수 있었다. 뭔가 그냥 자기가 서운해서 자던 내 자리를 내놓고 어머니 옆으로 옮겨 가서 누우면 어머니는 아버지 옷 짓던 것을 내게 덮어주신 채로 바느질을 하신다.

가려운 몸뚱이에, 이리저리 돌려 가며 바느질 하시는 풀 먹여서 사각거리는 광목천은 꺼끌꺼끌하여 시원하기 그지 없었고, 풀 하얀 그 냄새와 어머니의 고소한 냄새, 흐릿한 호롱불 밑에서 콧소리로 뭔가를 흥얼거리시는 것들이 어우러져 다시 내 잠을 재촉한다. 아슴한 기억 속에 멀게 닭 우는 소리도 들려 왔다.

아버지의 옷과 큰형님의 옷은 그렇게 지으셔도 나머지는 사서 입혔다. 특히 내 옷은 맨날 까만 학생복이다가 좀 커서는 고리땡 바지에 잠바였다. 물려 입힐 동생은 없고 한참 클 나이라 옷을 항상 큼지막하게 사 입혀서 소매 바지를 두 번씩 걷어도 우장 입은 것처럼 보인다. 겨울내내 까만 물들인 버선을 신고 형님의 옷을 줄여 만든 고무줄 바지에 학생복 윗옷 차림이다가 설빔이라고 사온 옷이 구럭 같이 크기만 하니 어쩌다가 둘러보는 혁띠나 모자, 앞코가 반절이나 눌러지는 운동화도 맘에 안 들기는 매 일반이었다.

그러나 내 기억에 추석 설빔을 안 사 입었던 적도 없는 듯하다. 그도 저도 못 하는 내 또래에 비하면 호강에 겨운 시절인 셈이다.

엿 고랴 두부하랴, 술 해 넣고 떡 하느라 대목 무렵이면 곡식도 많이 들고 나무도 많이 드는데 일 년내 쌀밥 한 번 제대로 못해 먹다가도 이 때만큼은 쌀 한 가마씩을 들여 놓아 아버지는 식구들을 참 든든하게 하셨다. 어느 핸가 무슨 일이 잘 안 되셨던지 잠자리에서 아버지 어머니가 쌀 때문에 걱정하시는 말씀을 듣고 어린 마음에도 나는 몹시 불안했다. 떡도 보리떡만 할 테고 밥도 보리밥……이런 것 때문이었다. 그러나 아버지는 내가 그런 걱정을 오래 하게 놔 두지는 않으셨다. 실제로 우리 집이 어려워져서 명절 쌀 걱정보다도 평일 보리밥 걱정을 하게 된 것은 아버지가 돌아가시고 난 후부터였으니까.

내가 좀 커서 집에 나무를 해 대게 되었을 때 떡 찌는 나무나 멧밥 짓는 초하룻날 새벽에 쓸 나무는 감나무골이라고 하는 먼 산에 가서 바짝 마른 장작을 해 왔다. 나뿐이 아니고 동네 나무꾼이 다 그랬다. 좋은 나무 때서 떡 찌고 밥 하는 것만을 중요하게 여겼다기보다는 나무가 귀한 때라 엿 고는 것처럼 나무가 많이 드는 것은 끄렁 장작 좀 덜 말린 것을 때서 진진하게 해야 되고, 아무래도 밥은 좋은 나무 때서 연기 불티 나지 않게 단시간에 해야 되기 때문이었다.

그렇게 나무도 명절 대목 나무라 해서 소용에 맞게 한 열흘 정도 바짝 해 대서 쌓아 놓고 엿도 고고 떡도 찌는데, 항상 떡 찔 때 떡 안 익어 애먹는 집이 있으니 우리 고모 할머니 집이었다.

살림 주관하던 고모 할머니의 큰며느리는 인공 때 빨치산으로 죽은 시아재의 귀신이 씌어 신굿을 여러 번 했으나 눈에 항상 이상한 빛이 흐르고 뭔가 혼자 중얼거리기 예사였는데 가리는(금하는) 것이 많고 걱정이 많아서 어느 땐가 세어 보니 걱정이 서른 한 가지더라!

심지어 떡 안 익는 것도 걱정이어서 떡 할 때마다 오줌 싼 애도 못 들어오게 한다고 부엌 바라지 처닫고 그것도 모자라 문 앞에 금줄까지 쳐도 시루밴이 터지고 떡이 설었다. 그 또한 큰 걱정이 아닐 수 없던 것이다. 섣달 그믐날 고모 할머니 집 떡 찌네 하면 어머니는 말 듣는다고 나에게 그 집 문 앞에 가지 말라고 단단히 주의를 하시곤 했다.

섣달 그믐, 이른 아침부터 남자들은 어울려서 돼지를 잡아 한 사람이 한 다리씩 짓을 들고 다시 그 사람 책임 아래 여러 사람이 어울려 한두 근씩 나누어 집에 가져가서 설 쇨 준비를 한다. 이 고깃값은 보통 여름에 보리로 계산하기로 한다.

이 날 배 있는 사람들은 긴 대나무 베어다가 기를 있는 대로 다

내다 꽂고 물이 들어오는 때를 가늠해 고사 모실 준비에 바쁘다. 생기복덕生氣福德 가려 뽑은 당산제 모실 화주는 첫새벽부터 찬물에 목욕을 하고 제사장을 보러 오십여 리가 넘는 줄포장을 간다.

눈이 녹아 마당이 질퍽거리는 집은 앞장불 자갈을 담아다 깔아야 하는 것도 이 날 일이요, 바쁜 안식구들을 위해서 물질통 지고 물을 길어 물항마다 가득 채워 주는 것도 이 날 남자들의 몫이다. 제사 음식을 따로 해 놓고 한 접시 다시 담아 먼저 이웃집에 돌리는 것은 어머니들 일이고, 객지 나간 식구들을 기다리며 하루 종일 떠들썩하여 먹지 않아도 배부른 날이 이 날이다.

아마도 내가 열아홉 살 때였던 것 같다. 그 때까지 집에서 강의록을 사다가 검정고시 공부를 했는데 남들 다 먹는 서울 물을 먹고 싶은 핑계로 그랬던지 공부한답시고 서울을 갔다. 공부하러 간다고 했으니 공부를 해서 금의환향을 해야 할 텐데 그러나 혼자 하는 강의록 공부가 될 턱이 없었고, 돈도 좀 벌어 보고 싶은 생각에 이것저것 기웃거려 보았으나, 남의 밑에 매여서 그제사 무슨 기술을 배우기는 또 싫었다.

그래서 어찌어찌 하다가 시작한 것이 남에게 구애받지 않는 고물 엿장수였고 한나절 정도만 리어카를 끌고 벌지도 못하는 장사를 하면 오후에는 강의록 공부 대신 종로쯤에 나가 데모 구경하는 것으로 공부를 때웠다. 유신 정권 무렵이었고 나는 공장 다니는 셋째 형 밑에 있었다.

그 때 나를 데리고 다니며 여러 군데 시국 강좌나 모임에 기웃거리게 하며 귀동냥을 시켜 준 누님이 한 분 있었는데 내게 쏟는 정성이 이만저만이 아니었다. 아직 학생 신분이었지만 없는 돈 쪼개서 끼니때면 밥 사 주고 술 사 주고 차비 주고 책 모아서 주고, 그 때 금서로 묶여 있던 신동엽의 장시 「금강」을 어디에선가 베껴다 주어서 보게 한 것도 그 누님이었다.

그러다가 하루는 나를 불러 앉히고 정색을 하고는 하는 말이 '농민이 농촌에 있어야지 서울에 있을 필요 없다'는 거였다. 이미 그의 말뜻을 알아들을 정도의 의식이랄까 그런 게 있던 차에 그것은 새삼 내 자신의 일생을 결정하는 어떤 충격 같은 것이었다. 그에게는 두

말이 필요 없는 권고였고 나로서는 다시 의심해 볼 필요 없는 결정이었다. 나는 시골로 내려와서 농민운동을 하기로 마음을 먹었다.

그런 다음 한량 같은 고물장수를 때려치우고 진짜 고생으로 돈을 좀 벌어 볼 생각으로 어느 연립 주택 짓는 데로 난생 처음 노동일을 나갔다. 공교롭게도 슬라브를 치는 날이어서 난생 처음 질통을 져야 했다.

그 날 하루 어떻게 일을 마쳤는지 모르겠다. 아마 속으로 울기를 여러 차례 했을 것이다. 나뭇지게와는 달리 요령이 생기지 않았는데 무거운 질통을 지고 남에게 맞춰서 삼층 바라시를 뛰어 오르내리는 일은 아직 내가 할 수 있는 일은 아니었다. 힘써 내 몸뚱이로 진짜 적은 돈이라도 벌어 보겠다는 각오로는 너무나 힘든, 그러나 결코 중간에서 그만둘 수 없는 인생의 승부와도 같은 것이라는 생각 때문에 하루를 버팅겼을 뿐이다.

그러나 그 이튿날 다시 나가고 또 나가고, 동트면서 나가야 되는 겨울 공사판 일을 그렇게 스무 날을 나가서 연립 주택이 다 지어졌다. 그러나 무슨 까닭인지 계산을 해 주지 않아서 이번에는 몇이 어울려 상계동 산꼭대기의 십장 집으로 매일같이 돈을 받으러 다녀야 했다.

그렇게 어렵게 받아 낸 돈이 십사만 원이었다. 하루에 칠천 원짜리 노동일이었던 셈이다. 어연간 설이 돌아와서 섣달 그믐날 새벽, 집에 내려올 준비를 마치고 나는 용산역으로 나갔다. 좌석이 있을 턱이 없고 두 시간 줄을 서서 구한 것이 입석이었다. 처음엔 누구나 다 그러했다지만 집에 내려간다는 설레임으로 전날 잠을 잘 수가 없었고, 어찌어찌 겨우 다리만 싣고 오는 느낌인 미어터지는 열차를 타고 곤욕을 치른 것도 나에게는 그 때가 처음이었다.

　김제역에서 내려 부안 격포를 왔을 때는 날이 어두워진 지 오래라서 차는 이미 끊어진 상태였다. 할 수 없이 군데군데 덜 녹은 신작로의 눈을 등 삼아 이십 리 산길을 걸어올 수밖에 없었다. 집에 온다는 일념 때문이었는지 무서운 밤길을 무서운 줄도 모르고 걸어왔는데 양 손에 짐을 든 탓이었는지 온몸이 땀으로 목욕을 한 듯했다.

　인제 저 숯구덩이 미친년 잔등만 돌아서면 동네의 불빛이 보이는 것이다. 아버지 산소가 바로 그 곳에 있고 좀더 가면 증조 할머니 산소도 있는 곳이다. 그 미친년 잔등이란 산모롱이를 돌아섰을 때 나는 그 자리에 우뚝 서 버리고 말았다.

　덩기덕 덩기덕 덩기덩 덩기덩……. 불빛보다도 먼저 바람을 타고 귓전을 파고드는 아련한 풍물소리를 들었기 때문이었다. 섣달 그믐, 객지에 나갔다가 칠흑 같은 어둠을 밟고 산모퉁이를 돌아 어디메쯤 왔을 때 풍물 소리 들리지 않는 곳이 어찌 고향일 수 있을까. 뜨거운 눈물이 내 볼을 타고 흘렀다.

　내가 굿을 제대로 배우기 시작한 것도 그 때부터였고 굿을 배워서는 섣달 그믐이면 어김없이 굿을 친 것도 그 때부터였다. 그러나 돌아와서 하는 농사일이나 농민운동은 결코 굿 치는 일처럼 되어 주지는 않았다.

　전기가 들어오기 전이어서 집집마다 등이 내걸리는 섣달 그믐의 그 어두운 골목을 매귀굿이라 하여 동네 사람들이 굿을 치고 들어오면, 어머니는 하루 종일 장만한 음식 안주와 걸러 놓은 술을 내서 굿패들을 대접하시곤 하셨다. 집집마다 밤새 그렇게 굿을 치면서 굿패가 고샅을 휘돌아 나가면 누구네 집 낯선 손님이 오는지 멀리 개 짖는 소리가 나고 한숨이나 붙이셨는지 꼭두새벽녘 어머니는 다시 부엌에 나가셔서 아궁이에 불을 지피고 메를 지어 차례 준비를 하셨다.

액맥이 연이
끈을 풀고 바다 건너

요즈음은 사람들 나이가 육십을 넘어도 새신랑 같아서 환갑을 쇠지 않고 칠순 잔치나 한다고 한다. 영양가 있는 음식을 먹고 힘든 일을 하지 않아도 되는, 옛날보다는 월등 나아진 생활 형편 때문이겠다. 그래서인지 한 사십 먹어 뵈는 사람도 나중에 나이를 알고 보면 환갑이 가까워서 놀라는 게 한두 번이 아니다. 사람 보는 눈이 이토록 어두운 것은 아마도 내가 옛날 가늠만 대는 버릇일 터이다.

사십만 돼도 옛날엔 노인 축에 든달까 명절이면 아무튼 하얀 두루마기를 입고 앉아서 세배들을 받았다. 우리 동네만 해도 그렇게 세배들을 받다가 사십을 겨우 넘기고 죽은 사람들이 수두룩하지만 그다지 젊어서 죽었다는 생각이 들지 않을 정도였다.

다른 동네에 비해서 결코 작지 않은 동네이지만 내 어릴 적 기억엔 누구네 환갑 잔치 하는 것도 본 적이 없다. 먹고살기 어려우니 안 했을 수도 있겠지만 육십을 넘기가 어려웠던 모양이다. 이야기가 엉뚱하게 가는가 보다.

설날 아침은 해 뜨기 전에 먹어야 일 년 내 아침밥이 빠르다고 꼭 꼭두새벽에 메를 짓고 국을 끓여 차례 지내고 아침을 먹었다. 어서 일어나 세수하고 절하라는 소리에 잠을 깨 보면 아버지와 형님들은 벌써 일어나 옷 갈아 입고 앉아 계시고, 이미 차례를 지냈는지 상 위의 과일들을 내려 놓고 국을 다시 덥혀 밥 먹을 준비를 하신다.

세수하러 밖에 나가면 아직 깜깜하다. 그 설날 아침에 먹은 돼지고깃국과 해우 맛을 나는 아직 잊지 않는다. 그믐날 동네서 잡은, 뼈다귀째 끓인 두부와 김치와 움파를 양념한 돼지고깃국에 밥 한 그릇을 말아 먹었다.

백 장 한 톳을 사지 못하고 오십 장 반 톳이나 그도 아니면 스무 장거리를 사서 보름 때 먹을 것을 남겨 두고 구워 올린 해우는 묵은 간장에 참기름을 떨어뜨려 함께 놓는다. 입이 있어 백 번을 말한다 해도 그 향기로운 맛을 표현할 길이 없는데 지금의 김 맛과는 차라리 비교하지 않는 게 좋지 싶다.

이날 아침은 소도 설을 쇤다. 개 돼지야 사람 먹는 찌꺼기를 먹으니 말할 것이 없지만 어머니와 함께 일어난 아버지가 평소보다 겨를 더 넣고 맛나게 끓여 놓은 쇠죽을 사람 밥 먹자마자 나가서 퍼 주는 것이다. 여물 솥 여는 냄새를 맡고 풍경소리도 요란하게 뿔떡 일

방아리를 붙이며 | 이랑을 만들며

철륭 — 철용. 장독

과세 — 설을 쇠다

어난 소가 구시 앞으로 달려든다. 한 달 후 이월 초하룻날이 되면 쟁기를 끌고 방아리를 붙이며 첫 일을 해야 하는 소이다.

 소뿐이 아니다. 철륭에 문간에 윗방에 마루에, 서운한 곳마다 한 상씩 차려 놓아 울안 귀신 객귀들도 다 설을 쇠게 한다. 먹을 것 없던 시절이라 먹는 것으로 못다 살고 못다 먹은 귀신들을 위로했던가 보다. 아침이 끝나면 상을 걷어치우고 서둘러 설거지를 한다. 하루 종일 세배꾼 맞을 상을 준비해야 되기 때문이다.

 세배꾼들은 주로 형님 친구들이다. 큰형님 둘째 형님 셋째 형님, 한꺼번에 오는 게 아니라 두세 명씩, 혹은 고샅에서 서로 만나서 대여섯 명씩 우 몰려오기도 한다. 문을 열고 들어서서 윗목에 늘어서면 이 세배꾼들의 세배를 어머니는 꼭 받지 않으려던 것이다. 그러나 그렇게는 되지 않는다. 세배꾼들이 놔 두질 않는 것이다. 항상 손에 무언가를 묻힌 채로 절은 무슨 절이다냐, 손사래를 치시다가 수건에 손을 대충 닦고 못 이긴 척 맞받아 주신다. 절이 끝나면 으레 묻는 이야기가

 "(어른들) 모시고 과세랑 잘들 했는가?"

 "금년에는 그저 재수 대통들 히야지?"

 그러나 그놈의 재수가 언제나 대통을 할런지 나는 여적지 우리 동네 사람들 중에 재수 대통했다는 소릴 못 들었다. 아니, 그저 이만큼만, 더 변치나 말았으면 쓰겠다.

 세배를 마친 세배꾼들은 한 상 걸게 받는데 눈이 푹푹 오면 토방에 올라서서 눈을 터는 또다른 세배꾼들의 수선스런 소리가 들린다.

상을 한켠으로 밀고 자리를 넓혀도 뒤에 온 꾼들은 자리가 좁아서 앞 뒤 포개서 세배를 한다. 세배꾼들끼리 하는 인사, 술 권하는 소리, 그릇 포개는 소리, 식혜 엿중발 서로 빼앗아 가는 소리, 대청 딸린 윗방에서 음식 내오는 소리, 뜨거운 아랫목 궁둥이 옮기는 소리, 횃대나 시렁의 옷이나 베개 내려지는 소동, 이 세배꾼들이 가고 나서 방을 훔치는가 싶으면 우세두세 또 한 패 몰려오는 소리.

이튿날 쯤엔 어머니는 몸살이 나셔서 아예 아프다고 누워 세배를 거절하지만 그게 또 그렇게 되질 않던 것이다. 나이 먹은 일가 친척들을 포함해서 동네 세배꾼들은 그렇게 한 사흘을 벗어나지 않으며 이웃 동네 세배꾼들은 초사흘이 넘어야 온다.

초하룻날 오후나 세배꾼이 좀 뜸한 이튿날쯤 어머니는 음식 한 상씩을 잘 차려서 상보를 덮고 술 주전자를 들려 색동옷 입은 누님들을 큰집과 작은집, 고모 할머니집과 새집 할머니집 같은 일고여덟 군데 일갓집과 이웃집에 세배를 보내신다. 그렇게 차려 보낸 세배꾼 딸은 빈 상 들고 오는 법이 없었으니 음식 나누고 세배하고, 미풍양속이라고 하는 것은 바로 이런 것들을 두고 하는 말이겠다.

풍물 소리가 들리기 시작한다. 제대로 치는 굿이 아니라 이사람 저사람 짝을 이뤄서 서로 굿가락들을 맞춰 보느라고 또드랑 땅, 깽매개깽, 아직 이어지지를 않는다. 소고를 챙기고 고깔을 써 보고 곡식 자루를 챙기고, 입에 담배를 말아 문 채 괴춤에 손을 대고 소망 먼저 가는 사람, 가발 수염 지팡 막대 금방 여기 있더니 어디 갔냐고 소리 지르는 사람, 그제사 장고채 깎는다고 낫 찾는 사람, 굿을 처음 이루는 집이 굿소리보다도 사람 소리로 더 시끄럽다.

어찌 어찌 굿소리가 나기 시작한다. 하나 둘 사람들이 더 모여든다. 처음 시작하는 굿이 대번에 신명이 오를 리 없고 춤추는 어깨가 얼쑤, 아직 흥겨울 수 없겠는데 그것을 잘 아는 안주인네의 술상이 때맞춰 나와서 버성기는 사람들을 불러모은다. 동네 사람들 모두 어울려 정월 한 달, 보름 한하고 치는 굿판이 한 잔 걸게 먹는 것으로부터 시작된 것이다.

굿이 시작되면 물론 굿가락도 흥겨워야지만 굿가락 그 자체만으로는 한계가 있는 법이다. 연희자와 관객이 나누어진 무대의 사물놀이는 사물의 가락만으로 짜여져 다른 사람들이 끼여들 여지가 없지만 마당의 굿판에서는 구경꾼들의 참여 없이는 굿이 이루어지질 않는 것이다.

그것을 너무나 잘 아는, 진정한 의미에서 놀 줄 아는 동네 옛 어른들은 그래서 누가 시키지 않아도 탈바가지를 만들어 쓰고 이 고샅 저 고샅서 뛰어나와 놀았고, 스스로 신명을 풀으려 어릿광대 병신짓으로 남을 웃기고 자기도 웃었다. 투박한 굿가락은 그 때 비로소 힘과 신명을 타는 것이다. 그런 굿가락이어야만이 찌들은 묵은 해를 달고 새해를 열 수 있는 것이다.

굿을 치는 것은 주로 남자들인데 노는 것은 주로 여자들이 논다. 그래야 판이 어우러진다. 우리 동네 옛날부터 쇠 잘 치는 분은 민수네 할아버지로 왼손 엄지손가락이 없어도 쇠끈을 휘휘 감아 떨어뜨리지 않고 잘도 치셨다. 장구는 도팩 씨, 자갈이라고 하던 태현 씨가 잘 쳤는데 장구통이 터져라 쳐 대며 쇠와 시합이라도 벌이는 듯한 모습이 눈에 선하다. 장구 잘 치는 것도 내림인지 태현 씨의 아들 용대, 조카 얼쿠백이가 모두 동네의 수장구를 치며 가락을 이었다.

조왕 철륭 안택을 비는 굿은 온 집안이 다근다근하게 치고 나면 집 안에 먼지 한 톨 남아 있지 않을 것 같은 후련한 느낌이 든다. 이때 곡식 되라도 더 뜯어서 동네 일에 보태려고 드잡이를 놓는 사람들에게 말을 거꾸로 엎어 놓고 쌀을 부어 한 말 낸 것처럼 장난하는 쥔네 양반은 놀기 좋아하는 사람이고, 잘 사는 집에서는 소를 내야 한다고 외양간의 소를 끌고 나와 덩실덩실 춤을 추는 사람도 지지 않는 사람이다.

이런 북새 속에서도 이웃 아주머니들은 부엌에서 바쁜 안주인을 도와 술국을 끓이고 상을 보아 마당으로 내가는데 막걸리 한 사발씩 목을 축이고 담배 한 대씩 먹고 나면 이제는 마당을 빙빙 돌며 작은 판굿을 벌인다.

조무래기들은 원진의 맨 안쪽에 서고 그 다음엔 놀지 않는 점잖은 사람들이 웃으며 구경하고 굿구경보다는 울타리 너머에서 고개를 빼고 삐끔삐끔 굿구경하는 처녀들을 청년들은 더 눈여겨 본다. 춤추는 사람이 지나가고 장구 치는 사람이 우리 앞을 지나가면 장구 소리에 배가 다 울렸다.

이렇게 판이 무르익을 때 어디서 이쁜 각시 하나 나온다. 맞지 않는 붉은 치마 노랑 저고리에 머리에는 수건을 가렸으나 분명 남자인데 입술 연지 감쪽같고 손에 든 수건이 천연하구나!

이 여장 남자가 가끔 치맛자락을 들춰서 사람들을 홀리면, 질세라 남장을 하고 나와서 짝을 이루는 사람이 있으니, 죽은 까마귀 각시가 바로 그다. 나이를 먹었어도 얼굴에 바른 분이 나이를 감추고 두루마기, 수염, 손에 든 담뱃대로는 사타구니에서 남자 흉내를 내니 굿판은 점점 신명의 도가니로 변해 간다.

이 까마귀 각시는 쉬는 때는 또 온갖 가지 잡동사니를 몸에다 주렁주렁 달고 깡통을 두드리며 각설이 타령을 구성지게 잘 부르는데, 노래보다도 그의 몸짓이 우스워 배꼽을 쥐던 것이다.

쪽을 졌어도 곱슬거리는, 머리의 동백기름이 유난히 반짝이는, 까마귀 남편이 살아 있던 때인데도 방 안에서 바느질을 하고 있으니 동네 어떤 총각놈이 방문 밖에서부터 시뻘건 자지를 까고 들어와 한 번만 보자고 하여 에라 이런 쎄를 뺄 놈, 방맹이를 찾아 들고 좃대갱이를 내리쳤다는 사람이다. 평소에는 이쁘고 얌전하던 여자가 굿판에서는 웬 신명이 그리도 많았는지 모르겠다.

봄이 되면 이골짝 저골짝을 귀신같이 찾아서 두릅 취 고사리 더덕, 바구니 가득가득 남보다 잘 한대서 산나물 귀신이란 별명이 붙은 까마귀 각시는 저승에서도 아마 신명떨음을 하고 다닐 것이다.

굿판이 진하면 마지막에 벌어지는 장난이 숯검정 묻히기다. 누구 한 사람이 먼저 숯검정을 묻히기 시작하면 백 번 씻고 도망다녀 봐도 소용이 없어 결국은 모두 이빨만 허연 검둥이들이 돼서야 끝이 난다. 치는 사람도 구경꾼도 신랑각시도 어릿광대도 병신도 성한 사람도 잘사는 사람도 못사는 사람도 다 그렇게 똑같아지고 나서야 끝이 나는 것이다.

초사흘 넘어 시작한 굿이 밤을 새우다시피 하여 내리 대엿새를 쳐야 오십여 가호의 동네굿을 다 칠 수 있었다. 이맘때쯤은 어느 동네를 가도 굿소리 나지 않는 곳이 없는데 당시 수성당 당굿으로 유명한 격포에는 '전사섭'이라고 하는 장구잽이가 한 명 있어서 우도 가락으로 말하면 그 기량을 견줄 사람이 드물었다 한다.

이미 오래 전에 죽은 사람이지만 지금도 장구 잘 치는 사람을 보면 '사섭이 장구'라 부를 정도로 호를 남긴 사람이다. 변산 반도와 줄포만 일대가 모두 마당 앞에 칠산 어장을 가진 동네들이라 당제를 모시는 데 열심이고 굿을 노는 데 신명을 더해서 그런 사람도 나올 수 있었나 보다.

남자 여자 어른 아이 다 떨쳐나와서 동네 지신 밟기가 끝이 나면 그 뒤부터는 여자들만의 장난굿이 이어진다. 굿이라기보다는 '또닥거리'라고 해야 할 단순한 가락을 자기네끼리 맞추어서 놀던 것인데 그런 가락이나마 겨우내 모여서 연습한 것이다.

정월굿이 시작되기 전에는 동네굿을 가지고 놀 수 없으니까 쳇바퀴나 밑 빠진 양철동이에 횟가루 포대를 세 겹 네 겹 바르고 화롯불에 말려서 장구를 대신하는데, 이 횟가루 포대장구는 조금만 쳐도 소리가 안 나므로 가끔 화롯불에 쬐어서 팽팽하게 당겨 주어야 한다. 굿거리나 노래장단들을 연습한다지만 손이 한 번 굳은 사람들이라 겨우내 배워도 가락이 맞지를 않아 답답하다. 그러나 술 한 잔씩 먹고 흥이 나면 쳇바퀴 장구의 엉터리 가락으로도 얼마든지 신명떨음을 하던 것이다.

그렇게 연습한 여자들의 장난굿이 한 사흘 이어지는 것은 사실은 굿을 핑계대고 자기들끼리 뛰고 놀기 위함이다. 지금도 대절 버스 속에서 한 번 뛰기 시작하면 몇 시간이 됐든지 간에 집에 다 와야 끝장이 나는데 일 년에 한두 번 놀던 때는 그 강도가 오죽하겠는가? 굿이고 뭣이고 한 번 시작하면 도대체 말릴 수가 없어서 끼니 때가 되어도 불러 올 수가 없었다. 그래도 성질 급한 남정네들 이런 때만은 대부분 참아 주던 것이다.

정월달 한 달은 놀다 보면 어느 새 보름이 다가와서 여자들은 다시 보름 쇨 준비로 바쁘다. 이 때쯤이면 음식들도 다 바닥이 나서 특별히 보름 때 쓰려고 남겨 놨던 엿이나 오꼬시 정도가 있을 뿐이다.

보름은 설과는 달라서 음식을 많이 하지 않는다. 호박고지떡 정도와 아홉 가지 나물, 오곡밥이 위주여서 개 보름 쇠듯 한다는 말이 나왔을 정도다. 그러나 말이 나물 아홉 가지고 오곡밥이지 실제로는 그게 결코 만만한 가짓수가 아니다.

아홉 가지 나물을 세어 보자. 우선 고사리나물 취나물, 도라지와 머우대, 바다에서 나는 톳나물, 호박나물, 고구마순나물, 시금치나물, 콩나물, 무우나물 들인데 여간해선 이 나물들을 다 하지 못한다.

그것은 어쩌면 예로부터 내려오는 형식이니 마음 속에 잊지 않겠다 생각하는 것이며 단 서너 가지 나물이라도 정성을 다해서 장만하고 남아서 버리는 일이 없었다.

보름에는 나물 몇 가지에다가 '왁대기'란 음식을 빼지 않는다. 무우 굵직굵직하게 썰어서 고춧가루 벌겋게 넣고 멸치나 고등어로 맛을 내는 이 왁대기는 무우가 푹 물러야 제 맛이 난다. 맵지 않은 나물과 함께 조화를 이루어서 오곡밥 먹기가 한결 수월한 반찬이다.

보름은 해 뜨기 전 더위를 팔고 애들이든 어른이든 귀밝이 술과 부럼을 씹은 다음에 하루 종일 밥 아홉 그릇을 먹고 나무 아홉 짐을 하는 날이다. 삼신 사상이라는 것, 삼의 삼배인 아홉만큼 밥을 먹고 힘써 아홉 짐의 나무를 하라는 말을 들을 때마다 나는 걱정이 앞서곤 했다. 어떻게 아홉 그릇 아홉 번의 밥을 먹으며 아홉 짐 나무는 언제 하나, 정말 옛날 사람들은 그랬을까, 그러나 생산을 권장하는 그 주술적 의미를 알게 되면서부터는 오히려 그렇게 해 보고 싶었다. 지금도 그 생각에는 변함이 없다.

옻이 올라 고생하던 나에게 자기의 서답 말린 것을 발라 줬던 순창댁이란 아주머니에게는 수현이라는 아들이 하나 있었다. 이놈이 보름날 새벽에 더위를 판다는 것이 그만 지 아비에게 팔아버렸다. 아비의 이름이 용두인데 "용두야, 내 좆!" 하고 만 것이다. 함부로 지 애비를 호명한 것도 당돌한데 내 더위란 말을 내 좆이라고 했으니 절로 웃음이 나오는 것이다. 그래서 동네 사람들은 그 애를 보면 항상 "네 이놈! 용두야 내 좆, 또 한 번 히 봐라."하고 웃던 것이다.

더위를 팔고 집에 오면 어머니는 나에게 조리를 들려서 아홉 집의 밥을 얻어오라 등을 떠미셨다. 남의 집 문 밖에서 말을 못하고 서 있으면 대개는 아주머니가 정답게 불러서 조리에 가득 밥을 퍼 주던 것인데 뛰다시피 돌아다니며 아홉 집의 밥을 차례차례 얻어다 어머니를 드리고 나서 자랑스러워했던 기억이 새롭다.

목기에 따른 말간 청주를 귀 밝으라 조금조금 먹여 주고 상 위의 밤은 주머니에 넣어 주신다. 그러고는 하시는 말씀이 '오늘은 밥 아홉 번 먹고 나무 아홉 짐 해 와야 한다' 였던 것이다. 나무는커녕 하루 종일 불깡통을 들고 수풀마다 불질러 먹기가 일이었고 이날 넘으면 연을 띄우지 못한다 하여 동산에 올라가 연실을 있는대로 풀어 액맥이를 시켰다.

액맥이 시킨 연이 끈을 풀고 바다를 건너 건너편 고창의 산으로 멀어지는 것을 보고 있노라면 나도 모르게 가슴이 후련하기도 하고 뭔가 잃어버린 것 같기도 하여 기분이 이상했던 경험이 있다. 조그마한 것들이 밤이 되면 뭐 안다고 불깡통을 힘껏 공중으로 던지며 떠오르는 달을 보고 망월이야 외쳤는지 모르겠다.

한 집이 놓기 시작하면 수십 가호가 일제히 댓불을 놓아서 대 튀는 소리에 온 동네가 난리를 만난 듯했다. 멀리서 보면 집집마다 불기둥이 벌겋게 솟고 달은 이제 동편 산에 댓 발이나 떠올랐다.

백지로 새끼를 꼬아 목에 두르고 이 날은 잠을 자면 눈썹이 세어진단다, 그러나 졸음을 견디다 못 해 잠이 들면 이튿날 아침엔 진짜 눈썹이 하얗게 세어져 있었다. 백지를 꼬아 목에 둘러 주시며 잠자지 말라던 아버지 옆에서 웃던 형님들이 내가 자는 동안 밀가루를 발라 놨던 것을 나중에야 알 수 있었다.

줄다리기라도 하는 해에는 동네 전체가 술렁거린다. 설 때부터 끊이지 않고 굿이 이어지는 것은 당연한 것이며 이 때 걷은 쌀로는 술과 떡을 빚고 지푸라기로는 줄을 꼰다. 줄을 꼬는 데는 우리 같은 조무래기들도 손을 거들 수 있어서 더욱 좋았다. 짚단 가져다 주기, 옆에서 집어 주기, 끌고 나가기, 숫자 세어 보기, 심부름들을 하는데 그것도 어른의 한 몫인 셈이다.

줄은 만 하루를 꼰다. 논농사를 거의 짓지 않는 자그마한 어촌이지만 온 동네 사람이 다 떨쳐나와서 하루를 쏟아붓는 큰 줄을 꼰 것이다. 일고여덟 살 우리들의 팔로 세 아름 정도의 줄이다.

열나흘 날 꼬아 놓았다가 보름날 아침 열 시쯤이면 '제화소리'를 하는 것으로부터 줄다리기는 시작된다. 엄청나게 큰 통나무를 열 십자로 놓고 맷방석처럼 엮으면 가오리 연처럼 되는데 그 가오리 연에 사람이 올라타고 동네를 한 바퀴 돌면서 제화소리를 하는 것이다. 그 가오리 연에 타는 사람이 내 팔촌 형님이셨다.

쌈 잘 하고 사람 웃기기 잘 하고 중방 잘 서던 그 형님은 그러나 사십을 갓 넘기고 중풍으로 돌아가셔서 제화소리의 가락이나 내용을 알 수 없음이 답답하다.

암줄 숫줄이 동네를 한 바퀴 돌다가 앞장불에서 만나면 서로 어르고 비녀목을 꽂는 것은, 줄다리기를 아는 사람들에게는 새삼스러운 이야기이다. 다만 육십 호가 채 못 되는 동네의 오백여 명 사람들이 개미새끼 한 마리 남기지 않고 모두 나와서 줄을 다릴 때, 이루 말할 수 없는 북새통 속에서도 징을 쳐 대며 호령하는 동네 어른, 그 수염 허옇던 봉기 박새완의 모습을 다시 한 번 그려 보고 싶을 뿐이다. 그로부터 불과 이삼십 년이 지난 지금은 차마 여기가 사람 사는 곳이라고 말할 수 없도록 동네가 피폐해졌기 때문이다.

    백오십 명이 채 못 되는 동네 사람들 중 오분의 사 정도가 노인들이요, 농토의 반 이상이 외지인에게 팔렸거나 묵밭이 되었으니 더 말해서 무엇하겠는가?

쑥개떡 향 아른아른한 **봄**

하얀 쌀밥에
목이 메이는 사람들

　삼동이 다 가고 입춘 우수 봄이 시작되면 빠각빠각 얼기만 하던 얼음도 풀리고 양지쪽에 햇볕이 따사로워진다. 설을 쇠고 나면 보통 입춘이어서 입춘이 본디 따숩기보다는 춥기가 예사인데 풀리는 날이기 때문에 그 추위라는 게 알아볼 만한 것이다. 하기야 삼월에 독 얼어 튄다는 말이 있으니 동난불신冬暖不信이라고 하는 변덕스러운 겨울 날씨를 믿을 것이야 없지만 날씨보다는 사람들의 마음이 벌써 봄이 된 것은 어쩔 수 없는 것이다.
　입춘이 돌아오면 집안 청소를 하고 입춘축을 써 붙인다. 입춘축은 '입춘대길立春大吉 건양다경建陽多慶 우순풍조雨順風調'며, '천증세월인증수天增歲月人增壽 당상부모천년수堂上父母千年壽'며, '슬하자손

만세영膝下子孫萬歲榮 춘광선도길인가春光先到吉人家', 읽기만 해도 마음이 밝아지는 것에서부터 '호납동서남북재戶納東西南北財' 점잖은 것과 '작조정전鵲鳥庭前재작재작' 이니 '붕새(부엉새)동산부흥부흥' 이니 하는 재미있는 것도 두루 많다.

    이 입춘축을 십수 장 써서 붙이는 집이 있다. 대개는 서당에 다니는 학생이 있는 집이 그러기 예사인데 입춘축을 써 보며 배운 글씨를 뽐내는 것이다.

    이 때쯤이면 햇볕에 따사로운 마루나 토방에 메주를 씻어 말려서 간장을 담근다. 이월에 담그는 간장은 물 한 말에 소금이 두 되요 삼월에는 석 되를 써야 된다고 하는데, 간장을 담글 소금물은 하루나 이틀 전에 미리 풀어서 썼다. 소금물 담긴 항아리에 메주와 함께 큼직한 숯덩이와 통고추를 서너 개씩 띄우면 새끼로 금줄을 만들어 둘렀다. 일 년 열두 달을 두고 먹어야 하는 장이니 부정을 타지 말고 맛있게 익으라는 뜻이다.

    장 항아리에는 이 밖에 또 한 가지, 참옻나무를 넣는다. 한 뼘 남짓하게 서너 토막 끊어서 넣든지 껍질을 벗겨다 넣기도 하는데 이걸 넣으면 간장 색깔이 더욱 검붉게 우러나고 변하지 않으며 그 간장을 먹는 사람은 옻나무를 가까이 해도 옻이 타지 않는다 했다.

    나는 옻을 잘 타는 체질인지 산에 나무를 하다가 잘못하여 옻나무를 만지면 살 무른 사타구니부터 온 몸으로 번져 고생을 한다. 한 오 년 전쯤인가, 늘그막에 시집을 가서 겨우 애기 하나를 낳고 속이 허해서 고생하는 누님의 부탁으로 어머니가 집에서 옻칠을 낸 적이 있다. 옻칠은 속병에도 좋지만 옻으로 고생하는 사람에게도 특히 좋은 약이므로 나는 이번에 한 번 먹어 둔다 생각하고는 겁도 없이 두 대접을 달래서 먹었다. 그러고는 꼭 보름동안 밤잠을 못 자는 고생을 한 것이다. 옻을 먹을 때 고생할 것은 각오했지만 조금씩 견딜 만하게 먹지 않고 처음부터 거푸 두 대접을 들이켰으니 옻 잘 타는 사람이 어쩌겠는가? 옻을 먹고 난 그 날 저녁부터 온몸이 벌겋게 달아올라서 옷을 입고 있을 수도 없을뿐더러 가렵고 벌떡증이 나서 견딜 수가 없었다. 밖에 나갈 수도 없으니 밤낮 방 안에서 굼벵이처럼 뒹굴어야만 했던 것이다.

　죽지 않고 살았던 것이 다행이라고 해야 할까? 하지만 똥인지 된장인지 모르는 사람은 그렇게 고생해야 마땅한 것이다. 그러나 나는 오기로 두 번 정도 옻칠개를 더 먹었다. 처음의 경험을 살려서 양을 조절했더니 옻도 심하게 솟지 않고 가려운 줄도 몰랐다. 그 뒤부터는 옻 아니라 옻 할애비가 와도 옻이 오르는 일은 없던 것이다.

　간장에 넣어서 먹는 옻은 그 양이 아주 적으며 오랫동안 이어지니 아무리 옻을 타는 사람도 고생할 일이 없을뿐더러 나도 몰래 점차 내성이 생겨서 나중에는 결국 옻을 타지 않게 된다. 나같이 성질 급한 사람이 아니면 간장의 옻만으로도 충분한 것이다. 이런 것은 선인들의 지혜라고 밖에는 달리 말할 것이 없다.

이 른 봄 보 리 밭 을 매 면 서　잘려진 보리잎과 하나둘씩 캐 모은 나숭개는 된장을 풀고 국을 끓이면 가장 먼저 먹을 수 있는 봄나물이 된다. 눈 밑에서 겨우내 추위를 견디느라 납작 엎드린 초록의 잎싹들은 연하기도 하거니와 달고 향기가 그만이어서 더더욱 입맛을 돋군다.

작년에 떨어진 씨앗에서 무더기로 돋아난 달롱개는 파처럼 깨끗이 다듬어서 종종 썰어 넣고 깨소금 많이 넣어 간장을 타면 짭짤하게 밥을 비벼 먹기가 알맞았다. 더욱이 평소보다 입쌀을 조금 더 넣고 하던 무우밥이나 콩나물밥은 꼭 이 달롱개 장을 쳐서 비벼야 제 맛이 나던 것이다.

또 이 무렵 바닷가 바위에 새로 돋는 지총은 애들 손가락 길이만씩 자란 것을 뜯어다가 깨끗이 다듬어 씻은 다음 물에 데치면 아주 새파란 색을 띠게 된다. 이걸 다시 불에 올려놓고 된장과 파마늘 양념 간 후에 잘 뒤적여서 지지면 삼삼하고 쌈빡한 맛이 견줄 게 없다.

위에 병이 있으면 삶아 말려서 가루를 장만하여 건위제로도 상복하였으니 잘 퍼진 보리밥에 비벼 먹는 지총나물은 된장의 구수한 맛이 어울려 밥을 절로 삭게 만드는 것이다.

지총 뜯어 오는 나물 바구니 한켠에 주먹만큼 따로 뜯어 오는 것은 꼬시래기 나물이다. 바위 웅덩이나 물 가장자리에서 머리카락 너울거리듯 너울거리며 자라는 꼬시래기는 지총과 같은 털이 없는 대신 가늘고 길고 꼬실꼬실하대서 꼬시래기이다.

이 꼬시래기에다 꾸적 같은 것을 잘 다듬어서 데친 뒤에 된장기를 하고 초를 친 다음 갖은 양념으로 주무르면 몇 끼를 먹어도 물리지를 않았다.

그러고 보면 들나물 산나물도 된장이요 바다나물도 된장, 끓이고 지지는 데도 된장이요 체하고 멍든 데도 된장, 쌈에도 된장, 생선회도 된장을 찍어 먹는 데가 있고 개장국도 된장기를 하지 않으면 개비린내를 없앨 수가 없으니 이 된장이야말로 시골이고 도시고 간에 김치와 더불어 반찬으로서는 최고의 비중을 차지한다고 해야겠다. 정말 일 년 삼백육십오 일의 하루 세 끼 끼니를 된장 김치 안 먹는 때가 드물 것 같다. 그래서 간장 된장을 담글 때 그렇게 정성을 들이는가 보다. 다른 반찬과는 달라서 주부라면 누구나 어느 집이나 간장 된장을 담글 줄 알았다는 이야기이기도 하다.

그러나 간장 된장을 집에서 담그는 일도 요즈음은 보기 흔찮은 일이 되어가는 것 같다. 간장은 시중에 나오는 양조 간장이나 혼합 간장을 쓰고 액젓을 사용하는 일이 많아졌으며, 간장을 빼고 담근 짜고 덜 맛난 재래 된장보다는 시장에서 쉽게 구할 수 있는 개량 된장과 청국장을 쓰기 때문이다.

간장은 담그면 매일같이 뚜껑을 열어서 햇볕을 쪼여야 되는데 지금 도회지에서는 대기 오염 때문에 그러지도 못한다고 하니 그 또한 간장을 담지 못하는 이유가 되겠다. 또 간장을 담그지 않으려면 간장 빼지 않은 된장이라도 담금직하건만 그러지도 않는다. 가장 소중하게 생각해야 할 반찬을 어쩐지 소홀하게 생각한다.

도시와 비교할 수 없겠지만 시골도 요즈음은 간장 된장을 담그는 집이 줄어들고 사다 먹는 집이 늘어간다. 앞으로는 간장 된장도 옛날 어른들 정정하게 계시는 집에서 부러 담그지 않으면 그 재래의 방법은 맥이 이어지지 않을 지도 모른다.

　옛날 음식을 배워서 만들어 보고 남보다 맛나게 할 수 있다는 것은 음식 하는 사람들에게는 남과 다른 자긍심을 가져다 줄 것 같은데 내남없이 '먹고살기 바쁜데 언제……' 라고 하며 편리함만 좇아간다. 그런 걸 보면 요즈음 세대에게 그 먹고살기 바쁘다는 것은 비단 음식뿐만이 아니라 여러 방면에서 편리한 방패막이가 되는 것 같은 느낌마저 든다.

　<u>날이 완전히 풀려서</u> 장독이나 우물가 그늘진 곳의 물도 얼지 않을 즈음이면 고구마 퉁가리 좁혀서 방을 넓히고 고구마 종자를 내묻었는데 따뜻한 거름더미 위에다가 내묻으면 싹이 빨리 올라왔다. 마땅한 거름더미가 없으면 방 윗목에 가마니와 두꺼운 짚을 깔고 두엄자리의 거름진 흙을 들여 고구마를 묻고 물을 듬뿍 준다.

　이렇게 하여 한 보름쯤 지나면 자주색의 아주 깨끗하고 조그마한 싹이 흙을 뚫고 솟아나와 저절로 눈길을 모은다. 생명의 모습이라고는 구경할 수 없는 겨울의 어두컴컴했던 방에서 어린 잎싹을 본다는 것은 코흘리개 꼬맹이인 우리에게 다가올 봄을 예견하고 생명의 신비에 고개를 갸웃하게 하는 것이었다.

　고구마 종자를 내묻고 퉁가리를 좁혀서는 새로 만들든지 몇 가마 담아 놓고 아예 치우기도 하는데 이 때 썩은 고구마는 따로 담아 내서 샘 한 귀퉁이의 허름하게 생긴 항아리에 물을 부어 우린다. 삼사 일에 한 번씩 새 물을 붓고 휘저어 스무 날 정도 울궈 내면 하얗게

탈색이 되며 썩은 냄새가 없어지는데 이 때는 시루에 망사를 펴고 밭아서 물을 뺀다. 완전히 물기가 빠진 녹말은 손으로 집어 횟가루 푸대 같은 데 펴 말리는데 이걸 다시 빻아서 가루를 낸 다음 어린 쑥을 뜯어다 넣고 개떡을 만들던 것이다.

서 푼도 아깝잖을 썩은 고구마를 가지고 많은 공력을 들여서 쪄낸 이 쑥개떡은 그러나 먹어 보면 고구마 썩은 깊고 은근한 냄새와 어린 쑥의 달고 향긋한 맛이 어우러져 어머니 말씀을 빌리자면 '알른알른한 것이 깨밀면 이빨이 덧놀도록' 차지고 맛있는 것이다. 봄떡은 양반도 먹는다는 말이 이를 두고 한 말이 아닌지 모르겠다.

봄철 밭둑에 수도 없이 돋는 어린 쑥은 보리밭 매다가 짬짬이 한 바구니 뜯으면 개떡도 찌고 쑥국도 끓이고 쑥버무리도 한다. 쑥은 많고 쌀은 적어서 한 되 남짓 불린 쌀을 절구통에 빻아서 한 말이나 됨직한 쑥에 버무려 찌는 쑥버무리는 버슬버슬하기만 하여 대접에다 떠 먹어야 했다. 꼭 쑥만 먹는 것 같았다. 그럴망정 색다른 음식이라고 이웃에 한 대접씩 돌리던 게 생각난다.

이 쑥버무리는 긴긴 봄날 새참거리로는 다시 없는 것이었다. 새참거리가 꼭 쑥버무리만 있는 게 아니지만 손쉽게 한 번씩 해 먹을 수 있었던 허물없는 음식이라는 것이다.

곡기는 적고 섬유질은 많으니 먹으면 든든하지는 않지만 뱃속이 편하고 풍덩풍덩, 이튿날 똥싸기가 그렇게 시원스러웠다. 한가하게 똥싸는 타령은 왜 하는가 싶겠지만 이 똥을 잘 싸서 아랫배가 시원해야 하루가 거뜬하기 때문이다.

술을 잘 먹는 남자들은 술 때문이기도 하겠지만, 곡류와 육류가 늘어난 지금의 식습관은 장의 활동을 둔화시켜서 이른 아침 내놓는 일부터가 영 신통찮다. 하루 종일 찜찜한 것이다. 변비가 생기는 것도 이 식습관과 무관하지 않다.

봄을 이야기할 때마다 빼놓을 수 없는 것이 있으니 부황에 죽은 사람들이다. 인공 전 일이라 하니 내가 알 수 없는 이야기지만 어머니를 따라가서 부황에 죽은 최부덕이란 사람의 제사를 본 인상이 지금껏 지워지질 않는다.

콩니라는 자그마하고 이쁘장한 딸을 둔 최부덕의 각시는, 우리 어머니와 언니 동생하는 사이여서, 홀어머니의 제사가 쓸쓸할 것을 염려하는 어머니는 매년 멥쌀 한 되를 들고 나를 업고 제사에 참례하곤 하였다. 남편 죽은 지 이십 년이 더 되었어도 메를 지어 수저를 꽂으면 최부덕의 각시는 이렇게 울던 것이다.

"이 사람아, 많이 먹소. 이 사람아, 많이 먹고 가소. 이런 밥 한 그륵만 있었으면 안 죽을 틴디. 이런 밥 한 그륵만 있었으면 안 죽을 터인디……. 아이고 이 무정헌 놈의 시상!"

　당시 부황으로 죽은 사람은 둘이 더 있어서 모두 봄 제사인데 얼마 전까지만 해도 이들의 제삿날엔 울 밖으로 울음소리가 나왔다. 그러나 지금은 그 손들만 남아 있어 울음소리가 겨우 그쳤다. 흉년 때는 쑥만 많이 있어도 살 것 같았다 했는데 지금은 쑥도 잘 안 먹는다. 하얀 쌀밥을 앞에 두고 목이 메이는 사람들도 하나둘씩 없어져 가는 것이다.

　진달래가 피면 동네에서 좀 떨어져 마주 보는 개건너란 산은 온통 진달래꽃 천지가 된다. 하루 종일 뒷산에서 뻐꾸기가 울면 개건너에서는 여자의 울음소리가 끊어졌다 이어졌다 피를 토하듯 들려온다. 사람을 끄는 듯한 그 울음소리를 따라 혼자 개건너를 가 본 적이 있었다.

　바구니를 옆에 낀 아낙 하나가 진달래꽃을 따 담으며 슬피 운다. 입술을 깨물며 숨죽여 우는 소리가 적막한 산에 가득 퍼져 온 산을 뒤흔들던 것이다. 가만히 지켜보다 뒤따라 가 보면 그 아낙이 가는 곳은 아들의 무덤이다.

　폐병에 걸린 아들을 약 한 첩 써 보지 못하고 쌀밥 한 그릇 먹이지 못하고 죽여 땅에 묻고 해마다 진달래꽃 피는 제삿날이 돌아올 때면 그렇게 울던 것이다. 청기네 어머니가 그이다. 청기가 아직 병중에 있을 때 진달래꽃 술이 약이 된다 하여 개건너로 진달래꽃을 따러 간다 하였는데 '청기야—' 부르며 울고 가던 것이 그 술을 못다 먹인

한이 있는지 죽은 뒤에도 꽃을 따며 그렇게 울었던 것이다.

아지랑이 아롱대던 따뜻한 봄, 동네 동구 밖에는 많은 사람들이 모여서서 누군가를 전송하며 더러 눈물을 뿌리던 일도 어제 같다. 징집 영장을 받아 군대에 가는 동네 청년을 모두 나와 전송하는 것인데 또래들은 요넘어 격포나 산내, 부안까지도 따라가고 미친년 잔등 너머 산 모퉁이 속으로 아들의 모습이 사라져 보이지 않게 되면 땅에 주저앉아 우는 것은 그의 어머니다.

영장을 받으면 오십 호가 넘는 동네 집집마다에서는 귀한 쌀을 더해 밥을 한 끼니씩 해 먹이는데 아들 둔 사람들은 그걸 모두 다 내 아들 일이라고 생각했기 때문이다. 그러고는 집집마다 십 원씩을 걷어 차비를 보태 준다. 더러는 가면서 먹으라고 인절미를 해서 보자기에 싸 주기도 했다.

전쟁이 끝난 지 얼마 되지 않던 흉흉한 군대인지라 한번 가면 언제 제대할지, 성한 몸으로 올지를 모르는 일이라 모두 다 그렇게 눈물을 뿌려 전송하던 것이다.

부모님 전상서 편지가 오면 삼이웃이 다 돌려 보고 불초소자는 잘 있으니 걱정 마시라고 몇 번을 당부해도 또다시 편지 올 날을 기다리며 삼 년을 기다리던 것이다. 스무날 휴가를 맡아 집에 오면 그래서 한 집도 빼지 않고 집집마다 인사를 하러 다니는 것이 군대 간 사람의 일이었다.

이런 속에서도 유독 월남까지 갔다가 죽지 않고 살아 온 사람이 우리 동네 박우진 씨이다. 제대 십여 개월을 남겨 놓고 강제 차출로

월남을 갔으니 그의 집에서는 흡사 초상을 만난 듯하여 가뜩이나 꼬부라진 그의 어머니가 날마다 눈물로 세월을 보냈다.

월남서 날아 온 대필을 한 듯한 항공 우편 편지를 나는 그 때 처음 보았는데 그의 어머니는 아들보다도 그 편지를 더 기다리는 것이었다. 이미 한 달 전에 보낸 편지인데도 편지를 받아 들면 마치 죽었다 살아난 사람 같았다.

그러다가 아들이 돌아온 것이다. 군대를 갈 때도 이른 봄이었고 올 때도 이른 봄이어서 배웅과 마중이 다 추웠는데 그 날 밤 그 집에서는 굿판이 벌어졌다.

남들은 월남 갔다 살아 올 때엔 부자가 되어서 온다는데 그는 더블백에 넣어온 것이 총 들고 찍은 사진 몇 장과 야전 손도끼, 지금의 일회용 커피 같은 미제 커피와 깡통에 든 비스킷, 트렌지스터 라디오 한 대와 속옷 몇 장이 전부였다.

그러나 동네서는 처음으로 커피라는 것을 타서 신기한 듯 먹어본 것도 그 사람 덕이요, 비스킷을 먹은 시초도 그 때문일 것이다. 선글라스를 하나 가져왔는데 방 가운데 상을 놓고 벽돌림으로 노래를 부르던 그의 친구들이 자기 차례가 오면 그 선글라스를 건네받아 쓰고는 노래를 불렀다. 지금 생각하면 아주 우스운 일도 그때는 우습지 않고 대단한 일인 듯했다. 돈 벌어 오지 못한 것은 내싸두고 살아 돌아온 것이 사실 대단한 일이었다. 간장 된장 이야기를 하려다가 엉뚱하게 군대 갔다 온 이야기가 나와 버렸다. 봄을 떠올릴 때마다 왜 이런 기억이 튀어나오는지 알 수가 없다.

서숙 | 조

사카린 물 한 대접이면
뱃속이 꼴랑꼴랑

　점심을 고구마로 때우던 겨울에도 아침 저녁은 보리에 서숙에 고구마를 섞어 불려 지은 밥으로 양식을 아끼지만, 일을 시작하는 봄철이라고 해서 결코 겨울 이상으로 먹지 못한다. 보리밥에 쌀이라도 한 주먹 놓아 먹을 수 있는 것은 보리가 항아리에 가득했던 여름이나 가을철 때 이야기일 뿐, 겨울부터 이듬해 보리타작을 하기까지는 수수니 콩이니 밀북섬이니 고구마 썰어 말린 것이니 먹을 만한 것은 무엇이든 섞어서 끼니를 이어 가던 것이다.
　보리는 드문드문 십 리 가다 하나씩 섞이고 거무스름하고 질커덕한 차조밥에 고구마가 반절이 섞인 밥상을 받으면 보리밥은 마치 쌀밥 같은 생각이 든다. 이 때는 제발 보리밥을 먹어 보는 것이 소원이었다. 느른하고 질커덕하고 고구마를 섞어 달기까지한 차조밥을 내가 싫어하기도 했지만 어쩌다 한 번 안 먹겠다고 투정을 부리면 아버지는 모두 다 들으라는 듯 등따습고 배부른 소리 한다고 야단을 하셨다.

그러나 누룽지와 숭늉 만큼은 그 어느 밥보다 맛이 있어서 밥을 풀 때 방에서 부엌으로 여닫는 문에 버티고 서 있으면 어머니는 꼭 밥을 다 푸고 달챙이 수저로 누룽지를 긁어 주먹밥처럼 한덩이를 뭉쳐 주시던 것이다.

이걸 윗저고리 학생복 주머니의 먼지를 털어 버리고 불룩하게 넣어 놓으면 밥을 다 먹고 혼자 놀면서 야금야금 꺼내 먹기 좋았다. 노릇노릇하고 바삭한 게 그렇게 고소할 수가 없던 것이다.

어느 해 겨울 윗방에 서당을 앉혔을 때 서당 선생이 연로하신 까닭에 지척에 있는 아들 며느리 집을 다니지 못하고 아침 저녁을 우리 집에서 하셨다. 이 선생은 어머니에게 특별히 부탁을 하여 고구마 섞은 차조밥 반 그릇에 찐 고구마 하나씩을 놓도록 하셨는데 어쩌다 고구마를 빼고 밥을 한 그릇 드리면 당신은 밥보다는 고구마가 더 좋다고 하시며 어머니를 나무라던 것이다. 그러고는 밥을 반 그릇쯤 남기시었다.

노인 선생이 소화 잘 안 되는 고구마를 자시고 하루 종일 방 안에 앉아 있으면 더욱이 뱃속이 편할 리 없으련만 좋잖은 고구마를 좋다고 하시며 긴긴 봄날에도 입을 덜려고 애쓰시던 모습이 지금도 가슴에 얹히는 기억이 됐다.

밀북섬은 절구통에 밀을 대강 찧어서 고추밭 콩이라고 하는 커다란 돈부콩을 넣고 사카린 물을 버무려서 시루에 찌는 것이다. 뜨거울 때는 그래도 부드러워서 두어 끼 끼니를 잇지만 식으면 딱딱하기가 돌 같아서 한 입 떼 넣으면 한참씩을 씹어야 넘어가던 것이다.

오래오래 씹으면 참 맛은 있어서 떡처럼 떼어서 들고 다니며 먹을 만했다. 대개는 긴 봄날 새참거리로 밀북섬을 먹었다. 밀은 광택이 나는 겉껍질을 절구에 찧어 많이 벗겨내면 보리처럼 맨밥을 지을 수도 있었다.

그러나 밀의 소출이라는 게 보리보다는 적고 밥을 해서 식으면 아주 딱딱하게 굳기 때문에 밀을 주곡으로 할 리는 만무하다. 보리나 서숙이 달랑달랑할 때 딴 데 쓸 소용으로 보관해 뒀던 밀을 밀북섬이나 밥을 하여 몇 끼 끼니를 대신할 뿐이다.

소출이 많은 고구마를 오래 두고 먹을 수 있는 방법은 썰어 말려 보관하는 것밖에 없다. 상처가 없고 크기가 알맞은 고구마는 퉁가리를 하고 그렇지 않은 것들은 골라서 고구마 써는 기계에 썰어 말리는데 이렇게 썰어 말린 고구마를 '절건 고구마'라 했다.

밭이 많이 있는 이웃 동네 수락동은 가을이면 묘지나 펑퍼짐한 바위, 바닷물 닿지 않는 자갈땅 같은 곳에 고구마를 허옇게 썰어 말리는데 비라도 오려고 날이 꾸무적하면 우리 같은 소학교 학생들은 공부하다 말고 죄다 나가서 고구마를 주웠다. 학교가 수락동에 있었기 때문이다. 그러고는 그 댓가로 양쪽 호주머니에 꽉 차게 고구마를 넣고 와서는 공부를 하면서도 내쳐 먹었던 것이다. 하기 싫은 산수 공부를 할 때 마침 선생님이 고구마를 주으러 가자고 하면 그렇게 신날 수가 없었다.

절건 고구마는 물에 불렸다가 밀북섬과 마찬가지로 고추밭 돈부콩을 넣고 사카린 물을 타 뿌리면서 뒤적인 다음 솥에 삶는 것이다. 이러면 돈부콩도 맛있고 단물이 밴 부드러워진 고구마도 맛있어 한 대접씩 퍼서 먹었다. 그러나 이런 것들은 다 보리밥 곱삷이에도 비교할 수가 없어 노상 먹고 나면 허전하고 배가 고팠다.

사카린이 처음 나왔을 때는 배고프면 사카린 물을 타서 먹었다. 육십 년대 중반, 돈 많은 사람의 대명사로 불리워져서 성 대신 돈 아무개라고 하던 사람의 밀수 덕분이었는지 아니면 그 전부터 제조 유통되어서였는지 잘 모르겠지만 밥과 반찬을 뺀 군입정 음식에 이 사카린을 넣지 않은 때는 거의 없었던 것 같다.

단 것이 먹고 싶으면 일 년에 한 번 정도 엿을 고아 먹었을 뿐인 것을 사카린을 사 쓰고부터는 물을 먹을 때도 사카린 물을 타 마셨고 먹고 싶으면 사탕 대신 그냥 한 태기씩 입에 넣고 나중에 물을 마시기도 했다.

읍내 장에 가면 종이에 싸 놓은 십 원하는 사카린을 반드시 한두 봉지씩 사다가 김 나가지 않게 뚜껑 달힌 그릇에 넣어 애들 손 닿지 않는 곳에 보관해 둔다. 어머니나 누님 몰래 이 사카린을 훔치면 이것은 꼬마들끼리의 물물 교환에서 꽤 가치를 발휘하기도 했다.

나의 먼 친척 형님 한 분은 손재주가 좋아서 내가 항상 탐을 내던 썰매니 대나무 스케이트, 팽이, 연, 새총 따위를 잘 만들었다. 찰흙을 이겨서는 실물과 흡사한 자동차, 구루마, 심지어는 보리 치는 발동기, 탈곡기까지를 만들었는데 어느 땐가 그 형이 만든 젖줄 고무줄 새총이 너무 욕심이 나서 사카린을 조금 가지고 가서 맞바꾼 적이 있었다.

가지가 양쪽으로 똑같이 뻗은 물푸레나무였던 그 새총은 껍질을 벗기고 하얗게 다듬어 내 손 안에 꼬옥 들어오게 자그만했는데 앞장불에서 주운 새총알을 걸고 한 번 쏘아서 대번에 참새 한 마리를 잡았다. 대단한 실력인 것이다. 조준경도 없는 나무 새총을 들고 살금살금 다가가 울타리에 앉은 열 걸음 밖의 조그마한 놈을 떨어뜨린 것이니 평소 참새가 많아지는 초겨울부터 내내 새총을 들고 놓지 않은 덕분이었다.

사 카 린 을   물 에   타   먹 으 려 면 보릿대로 빨대를 만들어서 쪽쪽 빨아먹어야 맛이 있다. 대접 하나에 둘이 코를 박고 서로 밀면서 빨아먹으면 더 맛이 있다. 위의 누님과 그렇게 두 대접 정도 들이키고 나서 몸을 흔들면 배에서 꼴랑꼴랑 물소리가 나곤 했다.

사카린은 소다와 식초를 섞어 사이다를 만들기도 했다. 빈 사이다 병에다 사카린 물을 타서 소다와 식초를 넣고 흔들면 흰 거품이 이는데 먹어 보면 사이다처럼 달고 시고 짜고 쏘는 맛이 있어 자주 만들어 먹었다. 시골 점방에는 구경도 할 수 없는 사이다를 어쩌다 한 번 먹어 보고 그 맛을 내내 못 잊어 사이다 흉내를 내던 것인데 먼 친척인 그 형님은 특히나 사카린으로 사이다를 잘 만들었다.

　부엌 살림에서는 사카린이나 설탕을 맘대로 쓰기 시작하면서 음식이 대체로 달게 변하지 않았나 싶다. 그것도 지나치게 말이다. 국민 모두가 삼시 세끼 일년 열두달 흰 쌀밥을 먹고 있는 판국의 이 흰 쌀밥에는 이미 충분히 당분이 들어 있어 굳이 달게 먹지 않아도 비만 따위 건강을 염려해야 될 정도인데 넣지 않아야 될 음식에도 단 것을 넣는 사람이 있음을 본다. 하기사 요즈음은 인체에 해가 없대서 설탕 대신 사카린을 쓰는데 음식 맛 변한 걸로 따진다면 단 것보다는 인공조미료가 주범이겠다. 어느 집이나 다 사용하니 음식 맛이란 게 특색이 없고 천편일률이다. 그나마 사용량이 점점 늘어가서 조미료 치지 않는 물김치 정도를 제외하고는 들이붓다시피 하고 식당의 음식은 특히 먹을 수가 없을 지경이다.

　어떤 사람은 인공 조미료가 나쁘다는 소릴 들었는지 자기는 조미료를 쓰지 않고 다시다와 맛소금만 쓴다 했다. 그러나 다시다나 맛소금도 맛을 내는 글루타민산나트륨이라는 성분이 조미료 못지않게 들어 있는, 이것도 실은 인공 조미료인 것을 모르는 이야기다.

　인공 조미료를 줄이려면 대신 재래의 양념을 좀더 갖추어야 하는데 그것이 경제적으로 손해인 지도 모르겠다. 하지만 되도록 인공 조미료를 줄이고 나중에는 아예 쓰지 않게 되면 음식 본연의 맛을 알 수 있다. 집집마다 사람마다 다 다른 그 오묘한 맛 말이다. 조미료를 쓰지 않으면 써서 못 먹겠다고들 하는데 조미료의 맛이라는 게 사실 따지고 보면 지극히 단조로운 맛일 뿐이다. 그것은 한 달 동안만 조미료를 사용하지 말고 꼭꼭 씹어 먹어 보면 알 수 있다. 그렇게 하다가 조미료 넣은 음식을 먹어 보면 얼마나 느끼하고 달고 맛이 똑같은 가를 알 수 있는 것이다.

그러나 이 조미료가 처음 나왔을 때는 정말 대단히 각광을 받았다. 기껏 쌀 뜨물을 받아 넣거나 소금 맹물에 끓이던 멀건 호박국에, 눈꼽재기만큼만 넣으면 맛이 대번 고깃국처럼 변하니 살판났던 것이다.

특히 부엌일을 하시는 어머니나 누님들은 조미료를 처음 써 보시고는 반찬 만드시는 것을 아주 수월하고 재미있게 생각하셨다. 그러나 처음에는 마음대로 쓰지 못하셨다. 처음 몇 번 먹어 본 아버지가 고개를 살래살래 흔드시더니 어디서 듣고 오셨는지 비얌가루로 맨든 것이라 그렇게 비리고 달고 쌈박하다고 못 먹게 하시던 것이다.

아버지의 그 결정은 대단히 현명하신 거였다. 그러나 몰래 몰래 조금씩이라도 치는 어머니의 고집과 또 그 맛에 어연간 길이들자 아버지의 완고함도 점차 누그러들었으니 그렇게 조금씩 인이 박힌 음식은 이제 끊기가 어려운 것인가보다.

햇보리밥에
햇감자 뽀개 넣은 된장국

 이럭저럭 봄이 가고 뜨물이 잡힌 보리가 통통히 살이 찌다가 노릇노릇 익기 시작하면 밭 한 귀퉁이에서 반 다발 정도 보리를 베어 온다. 모가지를 따서 물을 조금만 붓고 잘 뒤적이면서 솥에 삶으면 보리 익는 냄새가 구수하다. 이걸 키에다 쏟아붓고 손으로 비비면 껍질이 까지며 파랗고 말랑말랑하게 익은 보리알이 빠지는데 까불어서 껍질을 날려 버리고 얻은 알곡만을 사카린 물에 버무려 먹는다. 이것이 '보리 민 것'이다.
 한 대접씩 가지고 앉아 먹으면 보리의 푸른 향긋함과 덜 여물어서 말랑거리는 맛이 참 좋았다. 밀은 더 부드럽고 찰기가 있어서 밀을 많이 밀어 먹지만 보리보다는 수확기가 늦은 거라서 보리 한 번

정도 밀어 먹은 다음에 밀을 밀어 먹었다.

솥에다가 삶아 식구들 온전하게 먹게 만드는 것은 어머니가 하시는 일이었고 사람들 안 보이는 옴팍한 곳에서 보리 모가지 밀 모가지 뽑아다가 밭둑 풀이나 검불나무 긁어다 불 놓고 입이 꺼멓도록 끄실려 먹는 것은 학교 다니는 우리들의 장난이었다.

이 장난을 얼토당토하지 않게 '타작한다'고 했는데 타작을 하다가 어른들에게 걸리면 혼이 났다. 특히 성냥 가진 놈은 뺨 맞고 성냥까지 뺏기기가 쉬웠다. 그렇게 혼이 나면서도 성냥을 훔치고 보리를 훔쳐서 타작을 해 먹는 맛은 각별한데 아마 못 하게 혼내니까 그게 더 재밌고 맛이 있었지 싶다.

통이 조금 커지면 보리타작 하는 위에 애콩 한 아름 걷어다가 함께 타작한다. 애콩은 보리나 밀에 비할 바가 아니어서 고소하고 단맛에 서로 먹으려고 불에 손을 넣다가 머리 꼬시르고 손 데이고 어떤 때는 옷도 태워 먹었다.

까아만 학생복의 소매 끝이나 바짓가랑이를 태우고 나서 흙 묻은 책 보자기를 찾아 매고 살금살금 집에를 들어가면 어떻게 아는지 박박 깎은 대가리 불밤송이 같은 머리 위에 어김없이 누님들의 꿀밤이 떨어진다. 그래도 누님에게 사정해야 어머니 몰래 태운 옷을 어떻게 할 수 있던 것이다.

가래밥은 보리가 좀더 익어서 파란 기운이 없어질 만할 때의 보리로 한다. 보리가 익어서 밀어 먹기가 뜩뜩하면 이걸 맷방석 펴고 널어서 한나절 말렸다가 매로 갈아서 밥을 짓는 것이다.

이 가래밥은 물을 한 그릇 더 부으면 밥 한 그릇이 더 나오는 불퀴 먹기 좋은 밥이다. 그러나 보릿겨를 벗기지 못한 거라 꺼끌꺼끌하고 덜 여문 것을 솥에다 한 번 삶았던 거라 밥이 힘이 없고 심심해서 몇 끼 해 먹으면 식구들 모두 먹기 싫어했다.

이 무렵의 바다는 그러나 풍성하기 이를 데 없어서 잡히는 고기마다 알이 배고 기름이 올라 보리 망종 가기를 바라는 어른들 고달픔을 다소나마 해결해 줬다. 그래서 흉년엔 갯가 사람들이 많이 살아남았다고 하는 것이다.

동네에서 가장 높은 언덕에 집이 있대서 몬당집으로 불리우는 구만 씨네는 딸 다섯에 아들 셋을 둔 내외가 홀어머니와 동생들을 데리고 살았다. 한 동네 결혼을 하여 본촌댁인 이 구만 씨 부인은 자그만하고 야무졌는데 남편을 일찍 여읜 홀어머니의 시집살이가 어찌나 드세든지 한동네의 친정집에 와 보질 못하였다.

큰아들인 구만 씨에게 시집 와서 위로 년년이 딸만 내리 넷을 낳았으니 그 죄송함은 걸음도 바로 못 걸을 정도인데다 특히 시아버지가 흉년 봄에 부황으로 죽은 터이라 키워서 남 줄 딸 새끼들의 끼니끼니마다 시어머니 눈치를 보며 가슴을 조여야 했다.

홀어머니를 모시고 밑으로 동생들을 거느리고 살림을 하느라 고생스럽기는 구만 씨도 마찬가지인데 어느 땐가 발을 다쳐 절뚝이며 다니길래 물어 보니, 헛간을 하나 지으려고 달이 밝길래 밤에 돌을 주워 나르다가 다쳐서 그런다고 대답하였다.

그런 구만 씨 내외가 밤이 이슥하여서야 자려고 방에 들어가 누우면 큰방 홀어머니의 벼락 같은 고함소리가 들려온다.

"구만아! 비 온다, 싸게 나무 딜여라!"

나와서 하늘을 보면 비는커녕 물도 오지 않았다고, 홀어머니 모시는 내외의 어려운 이야기가 동네에서도 유명하였다(전설의 고향이 이러했을 것이다).

그런 속에서도 그 뒤 끄릿끄릿한 아들 셋을 낳고 딸을 하나 더 낳아서 구만 씨 내외는 조금이나마 얼굴이 폈는데 늘어난 입과 시어머니 시동생들 수발에 점순 씨는 부엌에서 밤을 밝히기가 예사였다고 한다.

남편을 도와서 초저녁 일을 거들다가 남편이 들어가 자면 함께 들어가 자지 못하고 여자의 집안일을 해야 하니 새벽이 되면 초저녁에 켜 놓았던 등불을 그대로 켜 잡고 다시 아침밥을 지어야 했던 것

이다.

구만 씨의 읍내길 옆 밭은 한 마지기 남짓한데 보리가 잘 되었다. 다같이 바쁜 때라 놉을 얻지 못하고 그 날도 내외가 아침밥을 먹기 바쁘게 낫을 들고 나가 읍내길 옆 밭에 와서 보리를 베었는데 밤에 한숨도 못 잔 점순 씨가 낫질을 하면서 깜빡깜빡 졸았다고 한다. 그런 모습을 보고 남편이 애처로웠던지

"어이, 저리 누워서 한 소끔 자소?"

말을 했다.

"이따가 어머니가 와서 보면 다 알 턴디 어찌게 그런다요."

점순 씨가 깜짝 깨어서 살래살래 고개를 흔들자 남편이 와서 낫을 뺏아 버리고는

"내가 좀더 싸게 빌 텐게 어머니 오기 전에 어서 한숨 자소."

남편의 말을 듣고 보릿다발을 베개 삼으니 그 뙤약볕 아래서도 미련헌 놈의 잠이 오더라고, 얼마만큼 자고 일어나 보니 남편이 얼마나 낫질을 빨리 했는지 둘이 벨 보리를 혼자 다 비어 놓았더라고, 언젠가 내게 점순 씨가 이야기를 해 주었다. 이 점순 씨를 나는 그냥 누님이라고 부른다.

그 무렵 동네에서는 낫질이라고 하면 구만 씨를 제일로 쳤다. 일 년에 한 번씩 장씨 선산의 대를 베면 반드시 구만 씨를 데려다 일을 시켰는데 구만 씨가 베어낸 대 끌텅은 톱으로 자른 것 같아서 발 밑을 조심할 필요가 없었다 한다.

대는 세로로 쭉쭉 쪼개지는 성질이 있는 것이라 톱이 아닌 낫으

로 벨 때는 웬만한 힘과 순간적 기술이 아니면 뾰족하고 비스듬히 잘 라져서 발등을 꿰뚫기가 쉽다.

구만 씨가 낫질 잘 한다는 소문은 사실은 알고 보면 시집살이하는 아내의 고생을 조금이라도 덜려는 빈한한 가장의 고단함이 스며 있는 것이다. 일만 하던 구만 씨는 그 후로 살림이 좀 펴서 먹고살 만하자 오십을 갓 넘기고 병으로 죽었다.

망 종 지 나 서 보리 베는 일도 큰 일이지만 져다가 집 안에 쌓고 치는 일도 큰 일이었다. 동네에 보리 치는 발동기는 한 대밖에 없으니 암지나 차례를 기다리며 보리 배눌을 쌓아 두어야 했다. 보리 배눌 잘 쌓는 사람이 봉집이 삼촌이다.

밑을 잡아서 점점 퍼지게 쌓다가 둥글게 지붕을 하는데 봉집이 삼촌이 쌓은 보리 배눌은 어디 한 군데 죽거나 튀어나온 곳이 없이 알맞게 이쁘고 눈대중을 잘 해서 쌓고 나면 꼭 한두 다발 정도만 남던 것이다. 비닐이 나오기 전이니 보리 배눌을 물 들어가지 않게 쌓는 것도 여간 기술이 아니어서 그 무렵 동네의 보리 배눌은 이 양반이 다 쌓았다고 해도 틀리지 않는다.

발동기는 뒷개 할머니 집의 팔현 씨가 가지고 다녔는데 리어카가 없던 때라 발동기를 분리해서 플라이 휠이라고 하는 둥근 것은 굴려 오고 몸통은 목도를 해서 떠매고 다녔다. 그러다가 팔현 씨는 나중에 나무 바퀴 구루마 하나를 만들어서 발동기를 분리하지 않고도 그냥 싣고 다녔는데 그 나무 구루마를 타고 무던히도 놀았던 생각이 난다.

보리 칠 차례가 돌아와서 아침부터 마당에 덕석을 펴고 탈곡기와 발동기를 맞추면 보리를 치기 전에 먼저 간단한 술상을 차려 발동기 위에 올려놨다가 고시레를 한다. 하루 종일 탈 없이 잘 돌아가란 뜻이다. 기계의 원리라는 게 모두 똑같은 것이겠지만 이 발동기는 구조가 아주 간단한 것인데도 고장이 잦아서 애를 먹기 때문이다.

이웃 동네 언포에도 발동기를 가지고 다니던 차상곤이라는 사람이 있었는데 그 동네는 가호 수가 적기 때문에 원체 바쁘면 그 사람의 발동기도 오라고 해서 보리를 쳤다.

그러나 이 사람의 발동기는 고장이 잘 나서 치는 시간보다 고치는 시간이 더 많았다. 비는 오려고 날은 꾸무적한데 일껏 고쳐서 돌리면 애통 애통 애통…… 애통거리다 꺼져 버리고 애통거리다 꺼져 버려서 발동기의 이름도 애통기가 됐다. 그 애통기를 언젠가 남의 동네까지 와서 고치다 고치다 얼마나 애통이 터졌던지 차상곤 씨가 "에라 니미 씨버럴 놈의 기계!" 하면서 우루루 방아 찧는 매를 들고 뛰어와 산산조각을 내 버린 일은 지금도 유명한 이야기다.

고시레 끝난 발동기가 돌아가기 시작하면 뒷서두리하는 사람들은 정신이 없어진다. 탈곡기 밑에서 보리를 긁어내어 가마니에 담는 일도 두 사람이 붙어야 되고 갈퀴질 한 사람, 보리 배눌 헐어 주는 사람, 보리 치는 사람, 보릿대 가져다 쌓는 사람, 최소한 여섯은 붙어서 기계 돌아가는 속도에 맞춰야 한다. 보릿대 쌓는 일은 대개 웃통 벗어버린 우리 같은 꼬마들의 몫이었다.

외양짓 | 외양간의 짚

보릿대는 여름 고구마밭 고랑에 깔든지 소 외양짓으로 밟혀서 거름을 해야 하므로 물 들어가지 않게 꼭꼭 밟아 쌓는데 여간 힘이 들어도 재미가 있었다. 이런 날은 학교를 가지 않든지 갔다가도 일찍 와서 일을 거들었다.

보리 치는 날은 미리 조금 장만한 햇보리에 쌀을 나수 섞은 점심을 먹을 수 있어서 좋았다. 햇보리 깎은 것은 밥이 하얗기도 하려니와 여름에는 이 보리밥이 잘 퍼져서 보리만 밥을 해도 좋은데 일꾼들 때문에 쌀을 많이 놓게 되니 고실고실한 것이 침만 묻혀서 입맛만 한 번 다시면 넘어갈 정도로 부드러웠다. 더군다나 여기에 햇감자 뽀개 넣은 된장국은 햇보리쌀밥과 너무도 잘 어울리는 것이었다.

하지가 가까웁기 때문에 감자 두둑을 파 헤치면 아직은 좀 덜 여물었지만 애기 주먹만씩한 감자를 딸 수가 있는데 이 감자를 절구통에 문대 씻으면 아주 얇은 겉껍질만 벗겨낼 수가 있었다. 이것을 반쪽으로 빠개 넣고 된장을 지지든지 마른 장어를 넣고 지지면 너무나 기가 막히던 것이다. 여기에 생김치 한 대접, 고너리젓 한 중발, 고추장 한 종지, 생마늘 몇 쪽이 함께 어울리면 아침 나절 내내 일했던 배는 고봉밥 한 그릇 해치우는 것은 일도 아니었다.

지금 시중에 나오는 감자는 참 씨알이 굵고 먹음직하다. 국이나 찌개에 감자를 넣는 경우가 많은데 이 때 굵은 감자는 껍질을 깎아내기 쉽고 조리하기도 쉽다. 껍질 벗기기 어려운 씨알 작은 감자는 그래서 나오지도 않고 나온대도 상품성이 없다. 더구나 장조림용 감자는 아예 없어져 버린 것 같다. 오후 네 시쯤 어쩌다 벼룩 시장을 가 보면 감자를 이제는 깎아서 물에 담궈 놓고 팔기도 한다. 바쁜 주부들을 상대한다지만 감자까지 깎아 놓고 판다는 것은 해도 너무했다는 생각이 든다.

 우리가 먹는 음식이 다 그렇지만 과일이나 땅 속 줄기들은 대부분의 영양분이 껍질에 많이 몰려 있어서 이걸 깎아서 버린다면 헛것만 먹는다 해도 과언이 아닐 것이다. 특히 감자는 과일보다는 비교적 농약에 덜 오염돼 있어서 아주 얇은 겉껍질만 수세미로 벗겨내면 영양으로나 맛으로나 더 훌륭하다. 그런데 그걸 다 깎아 버리다니! 볼 때마다 한참씩 옛날의 그 절구통에 문대 씻은, 반 토막 낸 감자 된장국이 생각난다.

 발동기의 실린더를 식히는 네모난 냉각수 통에는 물이 항상 펄펄 끓어 넘쳤다. 여기에 애콩을 주머니지어 넣었다가 꺼내 먹던 것도 이 때의 모습이다. 그 때는 밭마다 보리를 갈았으므로 하루 종일 보리를 치면 대개는 스무 가마에서 서른 가마 정도 치고 끝이 나는데 우리 같은 꼬마들도 보릿대를 쌓으며 한 가마 두 가마 늘어가는 가마니 수를 세어 보며 그렇게 대견스러워했다. 어린 마음에도 보리가 많은 것이 그렇게 옹골질 수가 없었다.

 스무 가마가 넘는 보리에 여름 곡식인 수수, 조, 고구마 합치면 겨울을 나고 제 동을 댈 만하건만 그러나 대소사 모든 가용을 보리로 쓰고 비싼 샛거리를 먹은 것까지 갚고 나면 다시 또 샛거리를 얻어야 하던 현실을 우리가 알 턱이 없었다.

경운기가 나오면서부터 발동기가 없어지고 또 밭으로 직접 다니면서 치니까 져다 쌓을 일도, 기계가 고장나서 횃불 들고 밤중참을 할 일도 없어졌다. 더욱이 이제는 콤바인이 다 해버리는 세상이라 그 옛날의 가래밥이니 애콩타작이니 하는 말이 오히려 생소해진다. 옛날 말을 하는 사람도 이제 점점 줄어드는가 보다. 내 보기에 옛날보다 별로 나아진 게 없는 것 같은데.

비 오는 날의 간식

구강 | 씨고구마. 본디 묻었던 고구마

이른 봄 방 윗목에서 싹을 틔우던 고구마 종자순은 날이 좀 따뜻해지면 텃밭으로 옮겨 묻고 여기서 넝쿨순을 키우다가 보리 베어내면 순을 잘라 밭으로 아주 옮겨 심는다. 정식인 셈이다. 보리 베어내고 고구마 놓는 때는 비가 잦은 때이기도 하지만 마른 땅에 고구마를 놓으면 물을 주어야 하므로 고구마는 대개 비가 오려 하거나 아니면 비를 맞으며 놓는다.

고구마 순을 잘라내고 나면 구강을 캐다 먹는다. 이미 몸 안의 양분을 넝쿨에게 주었기 때문에 구강은 고구마라기보다는 섬유질만 남은 줄거리에 불과한데도 잘 씻어서 반으로 쪼갠 다음 사카린 물을 치고 찌면 제법 고구마 맛이 남아 있다.

구강을 좀더 그대로 텃밭에 놔 두면 순이 또 자라면서 뿌리에는 새 살이 달린다. 오래 놔둘수록 구강은 섬유질만 남고 옆의 실뿌리는 자라 다시 조그마한 고구마가 되는 것이다. 이것은 찌면 똑같은 고구마라도 가을 고구마와는 달리 물렁거리고 심심하고 맛이 없어서 이것도 역시 사카린 물을 치고 쪄 먹었다.

이 때까지 작년 가을 고구마가 남아 있는 집이 있어서 새참으로 하나씩 얻어먹으면 별미이다. 구강 맛하고는 댈 수가 없는 것이다. 겨우내 봄내 수분이 마를 대로 마른 고구마라 놔서 밤처럼 달고 맛이 있는데 특히 보리 벨 때나 고구마 놓을 때처럼 많은 놉을 얻어서 일할 때 새참으로 쓰기 위해서 먹어버리지 않고도 견딜 만한 집은 잘 갈무리 해 놨던 것이다.

그래서 있는 집들에게는 고구마로 품을 내다 쓰기도 했다. 고구마 서 말 정도를 가져다 먹으면 하루 가서 일을 해 주어야 하는 것이 고구마 품이다. 이 무렵은 이렇게 고구마가 귀하고 비싸니 구강이라도 캐다 먹었던 것이다. 하기사 식전 내내 소매를 내 주면 고작 아침 한 끼 얻어먹는 때가 있었으니 고구마 서 말이 여자 하루 품이면 그래도 낫다고 해야 할지 모른다. 지금으로서는 모두다 생각지도 못할 일이 되었다.

보 리 치 고 여 름 끌 갈 고 나 면 좀 한가하므로 비 오는 날이면 으레껏 하는 일이 보리 퍼다 주고 국수 추렴하는 일이다. 보리밥보다는 국수가 훨씬 귀하고 맛있던 때라 남의 일을 가면

통단나무 | 조금 굵은 나무를 반쪽 낸 땔감 나무

새참도 당연히 국수가 차지했고 비오는 날도 국수 추렴이었다.

황백일이라는 사람이 하던 조그마한 점방에서는 항상 보리나 달걀, 통단나무 들을 잘 받아 주고 국수나 석유, 성냥, 술 들로 바꾸어 주어서 추렴하기 좋았는데 장사가 물물 교환을 하면 두 배의 이문을 남기는 것임에도 짜기로 소문이 났었다.

노름을 좋아하는 이 사람은 돈을 잃으면 새벽부터 나뭇지게를 지고 산에 가서 나무를 해서라도 벌충을 한다는 사람인데 그 동생 복동이라는 머시매는 남보다 허우대가 월등 커서 추렴한 국수 한 뭉태기 삶은 일곱 그릇을 혼자 다 먹어 버린 일도 있었다. 그러니 이 머시매하고는 국수 추렴을 꺼렸음직한데도 그러지 않고 잘들 어울렸다.

국수 추렴은 주로 형님이나 누님들 몫이었고 우리는 보리 훔쳐다 주고 찐빵을 사 먹었다. 백일 씨의 옆집에는 찐빵집이 있었는데 빵을 찌는 아주머니가 셈속이 빠르고 얼마나 솜씨가 좋던지, 빵이 하나라도 큰 게 있으련만 열이면 열 저울로 단 듯이 똑같았다.

오 원짜리 찐빵은 보리 한 되면 열 개를 주었다. 지금의 호빵만 씩한 찐빵 열 개를 여럿이 어울려 사면 어른들 눈에 띄지 않는 곳으로 가서 몰래 먹는데 병치 입처럼 입이 작은 명수라는 친구는 입은 작아도 찐빵만은 남 하나 먹을 때 두 개를 먹어서 항상 다투었다.

비 오는 날은 또 보리를 볶아 먹는다. 보릿대 불을 때서 무쇠솥에 보리를 볶으면 식으라고 우선 키에다가 퍼 놓는데 김이 나가지 않아야 바삭바삭 맛이 있으므로 대둣병이나 마개 있는 병을 씻어 놨다가 꼭꼭 담아서 두고 먹었다. 어머니와 둘째 누님이 땀을 훔치며 보리를 볶아 퍼 놓으면 나와 내 바로 위의 누님은 서로 자기 몫을 많이 담으려고 싸움을 했다. 병에 가득 보리를 채우고 무른 부엌의 흙 땅에 탕탕 내리찧으면 보리가 병 밑으로 쑤욱 내려가서 다시 가득 채우고 반복하기를 거듭하는데 너무 심하게 내리찧다가 병을 깨먹기도 했다.

그렇게 한 병씩 넣어서 자기 걸 감추어 두고 다시 비루병 같은 작은 병에 또 양껏 담아서는 며칠을 두고 먹는데 많이 먹고 설사하는 것이 일이었다. 사카린 물에 버무려서 볶은 것이고, 마른 음식이라 몇 주먹 먹으면 물을 들이키게 돼 있어서 똥을 누면 생고구마 많이 먹은 것처럼 버글버글 소화되지 않은 보리가 그대로 나오는 것이다.

보리 볶은 것을 많이 먹고 배가 복쟁이 배처럼 나와가지고 다니던 사람이 떼보라는 별명을 가진 동수이다. 얼마나 많이 먹었던지 키마저 작은 것이 뱃구레가 양쪽으로 툭 불거져가지고 쌕쌕거리며 다니니 놀림도 받았는데 보리 볶은 것은 어쩌다 한두 번이고 평소에 밥을 그렇게 많이 먹었다. 그래서 그런지 나중에는 딴 사람들보다 힘을 많이 썼다.

그러고 보니 국수 일곱 그릇 먹은 복동이나 떼보 동수나, 백 근 짜리 닻을 매고 헤엄칠 정도여서 장사 만영 씨 삼형제가 꼼짝 못했다는 하룡 씨, 무장댁 아들 연순·천순이가 우연찮게 모두 장수 황씨의 장사들이다. 우리 동네에서 가장 오래 살았던 터줏대감들인 셈인데 이상하게도 일찍들 죽었거나 가세가 기울어서 객지로 떠나 버리고 지금은 집집이 늙은 할매 한 분씩만 남아 있는가 보다.

너벅너벅한 상추쌈 볼태기 터지는 여름

호박국에 밥 말아 먹고

보리베기 끝갈기가 끝나고 장마도 물러가게 되면 본격적인 여름 더위가 몰려온다. 방문 창호지를 반쯤 떼어내고 모기장을 붙이며 뒤안 장독 옆에는 한데 솥을 걸었다. 텃밭에는 밤새 받은 오강의 오줌을 먹고 상추와 쑥갓이 자라고 울타리에는 풋호박이 매달린다.

 이 무렵에는 아침 밥솥 위에 호박잎 따다 깔고 찌는 밀가루 개떡이 낭와와 함께 여름의 별식이다. 보리밥 두벌 불 땔 때 밀가루만 반죽하여 얇게 쪄 내면 아침을 먹기 전에 식구들 모두 서너 조각씩 먹었는데 왜 그렇게 달고 맛있었는지 모르겠다. 밑에 붙은 호박잎을 대충 떼어내고 보리밥 알갱이 묻은 개떡을 한 입 덥석 베 물면 어느새 목구멍으로 넘어가 버린다. 그렇게 먹고도 밥은 밥대로 먹었으니 아마 해정일 하는 날에 맞춰 쪘기에 그랬으리라 생각된다.

낭와도 주로 비가 오는 날 해 먹었다. 하루 종일 비가 오면 점심 먹고부터는 맷방석 펴 놓고 밀을 갈기 시작한다. 밀은 메밀이나 불린 두부콩처럼 갈기가 쉽지 않아서 남자들까지 조력을 했는데 그것은 맷대라고 하는 것을 손잡이에 걸고 매를 돌려 주는 일이었다. 초벌 간 밀을 체에 치면 밀가루와 기울이 분리되고 다시 이 밀기울을 재벌 갈아서 쳐야 가루가 완전히 빠진다. 이 밀기울로는 누룩을 만들기도 했다.

낭와는 팥으로만 하는 게 아니었다. 보리와 함께 수확한 애콩이나 녹두로 하면 오히려 팥보다 더 맛이 있던 것이다. 밀을 갈고 팥이나 녹두를 삶아서 저녁 일찍 낭와를 쑤면 아직 저녁 먹기 전의 삼이웃들을 다 불러서 함께 먹었다. 그러기 위해서 끼니보다 일찍 쑤었던 것 같다.

솥에서 펄펄 끓는 죽을 옴박지에 폈다가 수 대로 한 그릇씩 떠 놓으면 김치 한 대접만 수북히 놓인 상에 빙 둘러앉아 먹거나 마루 끝에 따로 나앉아서 후루룩 후루룩 먹기 시작하는데 이 뜨거운 낭와를 빨리 먹고 나면 입 천정이 다 벗겨져 버린다. 그러거나 말거나 남 한 그릇 먹을 때 세 그릇 먹는 사람이 나의 중형님이다. 낭와를 좋아하는 이 형님은 무엇이나 식성이 좋고 맛있게 먹어서 남의 집에 가서도 무얼 잘 얻어먹는데 특히나 뜨거운 것을 잘 먹어서 인덕이 있겠다고들 말씀하셨다.

오뉴월 더운 때에 팥죽 같은 땀을 흘리며 낭와 두서너 그릇 해

넘기면 배가 불심하고 시원하다. 이렇게 먹은 후에도 잘 때쯤이면 한 그릇씩 또 먹고 장독에 내 놨다가 식어 굳은 낭와는 이튿날 식전에 먹고 일을 하였다.

지금은 놉 얻어서 해정일 하는 사람들이 없지만 당시는 해정일이 한나절 일이라고 먼 밭에 거름내기, 흙 쓸 일 있을 때 흙 파오기 같은 여럿이서 잠깐 동안 해야 할 일들은 해정에 다 해치웠다.

발 밑이 어두워서 길이 잘 안 보일 때 해정 놉이 지게 바작 지고 모이면 입맛 없으니까 우선 죽으로 요기를 하게 하는데 이 때에도 주로 낭와를 쑨다. 이른 새벽 낭와 한 그릇씩을 먹고 뜨거운 김이 무럭무럭나는 두엄지게를 지고 줄줄이 고샅을 돌아나가던 그 묵직한 상쾌함과 종아리 거뜬거뜬함이 바로 엊그제 내 열일고여덟 살 때의 일이었다.

집에서 해 먹는 밀가루 음식은 그러나 여름 지나고 가을 찬바람이 나면 꺼끌꺼끌한 느낌이 들고 밀가루 냄새가 나서 잘 해 먹지를 않는다.

낭 밑이나 읍내길 옆의 밭을 매러 가신 어머니와 누님들은 점심 때가 되면 대밭에 있는 큰 샘에 들러서 땀 먼지를 씻으시고 가지고 간 물동이에 시원한 물을 한 동이 길어 오셔서 점심을 준비하신다.

이 물동이 속에는 밭에서 딴 오이가 두서너 개 떠 있기 마련인데 그런 줄 아는 내가 옆에서 납죽거리면 어머니는 점심을 준비하다 말고 물동이의 오이 하나를 꺼내 반을 뚝 분질러 주신다. 나머지는 틀림없이 새콤하게 초를 치고 얼큰하게 무쳐서 상에 올리신다.

뒤안 텃밭의 상추는 한낮이 지나면 진이 올라와서 맛이 쓰다고 밭에서 돌아오시면 어머니는 우선 상추부터 뜯어서 씻으셨다. 매일같이 뜯어 먹어도 워낙이 잘 거루기 때문에 너벅너벅한 잎이 연하고 칠칠해서 이웃더러 뜯어 가라시기도 하였다.

이 상추의 쌈장이 봄에 잡아 쏙 섞어 갈아 담근 보리새우젓이다. 흔히들 쌈장엔 된장 고추장을 섞고 파 마늘을 다져 넣거나 하여 적당한 양념을 하여 쓰지만 이 보리새우 갈아서 삼삼하게 익힌 것을 쓰는 맛에는 비할 수가 없다. 물론 상추에 밥을 쌀 경우이며 여기에 된장 쌈장을 곁들여도 좋다.

여름 점심에 상추쌈용으로 담은 이 쏙 섞인 보리새우젓은 여름을 치면 녹아버리므로 많이들 담그지 않고 꼬막단지 하나 정도 담그는데 처음부터 고춧가루 마늘 양념 들을 하고 담그는 양념장이었다.

상추쌈에 대해서 꼭 한 가지 말해 둘 게 있다. 맛있게 먹으려면 쌈장도 맛있어야지만 상추를 많이 싸야 된다는 말이다. 열 장 정도는 못 해도 일곱여덟 장 겹쳐 싸야 상추의 제 맛이 나지 달랑 한 장 싸서 한 입에 밀어넣고 먹어 봐야 맛이 나지 않는다.

일곱여덟 장의 상추 위에 밥 한 숟가락 푹 퍼 담고, 보리새우젓 반 숟갈 넣고, 또 밥 반 숟갈 정도 퍼 얹고, 된장 조금 넣고 켜켜로 싸면 간이 고루 잘 맞아서 좋다. 이걸 양 손에 들고 밥태기 뚝뚝 떨어뜨리면서 두 눈 부릅뜨고 우적우적 씹어야 제 맛을 알 수 있는 것이다.

이렇게 세 번만 싸면 배가 부르기 시작하고 다섯 번 싸면 볼이 아프니 밥 한 그릇이 어느새 다 없어진다. 낮잠 한 숨을 자야 하는 여름에 점심을 이렇게 잠 잘 오는 상추쌈으로 배를 불렸으니 바람 잘 통하는 그늘 찾아 눕기만 하면 낮잠 한 소금이 떠메가도 모를 정도였던 것이다.

　지금은 사시장철 마음만 먹으면 상추를 먹을 수 있지만 상추도 여름 뜨거운 햇볕을 먹고 텃밭에서 고실고실 자란 것이라야 맛이 있는 것이다. 나는 어찌된 셈판이지 제 철이 아닌 먹을거리들을 보면 낭패감 같은 것을 느낀다. 재배는 물론 가공, 저장, 유통의 기술이 발달하므로 그러려니 하면서도 왠지 속고 있는 느낌이 든다.

　어릴 때 읽은 책 중에 홀어머니를 모시는 효녀 하나는 앓아 누운 어머니가 죽순 나물을 먹고 싶다고 하자 죽순을 찾아 꼬박 사흘을 눈 속에서 헤맸다. 효성에 감동한 산신령이 나타나 죽순 있는 곳을 가르쳐 주어서 결국엔 어머니의 병을 나술 수 있었다는 걸로 이야기는 끝이 나는데 물론 이 속에는 무조건적인 효와 충으로 포장된 지배자의 통치 이데올로기가 숨어 있을 수 있다고 경계 하더라도 어느 정도 한 시대의 가치 규범을 담고 있는 것만은 사실이다.

　그 이야기책을 본 지가 바로 엊그제 같은데 지금은 죽순뿐만이 아니라 거의 모든 농산물이 철을 가리지 않고 대량 생산되고 수입된다. 내 딸년들의 효성을 시험해 볼 거리가 없어지는 것은 하여간에, 그런 것에 점점 무디어지는 우리의 감각이 걱정된다.

아침 일찍 보리쌀을 물 무쳐서 삶으면 보리쌀 바구니에 반 절 퍼 놓고 반은 그대로 솥에 둔 채로 물을 알맞게 잡아서 두 벌째 불을 땐다. 끓으면 이걸 한참 놔뒀다가 다시 세 벌째 자치는 불을 때야 잘 퍼진 보리밥이 되는데 여름엔 끼니 때마다 밥 하기가 고역이기 때문에 아침에 밥을 나수 해서 밥 바구니에 퍼 놓고 점심까지 두고 먹었다.

어른이 있는 집은 점심은 그런다 쳐도 저녁은 다시 더운 밥을 짓겠지만 그렇지 않은 집은 쉬지만 않게 생겼으면 저녁까지 내쳐 찬밥을 해 놓고 먹는 때가 많다. 이럴 때라도 국 하나를 끓여서 상에 올리는데 이 때는 주로 호박국을 끓였다.

반쯤 붉은 고추를 숭숭 썰어 넣고 새우젓 간을 맞춘 호박국은 다른 것을 넣지 않아도 얼큰하고 맛있어서 찬밥 한 덩이씩 놓아서 먹기가 좋았다. 여기에 시금시금하게 익은 무우김치를 걸쳐 먹으면 간이 알맞고 어쩌다가 앞장불에서 캐 온 바지락 한 주먹씩 넣고 끓일 양이면 그 맛은 더 말할 것도 없다.

마루나 마당에서 멍석을 펴고 먹으니 덥지 않고 한 귀퉁이에서는 모깃불을 피우니 모기가 덤비지 않는다. 모깃불이 활활 탄다싶으면 소 매어 놓은 두엄자리의 소 꼴을 좀 가져다가 눌러 놓는다. 방 안에는 따로 헌 옴박지에다가 모깃불을 담아서 연기를 가득 피워 놓고 수건으로 휘몰아낸 다음 문을 닫아 둔다.

굇재로 뭉근하게 피워올린 모깃불에는 가끔 아버지가 통마늘을 구워 잡수셨다. 마늘을 캐서 한 접씩 엮어 달고 나면 목 떨어진 찌끄

러기는 따로 모아 두고 김장 때까지 내내 쓰는데 마늘 술이나 통마늘 구운 것이 구충제로 효과가 있대서 찌끄러기 마늘을 나도 많이 구워 먹었다. 굇재 불은 그닥 세지 않기 때문에 마늘이 타지 않고 잘 익는데 마늘은 구우면 맵지 않고 약간 노릇하면서도 달고 쫀득거리는 맛이 있다.

　형님이나 누님들은 어디론지 마실을 가고 대강 설거지를 마친 어머니가 헌 돗자리와 부채를 찾아 들면 아버지와 함께 내 손을 잡고 앞장불 자갈밭으로 바람을 쏘이러 가신다. 앞장불에 가 보면 벌써 와서 도란거리는 사람들도 있었다. 유달리 반짝이는 파란 은비늘들을 보느라 수도 없이 바닷물에 자갈돌을 쏘는 일도 싫증이 나면 어머니 옆에 와서 누워 흘러가는 별똥별을 보았다. 너무나 순식간에 명멸하듯 흐르는 별똥별을 보고

　"별 가안다야."

길게 외치면 저쪽에서 누군가가

"어디이?"

하고 대답한다.

"저어—그."

"저그 어어디—."

"저그 저어기—."

그러면 다시 한쪽에서 우스개로

"됏기 호로아들놈!"

하고 욕을 하는 것도 재미있었다. 넓은 하늘에 별 가는 것을 보라고 하고 어디냐고 묻는 차에 이미 흔적도 없이 사라져 버리니 거짓말로 사람을 놀렸대서 하는 욕인 것이다.

크고 작게 저마다 반짝이는 별을 보면 큰 별부터 세어가며 "별 하나 따서 구워서 불어서 식퀴서 구럭에다 담고, 별 둘 따서 구워서 불어서 식퀴서 구럭에다 담고, 별 셋 따서 구워서 불어서 식퀴서 구럭에다 담고……" 한 숨에 별 열을 따서 구워서 불어서 식퀴서 구럭에다 담아야 끝이 난다.

이번엔 눈을 감고 또 외기 시작한다. "별 하나 따서 구워서 불어서 식퀴서 구럭에다 담고……" 눈을 감아도 눈 속엔 하늘의 별이 반짝이고 내 구럭 속엔 따 담은 별이 가득 찬다. 스르르 잠이 들면 어머니가 부채로 모기를 쫓는 바람이 더없이 시원하고 언제까지나 도란거리는 소리가 귓가에 맴돈다.

먼 바닷강에 떠 있는 배에서 쓸려오는 삐거덕거리는 소리와 뱃

사람들 외치는 소리, 갈매기 끼룩거리는 소리, 이따금 밀려오는 파도의 물결 부딪는 소리는 꿈결로 이어졌다. 결코 잊지 못할 여름밤의 단잠이었다.

가슴이 잠기도록 들어가도 발 밑 자갈이 훤히 보이며 물풀 사이로 헤엄치던 잔 고기가 있던 장불이 그러나 지금은 온통 쓰레기로 뒤덮여서 들여다볼 엄두조차 나지 않는다. 피서객들의 소란 때문에 여름밤의 잠자리가 어지러워진 것은 이미 오래 전의 일이 되었다.

사람 사는 것이 잘 먹고 잘 입는 것만이 다가 아니어서 이런 주변을 돌아보고 생각할 때마다 나는 어떤 근원적인 공포감을 떨쳐 버릴 수가 없다. 점점 무서워지기만 한다.

아이스 케키 장수 엿장수 동동구리무 장수

불볕 더위가 기승을 부리는 칠월에는 김을 매는 것도 막바지라 다 자란 콩밭 속에는 잠깐만 들어앉아도 숨이 턱턱 막힌다. 바다가 툭 트인 언덕배기 수묵재 고구마밭을 매는 것이야 가끔 불어오는 칠산바다의 큰애기 치마 터는 바람에 땀이 들지만 읍내길이나 낭 밑, 대밭 옆 밭의 바람 한 점 없는 콩밭은 사람을 잡아 놓기 십상이었다.

이맘 때쯤 동네에는 짐자전거에 얼음통을 싣고 종을 치는 아이스 케키 장수가 온다. 아이스 케키 장수가 와서 나무 그늘에 자전거를 세우고 종을 치면서 "아이-스 케키 얼음과자요-" 몇 번을 외치지 않아서 우리들은 집으로 병을 가지러 뛰어갔다. 대됫병 하나에 케키가 열 개이다. 대됫병은 귀해서 집에 놓고 깨지 않고 쓰는 거지만 얼음 과자 맛에는 못 당하는 거라 어떻게든 가져와야 한다.

　잘못하여 석유병을 가져오는 수도 있어 케키장수는 일일이 코를 대고 냄새를 맡아 본다. 대됫병 하나 주고 열 개를 사면 양 손에 들고 집으로 뛰어와서 작은누님과 하나씩 나눠 먹고 아버지도 하나 드렸다. 밭 매러 간 둘째 누님이나 어머니 몫은 따로 밥그릇에 담아서 살강에 올려 놓으면 녹기 전에 얼른 밭에 갖다 주고 오라고 아버지가 말씀하신다. 그러면 밥그릇에 담은 채로 뻘바탕으로 난 갯길을 건너 짐댓거리 냇가를 지나 읍내길 옆 밭까지 들고 뛰어가는 것이다. 쭉쭉 빨아먹어 가면서 뛰어가는 것이다. 조금이라도 녹을까봐, 반가워하실 누님과 어머니를 한시라도 빨리 보고 싶은 욕심에 숨이 턱에 닿아서 "누니임—" 부르며 멀리서부터 손을 흔들면 누님과 어머니는 수건을 벗어 빨갛게 익은 얼굴의 땀을 훔치며 밭둑으로들 나오셨다.

　아이스 케키를 건네 받으며 나를 쳐다보는 누님의 사랑스러워하는 얼굴을 보면 나는 참으로 행복했다. 거기서 반절은 다시 내 몫이 되었다. 그렇게 가져다 주고 다시 아이스 케키 장수가 있는 곳으로 와 보면 버얼써 아이스 케키는 바닥이 나고 대신 병이 수북히 쌓여 있다. 아이스 케키 통 사이로는 얼음이 녹아서 똑똑 떨어지는데 그 얼음물에 입을 대면 처음엔 좀 단 물이 떨어지다가 아이스 케키가 다 팔리면 맹물만 떨어진다. 그래도 시원한 맛에 서로 손이나 입을 대려고 다투기 일쑤였다.

　동구 밖을 벗어나는 길은 상당히 가파른 오르막이어서 아이스 케키 장수는 차곡차곡 병을 실은 짐자전거를 우리보고 밀어 달라고 하는데 그 댓가는 케키통 속의 얼음을 한 덩이씩 주는 조건이었다. 그러면 너나 할 것 없이 여나믄 명이 들러붙어서 짐자전거 뒤를 밀고 가파른 언덕배기를 올라간다. 꼭대기에 가면 케키 장수는 통 속에 든 병을 다시 끄집어내고 얼음을 꺼내 빨갛게 익어서 할딱거리는 우리들에게 한 덩이씩 나누어 주었다. 아이스 케키 장수는 오면서부터 갈 때까지 그렇게 우리들의 혼을 빼놓았다.

아 이 스 　 케 키 　 장 수 처 럼 동네에 오는 엿장수 중에는 나이가 젊고 밉지 않게 얽은 사람이 하나 있었다. 이 엿장수는 다른 사람보다는 인심이 후해서 엿을 많이 주었다. 조금 더 주게 아니라 눈이 둥그레질 정도로 많이 주는 거였다. 그래서 엿감을 모아 났다가 꼭 이 엿장수에게 사 먹었는데 자연스레 사람들은 이 엿장수를 곰보 엿장수라고 불렀다.

녹슨 쇠끝이나 못, 보습 같은 것은 엿을 조금 주고 농 빼달이 속에 모아 두는 어머니 머리카락 빠진 것은 좀 더 주고 흰 고무신이나 양은 냄비 구멍난 것은 엿을 엄청 많이 주었는데 타이어표 검정 고무신은 질겨도 많이 주지를 않았다.

사람들이 곰보 엿장수를 기다리는 것은 사람이 붙임성도 좋았지만 특히나 맛뵈기를 많이 주기 때문이었다. 음식을 살 때는 물론 조금씩은 먹어 보고 사게 되는 것이지만 엿장수에게만은 사지 않으려면서도 으레껏 "맛뵈기 없소?"하며 얻어 먹으려고만 한다. 그러나 처음 맛뵈기가 후하면 사지 않으려던 사람도 무엇이든지 찾아가지고 나와서 결국 사게 되던 것이다.

　맛뵈기도 처음 한 번인데 이 곰보 엿장수는 같은 사람이 두 번 세 번 사지도 않고 맛뵈기만 달라고 해도 씨익 웃으며 철커덕 철커덕 한 입씩 잘도 떼어 주었다. 집에서 우리들이 새 고무신을 몰래 훔쳐 오면 용케도 알아보고 엿만 조금 떼어 주고 고무신은 다시 돌려서 보내 버리니 이 엿장수에게는 어디만큼 쫓아가서 엿값을 물어 주고 고무신 되찾아 오는 일도 없었다.

　담뱃집 노랭이 영감의 딸 여문이는 본서방이 죽고 아들 하나 딸린 남자와 만나 살게 되었는데 이 아들이 우리 또래로서 우리 동네에 처음 타이어표 고무신을 신고 와서는 선을 뵈었다. 일 년을 신었어도 구멍이 나지 않자 결국 우리와 호주머니칼로 신을 찢어서 들고 엿 사 먹으러 갔는데, 이 곰보는 신을 한 번 보고 우리들을 보더니 엿은 주지 않고 넵다 야단을 해서 혼이 났던 일이 있다. 태수는 태수대로 지 아버지에게 직사게 뚜드려맞고 한동안 맨발로 학교를 다니면서 울어야 했다.

　이 엿장수가 또 재미있었던 것은 양은 냄비 못 쓰는 것을 가지고 가면 한 번 씨익 웃고 흙을 퍼 담아 일그러뜨려서 리어카에 던지는 것이다. 무게를 늘리려는 태연한 솔직함이 거침이 없고 우스워서 드러내놓고 우리도 모두 엿도가를 속여 먹는 공범이라도 된듯하여 부러 양은 냄비를 많이 가져다 주었다. 그래서 곰보 엿장수는 엿이든 풍선이든 남겨서 가져가는 일이 없었다.

　엿장수 중에는 약꼽재기도 한 명 있었다. 이 사람은 엿을 적게 주는 것은 하여간에 맛뵈기 한 번을 주지 않아 형님 또래들에게 엿을 다 빼앗기는 봉변을 당한 일이 있었다.

형님들 몇은 엿 목판을 둘러싸고 몇은 어디서 엿감을 좀 가져 와서는 엿장수 눈을 팔게 한 다음 목판의 엿을 몇 가락씩 집어낸 것이었다. 떼어 주는 엿을 가져왔으면 그러지는 못했을 텐데 운 나쁘게 하얀 가락엿을 가지고 온 이 엿장수는 엿이 없어진 낌새를 채고는 이리저리 살펴보다가 용케 또 애먼 사람 하나를 붙잡고 실랑이를 벌였다. 그러지만 않았어도 좀 잃고 말았으련만 성질만 있고 눈치는 없는 사람이 애먼 엿도둑과 실랑이를 벌이자 몇은 말리고 몇은 아예 대놓고 엿을 들어내서 순식간에 목판을 비워 버린 거였다.

그 틈에 우리도 목판 위에 있던 풍선 한 움큼씩과 서너 가락씩 엿을 얻어먹을 수 있었다. 나중에서야 낌새를 짐작한 엿장수가 눈만 멀뚱히 뜨고 이 사람 저 사람 말도 못 해 보다가 줄행랑을 놓다시피 동네를 빠져 나갔다. 그 후로는 두 번 다시 오지 않았다. 아마 이쪽에 대고 오줌도 누지 않았을 것이다.

이 무렵 동네를 찾는 진객이 또 한 사람 있었으니 동동구리무 장수이다. 맥고 모자에 깃털을 꽂고 색안경을 쓰고 울긋불긋한 옷에 장화 같은 걸 신고 오는 동동구리무 장수는 등에 커다란 북을 메고 한 손에는 탬버린, 또 한 손에는 하모니카를 들고서는 치고 불고 때리며 마당을 빙빙 돌았다. 그러면 삽시간에 온 동네 사람이 죄다 나와서 구경을 했다. 어떤 때는 작은 북만을 하나 들고 와서 동동동 치며 고샅을 돌면서 "동동구리무 장수요—" 외치기도 했다.

큰 통에서 퍼 담아 주는 구리무는 주로 누님들 차지였던 것 같은데 어쩌다 내가 턱을 괴고 거울을 들여다보는 누님을 쳐다보고 있노라면 구리무를 내 얼굴에다가도 발라주시던 거였다. 그러나 시집 갈 때까지도 누님들은 아버지가 무서워 분도 바르지 못하고 눈썹도 그리지 못하였다. 손에 얼굴에 겨우 구리무나 바르는 정도였다.

'맨소래다마'라고 하던 조그맣고 둥근 양철곽에 든 약도 구리무 장수에게서 사는데 이 약은 아버지가 두고 겨울 손끝 벌어져 피 비치는 데 성냥개비로 조금씩 찍어 바르고 화롯불에 뜨뜻이 구우셨다.

꿍꼬롭달까 운명이랄까?

내 동무 동열이는 아주 어려서 아버지를 여의어서 어머니가 줄포로 재가를 했는데 어머니를 따라가지 않고 형님 한 분, 누님 한 분과 함께 아주 허리가 굽은 할머니를 모시고 살았다.

   그 집에는 대밭이 있고 대밭 속엔 키다란 가죽나무와 대밭 옆엔 텃밭, 텃밭 옆엔 우물이 하나 있어서 나는 항상 동무와 그 집을 떠올릴 때마다 해와 달이 된 오누이 생각을 하곤 했다.

   밭 매다 손주들 밥을 해 주기 위해서 허연 머리에 무엇인가를 이고 오는 할머니를 보면, 재가를 했지만 가끔씩 찾아와서 울고 가는 친엄마와 중첩된 불쌍한 떡장수 엄마를 생각했고 대밭 속에 든 가죽나무에는 꼭 삼형제가 올라가 있는 듯해서 동열네 집을 갈 때는 항상 가죽나무와 호랑이가 떨어져 죽었음직한 대밭을 살피는 버릇이 있었다. 더군다나 다 쓰러져 가는 오두막에 초가지붕이 추녀를 덮내려와서 방 안은 항상 어두웠는데 그 집이 조금 외따로 떨어져 있어서 더욱 그런 생각이 들었는지도 모른다.

그 동열네 할머니가 아이스 케키를 자시고 돌아가실 뻔한 일이 있었다. 워낙 연로하셔서 그랬는지 아이스 케키 장수에게 얼음과자를 사서 손주들 줄 것을 남겨 놓고 하나를 자셨는데 그만 추운기가 들어서 부랴부랴 불을 때서 화롯불을 들이고 이불을 들쓰고 한나절을 쪼이는 북새통을 벌인 것이다. 그것을 알고 온 동네가 다 떠나갈 듯 웃었는데 나는 딴엔 아주 심각했다.

그 할머니의 댁호가 양님댁이다. 양님이란 동네서 시집을 오셨으니 양님댁이겠는데 양님이 어디에 붙은 동네인지 나로서는 알 수도 없고 다만 막연하고 우스꽝스럽게 반찬 양념의 그 깨소금 양념을 생각했다. 통깨처럼 작은 할머니였기 때문에 더욱 더 추웠으리라고.

동열네 윗방에는 추운 애가 또 하나 있었다. 본 이름은 홍갑이지만 동네에서는 그냥 싱겝이라고 부르는, 언청이라 말끝마다 코뺑뺑이 소리로 앙코 앙코를 연발해서 우리가 앙코라고 부르는 사람의 외손주였다. 이름이 만산이다(그러니까 앞에서의 이야기, 떼보 동수의 큰아버지 큰딸의 큰아들이니 동수와는 숙질간인가 보다). 이 만산이가 우리보다 두세 살이 어린데 정신이 좀 부족하고 입술이 파르족하여 달음질을 하면 꼭 털 빠진 장닭처럼 여나믄 발짝 기우뚱거리다가 얼굴이 샛노래져서 주저앉아 숨을 헐떡거렸다. 만산이 뿐만이 아니라 그 밑의 여동생도 그런 증세였다. 다만 만산이처럼 정신이 부족하지 않았을 뿐이다.

만산의 아버지는 그런 처자식들을 남의 집 곁방살이로 놔 두고 진즉 나가 버리고 엄마가 품을 팔아서 애들을 먹였는데 만산이가 진짜로 추워서 그랬는지 하는 짓이 그랬는지는 몰라도 항상 여름에도 이불을 둘러쓰고 있던 것이었다.

엄마가 아침에 채려 주고 일 나간 밥상은 윗목에서 파리를 들쓰고 있고 아랫도리 벌거벗은 여동생은 밥그릇 하나 수저 하나를 들고 파란 얼굴에 항상 눈물이 그렁져 있었다. 만산이가 밥을 빼앗아 먹기 때문이었다.

만산이 이놈이 밥만 뺏어 먹으면 다행이련만 어떤 때는 밥 뺏어 먹은 그릇에 똥을 싸서 지 동생을 먹으라고 대 주며 히죽거렸으니 분명 성한 놈이 아닌 것이다. 그래서 이놈 별명이 '만산아 똥'이었다. 나중에는 우리가 "만산아 똥?" 하면 저도 따라서 "만산아 똥? 똥똥똥?" 하고 대가리를 치흔들다가 또 방구를 뽕뽕 뀌고 웃어대서 그 뒤로는 '만산아 뽕'이 됐다. 얼마 뒤 만산이 엄마는 남매를 데리고 어디로 이사를 갔는데 어딜 가서 어떻게 사는지 다들 몰랐다.

동열네 할머니 양님댁은 그 뒤 몇 년을 더 손주들 뒤치다꺼리를 하다가 돌아가셨다. 몇 달을 두고 앓아 누우셨다가 오늘 내일하던 어느 날 저녁, 고샅에 사람들이 나와서 웅성거렸는데 저기 양님댁 불 나간다고 숨들을 죽였다. 과연 동열네 대밭 위로 퍼런 인광이 나는 대접만씩한 불이 일곱여덟 개 둥글어 다녔다. 그 불은 다시 오강단지만하게 뭉쳐서 짐댓거리를 지나 가불티 양님댁의 산밭 쪽으로 사라졌다.

남자의 불은 대빗자루처럼 꼬리가 길고 여자의 불은 오강단지처럼 둥글다는 것과, 불이 멀리 나가면 며칠 더 살고 가차이 떨어지면 오늘 내일 죽는다는 이야기를 들으며, 나는 대밭 위로 또 하나의 혼불 같은 퍼런 달이 솟아올랐다는 것을 유난스레 잊지 않고 기억한다. 그러니까 아마 보름 무렵의 초저녁이었을 것이다. 동네 사람들이 동열네 집으로 몰려가고 그 날 저녁 양님댁이 돌아가셨다.

아이스 케키 하나를 자시고 한나절 이불 쓰고 떨었던 양반이 꼬부랑 깽깽이로 애비 없는 손주들 치다꺼리를 하다가 가난한 살림을 놔둔 채 돌아가신 것이다.

그 직후였는지 그 전이었는지 잘 모르지만 동열네 아버지 이필씨가 노름에 잡혀먹은 논 서 마지기를 후취살이 간 동열네 어머니가 다시 물러서 삼남매에게 넘겨 줬다. 그 논을 잡은 사람이 동열이의 새아버지 태철이라는 사람이었으니 인생살이가 공교롭달까 운명이랄까?

어느 핸가 여름 나는 초학을 얻은 적이 있었다. 남들은 땀을 뻘뻘 흘리는데도 나는 추워서 덜덜덜 떨리고 햇볕 나는 쪽에 나가 앉으면 기운이 하나도 없어 한없이 잠만 자고 싶었다.

셋째 형님은 초학을 하도 자주 앓아서 코에 초학침 맞은 자리가 지금도 흉터로 남아 있지만 나는 더 어려서 횟배앓이부터 침을 맞아

온 터라 초학침 정도는 타질 않았다. 그래서 코에는 침을 맞지 않았지만 침 맞는 것보다 더 무서운 일을 겪어야 했다.

아버지가 어디서 갑자기 새끼 한 바람과 시퍼런 낫을 들고 오셨는데 "이놈의 새끼, 소망에 가서 쥑여 버릴란다."고 내 목에 새끼줄을 매셨다. 자다가 깨서 와락 겁을 먹은 내가 소리도 지르지 못하고 버둥거리자 그러든 말든 소망으로 직직 끌고 가서는 번쩍거리는 낫으로 싹! 내 목(에 매었던 새끼줄)을 베어 던지는 것이었다. 내가 그만 죽은 것이다. 그러고는 얼이 빠져서 소망가에 주저앉은 나보고 소망을 세 번 핥으라고 하셨다. 뭐가 어떻게 돌아가는 줄고 모르고 내가 정신없이 소망을 핥고 나자 그제사 아버지가 내 손을 잡고 소망을 나와서는 세숫물을 떠 놓아 주며 "세수허고 이 후지는 절대 잠자지 말고 나가 놀아라. 이?" 다짐을 두셨다.

초학은 무섭게 해야 떨어진다고 해서 이렇게 나를 혼내신 거였다. 그 다음부터는 정신이 번쩍 들어서 잠은 오지 않았는데 초학은 떨어지지 않아서 다른 방법을 또 써 봐야 했다.

여물 솥에 물을 붓고 불을 때면서 솥 위에는 바작을 걸치고 그 위에서 삶아 쥑인다 할 때는 설마 죽이랴 싶어 태연했고, 그 약발이 서지 않자 이번에는 가마니에 둘둘 말아 마당 가운데 눕혀 놓고 두엄자리의 소를 몰고 와서는 나를 밟고 넘어가게 하였다.

소가 넘어갈 때는 정말 온 몸이 한 줌이 되게 오싹 오그라들고 머리털이 쭈뼛 섰지만 소란 놈은 결코 내 배야지를 밟아 터쳐 놓지는 않았다. 만일 그랬으면 어쨌을까? 길들인 소는 절대 사람을 밟지 않는 것이다.

그 다음에 해 본 것이 이른 아침 꾀를 홀딱 벗고 동네를 한 바퀴 돌아서, 바닷물 막은 언덕 수문 속을 기어서, 당산을 세 바퀴 절을 세 번 하고 갔던 그 길을 되돌아와야 되는 방법이었다. 고샅에 나돌아 다니는 사람을 피하느라 그것은 정말 진땀을 흘렸다.

그런 방법들이 효과가 있었는지 시나브로 초학이 떨어지고 그 뒤로는 다시 초학을 앓은 적이 없었다. 지금 생각하면 다른 방법을 더 겪어 보지 못한 것이 섭섭한 웃음을 웃게 한다.

초학말고도 유달리 잔병치레가 많은 나를 보고는 '늙바리 새끼라 그런다'며 사람들이 웃었는데 어머니 서른일곱과 아버지 마흔여섯 나이에 나를 보셨으니 그 말이 맞기도 할 것이다.

"해동 조선 전라도 부안, 띠목의 박씨 성주 대주님네, 무술생… 그저 객구 잡구가 붙었으니 그저 산신님네 조왕님네 그저 굽어살피시고 그저…… 그저……에서 썩 물러나라, 하나 두울 세엣 네엣 다시 여서 일곱 쎄!"

당집을 지키시던 금뗑이 어머니는 내가 앓아 누울 때마다 와서는 노오란 담뱃진과 손톱에 때가 새카맣게 낀 가느다랗고 앙상하고 그러나 참 따뜻한 느낌이 들었던 손을 들어 내 이마를 짚어 보셨다. 그러고는 "쯧쯧쯧, 내 새끼!" 어머니에게 어서 종구락 되와 보리쌀과 보자기를 가져오라 하여 잔밥을 먹이셨다.

해동 조선에서 무술생까지와 끝의 일곱 쎄하는 소리는 똑똑히 알아듣겠는데 그저 뭣이 어쩌고 그저 뭣이 저쩌고, 그저 그저 하는

책력 — 천체를 측정하여 해와 달의 움직임과 절기를 적어 놓은 책. 역서

동티 — 흙이나 돌을 잘못 다루어 지신의 노여움을 사서 받는 재앙

소리는 입 속에서 웅얼웅얼 알아들을 수가 없어서 앓아 누운 나를 퍽이나 답답하게 했다.

　서늘한 광에서 퍼 온 보리쌀을 종구락에 가득 담고 보자기에 거꾸로 싸 들고 이마에 먹이는 잔밥은 당연히 보리가 서로 골라져서 쿨렁쿨렁하는지를 나는 아는데 객구가 먹어서 그런다셔서 나를 또 답답하게 했다.

　그래도 낫지 않으면 어머니는 책력 볼 줄 아는 사람에게 가서 책력을 떠들어 보고 오신다. 그리고 오시면 장독 옆에 있는 석류나무 밑에서 흙을 파서 뒤안에 한데 솥을 거는 데 썼기 때문에, 그러니까 흙을 잘못 파서 동티가 나서 그런다고 했다고 이번에는 그 때까지도 갓을 쓰고 다녔던 골망둥이 정섭이네 할아버지를 모셔다가 동전잽이라는 것을 하신다.

　부뚜막 위에 도끼와 칼을 올려놓고 서로 부딪치며 또 뭐라고 중얼거리는데 그 때마다 한 움큼씩 고추를 태웠다. 부엌 속에다가 태우니 굴뚝으로 연기가 빠져서 매운 냄새가 나지 않으련만 내가 모르는 또 다른 이유가 있어서인지 동티가 되게 나서 매운 냄새가 나지 않는다고 했다. 가만히 누워 있지를 못하고 방에서 정지로 통하는 문을 빠꼼 열고 훔쳐보면 골망둥이네 할아버지는 퍽이나 엄숙하셨다.

　지금 생각해 보면 잔밥 먹이는 거나 동전잽이나 사실 훌륭하면서도 겸손한 것이었다. 열이 난 이마에 찬 것을 툭툭 대며 자극을 주고, 곡식이 없어져 보이는 것으로는 객귀가 먹고 달아난 것임을 증거하니 사실로나 마음으로나 좀 나았다는 생각이 들 것은 자명하다. 꼬

치꼬치 따지는 나도 기분이 좋아지니까 말이다.

　여름에 흙 파서 한데 솥 거는 것이야 불 안 땐 방에서 자려는 당연한 일인데도 함부로 흙을 파는 것은 그것이 울 안일지라도 십분 조심해야 하는 것임을, 아픈 사람을 빌어 경계한다.

　땅이 됐든 바다가 됐든 마구잡이로 파헤쳐서 자고 일어나면 달라져 있는 요즈음의 모습 속에 살면서, 지금의 동티는 언제 어느 때 어떤 모습으로 우리에게 다가올 것인지 생각하면 모골이 송연할 뿐이다.

쌈판 볼 만하던 태봉이네 마당

비록 조그만 마을이긴 하나 칠산바다를 내다보는 포구인지라 그때는 누구 할 것 없이 사내라면 술을 못 먹을 수가 없었다. 그러니 술 마신 사내들이 술김에 벌이는 별별 일 구경 가고 주워 듣는 것도 쏠쏠한 재미였다.

 이춘식이라는 사람은 술을 먹으면 남에게 시비를 걸기 보다는 자기 집에 돌아와서 여러 가지 우스꽝스런 행동으로 구경꾼을 모았다. 논도 없고 밭만 두어 마지기 가지고 있는 사람이 게딱지같은 집을 언덕배기에 지어 놓고 윗방에 뒷박 할매라 부르던 자기 어머니와 장가 못 간 늙은 동생을 딴 살림을 하게 하였는데 남의 배를 타서 받은 돈은 모조리 술값으로 써 버리기 때문에 아랫방의 아내와 딸 셋

아들 하나 다섯 식구는 노상 굶기를 밥 먹듯 해야 했다.

　이러기만 했어도 그의 아내가 남의 품을 팔든 나무를 해 팔든 굶기야 했을까마는 술값도 떨어지고 누가 외상 술도 주지 않으면 집에 있던 양식 자루와 마당에 세워 둔 나뭇다발을 져다 주고라도 술을 먹었다. 이러니 그의 아내는 집에 양식을 두고 먹지 못하였고 집에 나무를 두고 때지 못해서 춘식이가 배에서 내려오는 조금 때에는 남의 집으로 옮겨 놓아야 했다. 그렇게 해서 술을 먹은 이춘식의 취한 모습을 구경해 보자.

　"권총 가져와라, 권총, 박팔만이 권총이 잘 나가는가 이춘식이 권총이 잘 나가는가 어디 보자." 박팔만 씨는 바로 뒷집 사는 사람인데 평소에 무엇이 못마땅하였던지 항상 박팔만 씨를 들썩거리며 집으로 돌아오면 이번에는 작대기 하나를 찾아 들고 마당 앞의 큼지막한 돌덩이 위에 올라서서 청와대와 무전하는 흉내를 낸다.

　"모시 모시(일본 말의 여보세요), 청와대 나와라, 청와대 나와라, 모시 모시, 여기는 이춘식이다. 청와대 나와라, 청와대 나와." 작대기를 머리 위로 마구 돌려대니 구경하는 동네 사람들 모두 배꼽을 안 쥘 수 없다.

　"춘식이 저 지랄병을 히 대니 이번 조금에 또 비 오겠네."

　"누가아니래여, 어떤 년이 저렇게 술을 주어 춘식이 각시 애를 썩이는고."

　"쯧쯧쯧."

　우순풍조 하던 때라 조금 때면 으레 비가 잦아서 비 오는 것을 이춘식의 미친 짓에 빗댈거야 없는 거지만 그러나 그 까닭으로 춘식의 아내는 가슴애피를 자주 앓았다.

춘식이 이번에는 그런 아내를 불러 "물, 한 그륵 가져와라"고 하는데 그 억양이 하도 특이해서 지금도 어떤 사람은 그 흉내를 낸다. 그러다가 또 술 생각이 나면 술을 사 오라고 고함을 지른다. 이때 얼른 사다 주어야지 먹고 잠이라도 자지 만일 사다 주지 않으면 없는 살림이 요절나거나 주먹다짐을 받는다.

청와대와 교신을 두어 번 더 해 보고 동네 사람들에게는 내가 이런 사람이니 이춘식이 깔보지 말라는 식의 알아듣지 못할 욕을 한참 해 대면 이제는 정지고 마당이고 길가에고 간에 쓰러져서 잠을 잔다.

그 정도가 점점 심해지는 것을 참지 못한 그의 아내는 우리 어머니에게 부탁하여 부안 장에서 술 안 먹는 약을 사다가 남편에게 먹였다. 모올래 국에 타서 아주 조금씩 먹이면 점차로 몸에서 술이 받지 않는다는 이 술약은 그러나 조금이라도 많이 타면 술을 들이키자마자 피를 토하고 죽는다는 말이 있어 어머니는 약을 사다 주면서도 여간 조심스러워하지 않으셨다.

그 뒤로 이춘식은 술을 끊고 사람이 됐다. 술 먹으면 온갖 미친 짓거리 다 하던 사람이 술을 먹지 않으니 그 달라진 모습을 어떻게 표현해야 할까? 개과천선이란 말이 알맞을지 모르겠다.

일찌감치 서울로 나간 아들 딸들의 도움으로 집을 사서 이사를 하고 게딱지는 동생에게 주었는데 그런 다음에 소를 사고 그런 다음에 빚놀이를 시작하여 이춘식에게 사람들은 돈을 빌어야 했다. 그러나 얼마 지나지 않아서 이춘식은, 감기는 감기라 하지 않고 천하게 말해야 얼른 떨어진다 하여 '개 좆 꼽재기'라고 하며 그 개 좆 꼽재기 감기든 사람에게 잔밥을 잘 먹이던 뒷박 할매 자기 어머니보다도 십수 년 빨리 후두암으로 죽었다.

삼태식은 술 먹고 싸우면 집에 들어와서 문짝 쳐부수는 것이 일이었다.

동네 앞의 바닷가에 뜬 꽁댕잇배들은 비바람이 몰아치고 파도가 뒤집어지기 시작하면 조금이 아니라도 동네로 들이대서 피항을 해야 하는데 이 때 바람의 방향이 적당치 않으면 동네 앞 바다를 여러 번 핫쳐야 한다. 이것은 이물 돛을 조종하는 사람과 고물 돛을 조정하는 사람이 키를 잡은 사공의 지시에 따라 일사불란하게 손발이 맞아야 가능한 것으로 지금의 윈드서핑과 원리가 같지만 그 기술은 훨씬 더 어려운 것이다.

삼태식은 동네의 사공 중에서도 물 속 환하고 배질 잘 하는 사람이라 누구보다도 바람 부는 날 배 들이대는 데 선수였다.

그렇게 배를 안전하게 들이대 놓으면 그 때부터 술을 먹는다. 그러고는 반드시 싸움을 한다. 술 먹고 싸움 안 하는 때가 없었고 그 싸움 뒤끝을 집에까지 끌고 오지 않는 때가 없었다. 때려 부술 살림이 문짝밖에 없어서 그러지는 않았을 터인데도 삼태식은 유독 문짝만을 쳐부셔대서 마당에 동댕이치고 추운 줄은 아는지 밤에는 거적대기 문을 만들어 치고 잔다.

술 먹고 집에 와서 내외 싸움을 하면 부서지지 않을 망태기나 재소쿠리들만 집어 던지는 사람은 팔영식이다. 본디 이 동네 사람이 아닌데 까막까막 까맣대서 까막니인 이 동네 처녀에게 장가들고 눌러 살아서 일가붙이가 없는 사람이다.

겉보리 서 말만 있으면 처가살이를 하지 않는다는데 이 사람은 그것도 없었던지 처가살이를 시작하여 애 낳고 살림 불리기 위하여 어디 파 먹을 곳만 있으면 불 지르고 화전을 일구던 거였다. 그래서 한 때 땅강아지란 말을 듣기도 했다.

없는 살림을 그렇게 일으켰기에 그랬는지, 아니면 장가들기 전 자기 살던 곳에서 구학문을 배워서 식자가 들어서였던지 싸움은 하되 살림은 쳐부수지 않는 이 사람은, 이 동네 서당의 학생들에게 찾아와서 가끔씩 머릿글을 써 주기도 했다. 그러나 글씨는 잘 쓰지 못했다.

여기에 비하면 삼태식은 술 먹고 싸우는 것 못지않게 글씨를 잘 써서 지릿재 안에서는 최고라 하였으니 그 지릿재 안이라고 하는 데는 꼭 변산면 면적의 반에 해당되는 곳으로서 열한 개 동네를 아우르며 경계 짓는 고개이다. 현재 동네 농기·영기의 〈농자천하지대본〉과 대장 〈령〉자가 그의 글씨로 남아 있다.

어느 날 팔영식은 모내기 품을 팔러 갔다가 큰골 외딴 집 제실에 사는 일용이란 사람과 논바닥에서 싸움이 붙었다. 모내기가 끝난 저녁때였으니 주인집에서 주는 술을 욕심껏 먹고 취해서 쌈을 한 것인데 둘다 키가 작달막하고 다부진 사람들이라 서로 양보가 없었다.

처음에는 논 바닥에서 뒹굴다가 제2라운드는 동네 가운데 있는, 온갖 더러운 물이 모여드는 둠벙의 시궁창 썩은 곳으로 굴러 가서 벌어졌다. 그러니 누가 옷을 빨아 준대도 말릴 사람이 없는 터여서 구경꾼만 장을 섰다. 3라운드는 둠벙의 둑을 넘어가서 뒷장불 뻘 땅에서 벌어졌다. 아마도 삼세 판이 족히 한 시간은 걸렸는데 처음 재미있게 구경하던 구경꾼도 하나 둘 가고 나자 시나브로 싸움이 그쳤다.

일용 씨가 집으로 돌아가는 바닷가 길목에는 오백 걸음 정도의 사이를 두고 팥죽 바위라는 곳과 흰 바위 등이라 하는 곳에 초분이 하나씩 있었다. 술 먹고 밤 늦게 가는 날이면 팥죽 바위를 지나가는 사람을 본 팥죽 바위 초분 귀신이

"어- 이."

흰 바위 등의 귀신을 불러서

"왜 그러는가?"

대답하면

"여그 사람 가네"

"술 먹었는가?"

"먹었네"

"알았네"

하고는 흰 바위 등 귀신이 밤새 가시덤불 사이로 끌고 다닌다 하니 그 날 마중도 없이 혼자 비틀거리던 술 덜깬 일용 씨가 흰 바위 등

초분 귀신에게 안 끌려 다녔는지 모르겠다. 만일 그랬다면 그건 팔영식 때문이다.

태봉이네 마당은 아주 넓고, 담이 없고, 옆집이 술집이라 술 먹은 사람들의 윷판은 항상 태봉이네 마당에서 벌어졌다.

술 먹은 사람들의 쌈이란 것이 노름이나 윷을 놀다가 서로 우김질이 나서 싸우는 것이지 기분 좋게 술 먹으면서는 잘 하지 않는 것이다. 윷 놀기 좋은 태봉이네 마당은 싸움이 끊이질 않았다.

윷이라 하면 태봉은 빠지질 않았고 그의 모든 능력은 특히나 윷가락에서 나타나는 듯 단연 뛰어났다. 윷판을 이기고 지게 하는 것은 물론 말 쓰는 기술이 더 중요하지만 이것은 어디까지나 윷끗발이 나오지 않을 때 이야기고 윷발이 자유자재로 나오면 다 소용없는 것들이다. 태봉은 윷 방석에 떨어진 윷이 이미 개여도 "걸이야"하고 무릎 한 번 부쳐대면 하나가 뒤집어져 걸이 되었다.

이러니 다 이겨 놓은 판이라고 생각했던 사람들이 내기 술 사 주기 싫으면 우김질 하다가 윷 방석을 엎어 버릴 밖에.

쉰 둥 씨 의 옴 팍 진 골 방 에 도　옴팍댁이란 여편네가 술 장사를 하고 있었는데 이십 리나 떨어진 격포 양조장에서 심심한 통막걸리를 져다 팔기보다는 술춘이라고 하는 옹기 독에 담긴 독쇠주를 많이 가져다 팔았다.

누룩 넣고 집에서 한 막걸리만 먹던 술꾼들이 처음 양조장 술을 먹을 때는 '양조장 술은 양잿물을 넣고 만들어서 속이 깎인다'고 겁

내더니 소줏고리에 내린 독한 화주인 독쇠주는 혼자 사는 술장사 옴팍댁의 분 냄새에 취해서인지 아무 소리 않고 잘만 먹던 것이다.

독쇠주 오 원하던 잔은 고뿌라고 하는 하얀 사기 잔인데 이것의 양이 지금 맥주컵의 2/3 정도일 것이라, 억센 사내들도 어두컴컴한 골방에서 한잔 한잔 취해 버리면 단둘이 있는 옴팍댁의 치마 속에 손 들어가지 말란 법 또한 없었을 터이다.

동네 술꾼 남정네들이 밤이고 낮이고 무시로 드나들던 이 집이 그래서 동네 여편네들의 원성의 대상이 되었고 옴팍관(골방 술집에 관이라니? 그러나 사람들은 그렇게 불렀다)의 쉬파리 골목(옴팍관에서 가맷등까지 사람 많이 꾀던 골목)은 여자들의 악다구니와 남정네들의 쌈으로 조용할 날이 없었다.

옴팍관 술집 여편네는 댁호가 격포댁이었으나 옴팍댁으로 더 많이 불렸던 것도 술 장사 덕분이고 가맷등 술집의 가맷등댁도 본디 댁호는 그것이 아니었다. 지금도 면 소재지나 읍의 어느 허름한 술집을 과부가 운영한다면 술꾼들은 그 집을 "저그가 옴팍집이여" 말하고 상호가 부산옥이면 마담의 댁호를 "어이, 부산 대-ㄱ"하고 부르기 예사이지 않던가?

처음 펴낸 날 2005년 10월 24일
두 번째 찍은 날 2005년 12월 24일

지은이 박형진
그린이 김홍모
펴낸곳 소나무
펴낸이 유재현
편집한 이 안철환, 이혜영, 전창림
꼴을 꾸민 이 조완철
알리는 이 안혜련, 장만
인쇄 영신사
제본 영신사

등록일 1987년 12월 12일 제2-403호
주소 서울시 마포구 상암동 11-9 201호
전화 02-375-5784
팩스 02-375-5789
이메일 sonamoopub@empal.com

ⓒ 2005, 박형진

값 8,800원

ISBN 89-7139-810-8 03810

소나무 | 머리 맞대어 책을 만들고 가슴 맞대고 고향을 일굽니다.